高校协同创新利益配置机制研究

徐晓丹 著

北京工业大学出版社

图书在版编目（CIP）数据

高校协同创新利益配置机制研究 / 徐晓丹著． — 北京：北京工业大学出版社，2022.1

ISBN 978-7-5639-8245-5

Ⅰ．①高… Ⅱ．①徐… Ⅲ．①高等学校－创新管理－研究－中国 Ⅳ．① G647

中国版本图书馆 CIP 数据核字（2022）第 029484 号

高校协同创新利益配置机制研究
GAOXIAO XIETONG CHUANGXIN LIYI PEIZHI JIZHI YANJIU

著　　　者：	徐晓丹
责任编辑：	张　娇
封面设计：	知更壹点
出版发行：	北京工业大学出版社
	（北京市朝阳区平乐园 100 号　邮编：100124）
	010-67391722（传真）　bgdcbs@sina.com
经销单位：	全国各地新华书店
承印单位：	三河市腾飞印务有限公司
开　　　本：	710 毫米 ×1000 毫米　1/16
印　　　张：	14.5
字　　　数：	290 千字
版　　　次：	2023 年 4 月第 1 版
印　　　次：	2023 年 4 月第 1 次印刷
标准书号：	ISBN 978-7-5639-8245-5
定　　　价：	72.00 元

版权所有　翻印必究

（如发现印装质量问题，请寄本社发行部调换 010-67391106）

作者简介

徐晓丹，女，福建省福州市闽侯县人，毕业于厦门大学，获教育学博士学位。先后在福州大学、宁德师范学院工作，现任福建商学院党委副书记、研究员，福州大学硕士生导师。长期从事高等教育管理工作，主持高等教育管理、公共人力资源开发、党建和思想政治工作各类课题研究项目10余项，发表论文40余篇，其中《学习〈摆脱贫困〉构建知行合一的思想政治教育立体化实践教学模式》获福建省教学成果特等奖（2017年）。

前　言

随着经济全球化、经济结构调整和产业转型升级的不断深入，世界各国越来越意识到科技创新带给国家的巨大利益，不断加大科技投入力度，力图抢占科技竞争的战略制高点。开展高校协同创新正是针对中国高等教育进入内涵式发展新形势提出的体现国家意志的重大战略举措，其不仅是深化科技体制改革、提升高等学校创新能力的内在要求，同时也是增强我国科技实力、国际竞争力，推进我国创新型国家建设的必由之路。这种跨文化、跨领域、多主体参与的非线性创新组织模式与以往的产学研合作模式存在较大差异，如何客观评价、有效激励、寻求体制机制的创新突破，以促进高校协同创新的良性发展，是国家面临的客观现实难题，也是本书的意义所在。

高校协同创新有其特殊的内在规律性，不仅是简单的政策构想和理论创新模式，而是长期以来人类创新实践的经验总结。高校协同创新的本质是科技创新社会网络化，根本是体制机制创新。实证研究表明，不同类型协同创新进行利益配置的影响因素有一定差异，但总体上主要表现为重大任务承担能力和科研产出贡献度。面对高校协同创新这样一种由多元异质主体基于共同的目标愿景组成的复杂性开放系统，建立健全具有合理的配置原则、科学的评价体系、理性的契约过程和完善的配套政策的利益配置机制成为必要。作为一项复杂的系统工程，高校协同创新的顺利开展和深入推进需要政府部门、高校、企业和全社会的广泛参与和密切配合。

本书综合运用协同学理论、利益相关者理论、创新网络理论等，采用调查访谈法、案例研究法、文献研究法、系统分析法以及比较研究法，以高校协同创新机制为研究对象，探讨高校协同创新建设的现实需要和基本路径，重点分析高校协同创新的利益机制和现实问题，在借鉴并思考国外协同创新制度设计、组织模式、运行成效的基础上，提出共同治理我国高校协同创新的制度路径。同时，坚持理论与实践相结合的研究范式，通过对国家首批认定的14家高校协同创新中心中的 13 家实地调研、深度访谈和问卷调查，具体分析这些自然形成的不同协同创新中心的利益诉求以及影响协同创新利益配置的复杂因素，探索构建高校协同创新利益配置机制及其实现途径。

本书是福建省重大教育改革项目——应用型地方本科高校创新创业教育改革研究（FBJG20170252）、宁德师范学院校级专项资助计划科研项目（编号：2019ZX501）成果。

目 录

第一章 绪 论 ·· 1
 第一节 高校协同创新的发展维度 ··· 1
 第二节 高校协同创新的理论和实践价值 ·· 6
 第三节 高校协同创新的主要研究任务及目的 ································ 10

第二章 回顾与反思：理论机理与文献述评 ·· 26
 第一节 已有研究：多学科视域中的文献综述 ································ 27
 第二节 研究思路：结构内容和技术路线 ······································· 49
 第三节 研究方法：多种方法综合应用 ··· 51

第三章 协同创新：宏观政策下的理想追求 ·· 59
 第一节 范式转变：从封闭式创新到开放式创新 ····························· 59
 第二节 模式变迁：从体制壁垒到融合集成 ··································· 70
 第三节 高校选择：从产学研合作到政产学研用协同创新 ················· 82

第四章 现实困境：高校协同创新利益分析 ·· 89
 第一节 厘清利益：理论机理与文献述评 ······································· 89
 第二节 聚焦利益：现实状况与理论诉求 ······································· 94
 第三节 协调利益：权力冲突的权利转向 ······································ 105

第五章 价值逻辑：应然的取向与规范性的理想 ································· 120
 第一节 美国视角：协同创新发展历程及经验 ······························· 121
 第二节 欧盟借鉴：协同创新组织模式比较分析 ···························· 128
 第三节 典型案例：借鉴思考为我所用 ·· 137

1

第六章 共同治理：基于利益相关者理论的制度路径 …… 149
第一节 "共治"观念：高校协同创新治理设计之"轨" …… 149
第二节 机制构建：利益相关者共同治理之"钥" …… 157
第三节 体系框架：利益相关者视角下的高校协同创新利益配置机制 … 169

第七章 高校协同创新利益配置案例剖析与政策建议 …… 174
第一节 实证研究：利益相关者多元诉求之"要" …… 174
第二节 高校协同创新：一个期待续写的"故事" …… 193

结　语 …… 214

参考文献 …… 217

附　录 …… 220
附录1 2013年国家首批认定的高校协同创新中心名单 …… 220
附录2 2014年国家第二批认定的高校协同创新中心名单 …… 221
附录3 高校协同创新工程研究项目调研提纲 …… 222
附录4 高校协同创新工程调研访谈提纲 …… 223

第一章 绪 论

高校协同创新工程（高等学校创新能力提升计划）作为一项新型的高校创新政策并非横空出世，其是产学研合作和高校发展政策历史演变的结果，在国家、市场以及社会各方力量的综合作用下产生，对高校协同创新机制进行研究，理论和实践意义重大。

第一节 高校协同创新的发展维度

党的十八大报告指出，要坚持走中国特色自主创新道路，以全球视野谋划和推动创新，提高原始创新、集成创新和引进消化吸收再创新能力，更加注重协同创新，深化科技体制改革，加快建设国家创新体系，着力构建产学研结合的技术创新体系。[1]2012年，为落实党中央的战略部署，将协同创新提高到国家战略地位，积极推动协同创新，通过体制机制创新和政策项目引导，鼓励高等院校与科研院所、行业企业开展深度合作，建立协同创新战略联盟，加快提升高校自主创新能力和教育质量水平，教育部、财政部联合启动实施高校协同创新工程（高等学校创新能力提升计划，简称"2011计划"）。高校协同创新工程的核心宗旨是鼓励高校发展特色，创造比较优势并融入广泛的协同创新体系。在协同创新体系中，行业企业、科研院所、政府和金融机构等都能够作为高校协同对象，高校与之创建有机的创新组合，嵌入社会网络中。[2]作为一项继"211工程"和"985工程"之后的中国高等教育系统体现国家意志的重大战略部署，高校协同创新工程迎合科学技术发展进步、创新型国家建设需要、经济发展结构调整和转型升级、推进高等教育内涵式发展的诉求，对于大力提升高校的创新能力，全面提高高等教育

---

[1] 胡锦涛. 坚定不移沿着中国特色社会主义道路前进为全面建成小康社会而奋斗 [N]. 人民日报, 2012-11-09 (2).
[2] 陈劲. 协同创新与国家科研能力建设 [J]. 科学学研究, 2011 (12): 1762-1763.

质量，深入实施科教兴国、人才强国战略，都具有十分重要的意义。

党的十八大以来，我国各领域改革不断向纵深推进，更加注重高等教育的创新发展、协同发展，更加依靠创新型高等教育改革推进人才强国战略，进而支撑创新型国家建设战略。2015年10月，国务院印发了《统筹推进世界一流大学和一流学科建设总体方案》，标志着"双一流"建设成为我国未来高等教育改革与发展的又一国家战略和重要内容，为高等教育在新时期的跨越式、创新性发展指明了方向。在已经到来的知识社会中，知识生产方式已经发生转变，从关注学科逻辑的"模式Ⅰ"转向了多学科、跨学科的"模式Ⅱ"。① 在此过程中，多主体协同创新机制应运而生，成为实现知识从实验室向社会市场移动转化的桥梁和纽带。世界高等教育发展现状表明，产学研协同创新机制的建立使很多传统学科重新焕发生机和活力，实现了从"高原"到"高峰"的强力攀升，甚至发展成为新兴学科领域。② 协同涉及知识、资源、行为、绩效的全面整合。③ 高校协同创新的本质是网络化创新。④ 其不仅是国家竞争力的驱动力量，更是高校创新能力提升的重要动力源。可以说，不论是高校协同创新工程还是"双一流"建设，高校都应以经济社会发展需求为导向，与科研机构、行业企业建立深度合作的协同创新机制，拓宽资源整合的范围，拓展研究视域，激发创新活力，才能使其学科优势一直处于领先地位，才能切实推动高等教育的内涵式发展，提高人才培养质量。

一、顺应大科学时代发展的需要

随着新科技革命的加速推进，科学技术的发展已经进入一个讲求多方合作、协同创新的大科学时代。2008年9月，经济合作与发展组织（OECD）发布的一份针对我国创新体系的评估报告指出，中国的创新系统就像一个岛屿众多但布局分散且关系脱节的"群岛"，形成不了溢出效应。⑤ 当今世界已处于大科学时代，必然要求科技发展跟上时代步伐，一些发达国家不仅实现了这种转变，而且处在制高点上，并对我国的科技发展提出了新要求。大科学时代主要表现为通过高校、

---

① 尹宁伟. 知识生产模式转型与应用型本科人才培养［J］. 重庆高教研究, 2015(2): 22-27.
② 潘静. "双一流"建设的内涵与行动框架［J］. 江苏高教, 2016(5): 24-27.
③ 陈劲, 阳银娟. 协同创新的理论基础与内涵［J］. 科学学研究, 2012(2): 161-164.
④ Woo P H, Leydesdorff L. Longitudinal Trends in Networks of University-Industry-Government Relations in South Korea: The Role of Programmatic Incentives［J］. Research Policy, 2010, 39(5): 640-649.
⑤ 龚克. 大科学时代需要大协同创新［N］. 中国教育报, 2011-06-11(A5).

科研机构和企业的深度合作，促使有限的人、财、物、信息等科学资源与各学科之间的合理分配和适时调整，进而提高科学研究的整体效率和质量水平。从这个意义上说，高校协同创新工程就是顺应时代的呼唤，从当代科技发展特点与我国创新体系建设现实相结合的角度提出的重大战略性任务，把实现以高校为主体的"协同"作为创新体系建设和创新能力提升的关键环节。伴随着大科学时代的来临，高校或任何一个创新主体都难以掌控所有资源，单打独斗地实现重大科技创新。"单兵作战"的方式已无法满足现代社会发展的需要，我们必须从"单兵作战"向"协同合作"转变。[1] 高等教育作为高端人才培养和科技创新的主阵地，在创新驱动、经济发展方式转变等国家发展战略方面发挥着重要作用。为此，高校必须顺应科技发展的新形势，紧紧抓住国家实施高校协同创新工程的重大机遇，打破现有的学科建设、人才培养、科学研究、社会服务模式，努力通过多方协同实现创新发展。

二、建设创新型国家的需要

随着知识经济时代的到来和经济全球化进程的加快，国际竞争更加激烈，科技和人才在经济发展过程中的作用日益凸显，自主创新能力已经成为实现国家经济繁荣发展和民族崛起的关键因素。改革开放以来，我国经济从规模上已经成为世界第二大经济实体。然而，过度依赖投资和出口、消费需求过低、技术创新能力不足等问题，制约了我国经济持续平稳发展。在经济社会发展的重要转型期和中华民族实现伟大复兴的关键期，我们必须把提高自主创新能力置于我国在国际竞争中赢得主动、实现国家发展和民族崛起的战略高度。在2012年全国科技创新大会上，我国明确提出了建设创新型国家的战略目标，强调要大力实施科教兴国战略和人才强国战略。党的十八大报告强调要实施创新驱动发展战略，把科技创新摆在国家发展全局的核心位置，提高原始创新、集成创新和引进消化吸收再创新能力，更加注重协同创新。2013年3月，习近平在全国政协科技组座谈会上明确指出：要发挥社会主义制度优越性，集中力量办大事，积极开展协同创新；要增强创新的自信心，从跟随者变成并行者、领跑者，以高校协同创新工程推动国家现代化建设。"百年大计，教育为本"，教育率先现代化是实现国家现代化的必然选择。[2] 党的十八届三中全会通过的《中共中央关于全面深化改革若干重

---

[1] 唐阳. 关于高校开展协同创新的思考 [J]. 中国高校科技，2012 (7)：14-16.
[2] 史秋衡. 教育率先现代化：实现国家现代化的必然选择——纪念邓小平"三个面向"题词30周年 [J]. 教育研究，2013 (9)：4-11.

大问题的决定》提出"建立产学研协同创新机制"，并再次重申"建设国家创新体系"。2015年3月，中共中央、国务院出台了《关于深化体制机制改革加快实施创新驱动发展战略的若干意见》（以下简称《意见》），标志着实施创新驱动发展战略从顶层设计向纵深推进。《意见》提出，到2020年，基本形成适应创新驱动发展要求的制度环境和政策法律体系，为进入创新型国家行列提供有力保障的总目标，以及包含"人才、资本、技术、知识自由流动""企业、科研院所、高等学校协同创新"等在内的子目标。党的十九大再次吹响创新是引领发展第一动力的号角，强调要加强国家创新体系建设，强化战略科技力量，集中力量拓展实施国家重大科技项目，抓住前沿引领技术、关键共性技术、颠覆性技术创新，为科技强国、质量强国提供有力支撑。在国家创新驱动发展战略框架下，作为拥有多学科、多人才、多功能优势的高校，推动其协同创新已然成为提升国家创新能力的有效途径。具体来说，高校可以依托自身学科、人才资源优势，与科研院所、行业企业、地方政府以及国际社会等进行深度合作，形成协同创新体，解决国家重大需求和重大科学问题。

三、推进经济发展新常态的需要

党的十八大报告指出，要加快形成新的经济发展方式，使经济发展更多依靠科技进步、劳动者素质提高、管理创新驱动等，不断增强长期发展后劲。2014年，习近平在亚太经合组织（APEC）工商领导人峰会开幕式主旨演讲中对中国经济新常态进行了全面阐述和解读，除了强调"从高速增长转为中高速增长""经济结构不断优化升级，第三产业消费需求逐步成为主体"等重要特征外，也把"从要素驱动、投资驱动转向创新驱动"作为中国经济发展新常态的三大特征之一。党的十九大报告强调，要从推动经济发展质量、效率和动力变革入手，提高全要素生产率，着力加快建设包含科技创新在内的协同发展的产业体系。可见，实施创新驱动已成为加快经济发展方式转变、推进经济发展进入新常态的战略抉择。面对日新月异的科技进步，中共中央、国务院从全面建设小康社会、开创中国特色社会主义事业新局面的全局出发，做出了建设创新型国家的战略决策，把增强自主创新能力作为调整经济结构、转变经济发展方式的中心环节，着力构建市场机制有效、微观主体有活力、宏观调控有度的经济体制，不断增强我国经济创新力和竞争力。在科技发展、经济全球化的今天，协同创新是破解科技创新结构性矛盾、驱动经济社会发展、加速转变经济发展方式、整合各方面创新资源、提升国家科技创新力的最重要的手段之一。① 以学科交叉融合为关键，探索协同创新建设新模式，既是科技发展、知识创新的历史潮流，也是高校学科建设模式创新的理性选择。② 高校作为创新策源地与主阵地之一，必须担负起时代赋予的重要使命与责任，理应通过协同创新，提升其科研服务能力，推进政产学研用的融合发展，构建具有中国特色创新型国家的新模式。

四、提高高等教育质量的需要

高等教育作为科技第一生产力和人才第一资源的重要结合点，是实施协同创新的最好切入点。③ 高等教育与经济社会发展脱节是世界各高校面临的普遍性问题。在我国，高等教育与经济社会发展"两张皮"的现象也比较突出。推进高校协同创新将是解决高等教育与经济社会发展"两张皮"问题的有效手段。高校可以以协同创新为突破口，解决科技与经济社会发展需求脱节、科学研究与人才培养脱节的问题，全面提升人才培养质量、科学研究能力和社会服务水平。高校协同创新工程明确提出以人才、学科、科研"三位一体"创新能力的提升为核心，推进高校内涵发展。2017年1月，教育部、财政部、国家发展和改革委员会颁布的《统筹推进世界一流大学和一流学科建设实施办法（暂行）》指出，高校发展必须以学科内涵建设来统筹，以协同创新团队为对象，同时关注人才培养、科学研究（包括平台建设、成果转化）两大功能要素，构建起"一体两翼"的内涵建设模式。党的十九大报告把"双一流"与内涵式发展、"中国特色"与"世界一流"相统一，强调要突出高校建设的质量效益、社会贡献度和国际影响力，强化学科交叉融合与协同创新，推动高校与科技前沿、社会需求、产业发展紧密衔接。推进高校协同创新有利于深化高等教育办学体制改革，有利于创新产学研合作机制，有利于创新高尖端人才联合培养模式，有利于改变基层学术团队的运行机制。④ 可见，推动高校协同创新是高校新一轮发展的引擎，也是破解科研资源分散重复、效率较低、科研力量各自为政、合作模式停留于表面等问题的重要举措。高校在人才资源、学科资源等方面的独特优势决定其将在推进协同创新过程中发挥重要的作用。以高校为实施主体的协同创新工程，可以把创新人才培养、学科交叉集成、体制机

---

① 何地，孙楠. 高校协同创新的意义及路径研究［J］. 经济研究导刊，2013（30）：276-277.
② 梁传杰. 高校"双一流"建设：理念与行动［J］. 国家教育行政学院学报，2017（3）：22-28.
③ 吴绍芬. 协同创新与高校科技创新能力的提升［J］. 高校教育管理，2012（6）：16-19.
④ 蒋开球. 综合改革：高校协同创新的实现路径探讨——基于华南理工大学的实践与探索［J］. 科技管理研究，2014（4）：72-75.

制改革和重大问题解决紧密地结合在一起。高校应以"国家急需，世界一流"为根本出发点，瞄准科学前沿和国家经济社会发展重大需求，通过校校、校所、校企、校地以及国际合作协同创新，增强科学研究与人才培养的融合与互动，实现高校科技创新能力和人才培养质量的同步提高，进而推动高等教育质量的全面提高。

以协同创新机制为突破口的高校协同创新，以高校为实施主体，面向各类高校开放，强调发挥高校多学科、多功能、多人才优势，注重联合国内外创新力量，积极吸纳科研院所、行业企业、地方政府以及国际创新力量共同参与，共同构建适应于不同需求的协同创新模式。以四年为一建设周期，通过申报认定的协同创新中心建设满四年后，将接受教育部、财政部委托的第三方评估，评估重点围绕人才培养、资源整合、科技成果转化、对行业企业的支撑作用、对区域发展的贡献度以及国际影响力等方面。实行中期评估制度，教育部、财政部建立绩效奖励机制，对在中期评估中完成重大协同创新任务情况好、质量高、贡献大的中心给予奖励，对未能达到预期改革和创新目标的，核减其专项经费，令其整改甚至中止进入新的周期。

推进高校协同创新是顺应现代科技发展、向大科学时代跨越的必然选择，是提高自主创新能力、建设创新型国家的战略需求，是加快经济发展方式转变、推进经济发展进入新常态的现实需要，是推动高等教育内涵发展、提高高等教育质量的重要支撑。而要真正推动"人才、资本、技术、知识自由流动"，实现从要素驱动、投资驱动向创新驱动转变，从"单兵作战"向"协同合作"转变，促进企业、科研院所、高等学校协同创新，建立科学、合理、有效的利益配置机制是关键，这也是高校协同创新研究的重点和难点。

第二节　高校协同创新的理论和实践价值

美国著名政治学家戴维·伊斯顿（David Easton）坦言，任何一种理论都是从具有细微差别、难以察觉的问题入手，取得突破，进而层层展开，详细阐明各种不同的问题。[①] 对高校协同创新利益配置机制的研究探讨又何尝不是如此，本书试图探索出适合中国国情、符合中国特色社会主义建设要求的高校协同创新利益配置机制。

---

① 伊斯顿. 政治生活的系统分析 [M]. 北京：华夏出版社，1998.

一、理论意义

高校协同创新是知识经济的产物和科技、经济一体化的新表现，也是建设创新型国家、提高我国产学研核心技术创新能力的新思考，更是新时期提升高校和科研院所等学术组织服务社会和产业发展能力的新实践。推动高校协同创新旨在突破创新主体间的壁垒，通过高校与其他高校、科研院所、行业企业、政府部门以及国外科研机构的深度合作，充分释放人才、资本、信息、技术等创新要素的活力，并最大限度实现各类创新资源的整合。协同创新强调的是创新主体和创新要素的协同，追求的是 1+1>2 的协同效应。面对创新主体利益诉求的差异化，要推动高校协同创新这一利益共同体的良性运行，迫切需要科学、合理、有效的利益配置机制作为保障。对高校协同创新利益配置机制进行深入研究符合多方诉求。从国家层面上看，建立科学合理的协同创新利益配置机制，能够为教育主管部门对高校协同创新的周期考核提供理论支撑和决策参考，深入研究利益配置机制是解决高校协同创新健康发展的关键。从高校层面上看，分析各利益相关者在协同创新中的主体地位、作用、影响因素，确定利益配置原则，有助于拓展高校协同创新研究的理论路径，在一定程度上能够指导高校更合理地组织协同资源，实现资源配置结构最优化，调动各个创新主体的主动性、积极性和融入性。从高校协同创新中心层面上看，若能构建科学、合理、共赢的利益配置机制，就能为其协调发展、可持续发展保驾护航。在协同创新成为创新发展新驱动的大背景下，建立健全完善的利益配置机制有助于丰富高校协同创新系统的研究内容，加强高校协同创新主体之间的协同程度，推动高校协同创新事业的良性发展，为政府部门科学决策、有效举措、正确评价、强力支持提供依据。

笔者在中国知网（CNKI）中，"篇名"以"协同创新"并含"利益分配"或"利益配置"，"年"以"1997—2014"进行精确检索，获得文献9篇，其中硕士论文2篇，期刊论文7篇。这些文献从风险分摊、利益分配、知识产权、董事会制度、引导基金、Shapley值法等角度对协同创新利益配置问题进行了阐述，从假设和理论的角度对协同创新利益配置的内容、原则、方法、流程进行了探讨，为高校协同创新利益配置机制研究提供了参考和借鉴。但现有研究尚未基于国家高校协同创新工程协同创新中心运行实际提出具有较强可行性和可操作性的利益配置机制，这为高校协同创新利益配置机制研究留下了很大的空间。

二、实践意义

（一）能够促使多元创新主体参与协同

高校协同创新主体是指参与协同创新的主要单位，包括政府部门、高等院校、科研院所、行业企业等组织或机构，这些单位性质各不相同，利益的诉求和追求的目标也各不相同。政府部门参与协同创新关注协同创新成果的技术价值，旨在解决国家重大需求和重大科学问题，提高国家的科技创新水平；高等院校、科研院所参与协同创新关注协同创新成果的学术价值，旨在寻求科学研究资金，提高人才培养质量，获得学术荣誉；行业企业参与协同创新关注协同创新成果的市场价值，旨在利用科学技术创新提升竞争力，抢占市场竞争的制高点，获得更大的经济效益。[①] 不同创新主体的利益诉求不尽相同，但都离不开对经济利益和社会效益的共同追求。马克思主义认为，人们奋斗所争取的一切都同他们的利益有关。对利益的追求，形成人们的动机，成为推动人们活动的动因。可见，创新主体各异的利益动机是推动其参与协同创新的动因，而利益的分配也理所当然成为高等院校、科研院所、行业企业、政府部门关注的焦点。从这种意义上说，高校协同创新最基本的动力来源于创新成果所带来的经济利益和社会效益，如果没有建立基于创新主体利益诉求的分配机制，将会挫伤创新主体参与协同的积极性，高校协同创新也将缺乏驱动力。从管理中"利益驱动"的角度看，我们必须根据高校协同创新的创新主体，建立创新主体利益分配机制和权益保障机制，实现各创新主体利益的合理平衡，为创新主体进行科技创新、促进科技成果转化提供内在驱动力。

（二）能够促使多元创新主体形成联盟

高校协同创新具有面向重大问题或迫切需求、多主体协作攻关、多学科交叉研究、多重目标联合并存、多功能集成化创新五大特质，联盟是其应有之义。[②] 高校协同创新也只有在各创新主体通力合作、建立协同创新联盟、实现资源共享、释放要素活力的基础上才能取得成效。然而从现实状况来看，高校协同创新联盟的建立面临不少障碍。究其原因，是各创新主体关注点不同、协同角色不一、个体取向各异，影响了各创新主体乃至各协同人员的相互配合。从协同组织的诉

---

① 陈瑜. 产学研协同创新中的知识产权利益分配制度研究 [D]. 武汉：华中师范大学，2013.
② 代利利. 基于理事会制度的高校协同创新中心利益分配机制研究 [D]. 杭州：浙江工业大学，2014.

求来看，高等院校、科研院所、行业企业和政府部门的关注点不同，高等院校、科研院所重在科研成果，行业企业看重经济利益，政府部门则关心创新驱动下的GDP增长，利益主体目标不一，导致创新主体间的联盟难以形成。从协同主体的角色来看，在协同创新过程中既有主角又有配角，然而参与协同的人员大多是各自领域的佼佼者，难以从中选出有实力、有分量的人充当协同组织的领导，造成协同过程难以持续。从参与协同的个体来看，每个成员都是利益相关者，都有自己的价值观念和利益追求，导致参与协同创新人员之间的通力合作困难重重，往往会出现各自为政、单打独斗的局面，造成组织内耗。① 而要解决创新主体目标不一、协同组织难以领导、参与个体各自为政等问题，推动各创新主体形成联盟最有效的办法就是从利益驱动入手，建立科学、合理、有效的利益配置机制，促使各创新主体主动结成联盟形成利益共同体。

（三）能够促使协同创新良性运行

高校协同创新的前身——产学研合作虽然取得了较大的成就，但多方合作最关键的矛盾是利益配置难以协调，直接影响产学研合作的持续性和稳定性。② 同样，利益配置是影响协同创新各创新主体合作成功与否的关键因素，关系到协同创新的持续性和稳定性，而要协调好协同创新各创新主体的利益关系，就迫切需要构建一套专业化、结构化的利益配置机制，厘清各创新主体权、责、利边界，理顺利益分配关系、管理权益归属、风险分担责任等关键问题，促使各创新主体为了满足自己的利益诉求去努力实现协同创新的总目标。利益是各创新主体协同创新的动力，也是协同创新良性运行的纽带。各创新主体投入的资源、承担的风险、技术创新的贡献程度、努力程度是影响利益分配的四大因素。③ 这些因素是动态的，如果利益配置不当，就会直接导致协同创新的不稳定。协同创新发展到一定的程度之后，更多地表现为紧密型的、稳定型的、长效的协同创新机制。④ 稳定型的、长效的协同创新机制，需要完善的利益配置机制作为保障。因此，科学、合理、有效的利益配置机制不仅关系着协同创新的稳定性和有效性，更是启动新一轮创新的基础。只有以科学、合理、有效的利益配置机制作保证，才能使各个创新主体在各自专业领域发挥独特作用的同时，紧紧围绕文化传承创新、行

---

① 张燕. 论高校协同创新的现实困境与出路［J］. 安阳师范学院学报，2013（4）：95-97.
② 代利利. 基于理事会制度的高校协同创新中心利益分配机制研究［D］. 杭州：浙江工业大学，2014.
③ 同上.
④ 陈瑜. 产学研协同创新中的知识产权利益分配制度研究［D］. 武汉：华中师范大学，2013.

业和区域发展等方面的重大问题开展协作，充分发挥其知识创造能力，推动各创新要素的优化组合，从而实现最佳的协同效应。

三、咨政意义

"高校协同创新利益配置机制研究"是教育部委托厦门大学教育研究院史秋衡教授主持的国家高校协同创新工程实证调研项目及教育部人文社科重大攻关项目"高等教育分类体系与设置标准研究"中的选题，数据来源于史秋衡教授建立的国家高校协同创新工程协同创新中心研究数据库。高校协同创新工程实证调研项目数据收集过程时间长、范围广、投入大，重点对自然形成且由国家首批认定的高校协同创新中心建设运行情况进行摸底调查及状态分析，从中发现问题和困难，为国家协同创新的制度设计、推进实施提供理论和实践参考。

第三节 高校协同创新的主要研究任务及目的

一、有关概念的界定

开展高校协同创新利益配置机制研究，必须理解高校、协同、协同创新、高校协同创新、高校协同创新中心、高校协同创新中的利益相关者、利益配置等核心概念的本质内涵，认真梳理这些概念的产生提出、发展变化、衍生应用等过程。

（一）高校

高校，一般指高等学校，即我国实施高等教育的学校，是大学、专门学院、高等职业技术学院、高等专科学校的统称。从学历和培养层次上讲，其包括专科、本科、硕士研究生、博士研究生。大学仅仅是高等学校的一部分。专门学院如医科大学、戏曲学院、音乐学院、美术学院，以及高职高专院校如职业技术学院、高等专科学校等，都是高等学校。

高等学校泛指对公民进行高等教育的学校，与大学词义相近。大学是指能综合提供教学和研究条件并授予不同学生学士、硕士或博士学位的教育机构。高等学校也包括高等专科学校。

根据《2016年全国教育事业发展统计公报》，全国普通高校（含独立学院）和成人高校共计2 880所，其中，普通高校2 596所（含独立学院266所），成人高校284所；普通高校中本科院校1 237所，高职（专科）院校1 359所。

国务院已在高等教育系统启动四大战略工程，即"211工程"、"985工程"（包含985工程优势学科创新平台）、"高校协同创新工程"和"双一流"来建设高水平大学。

中央部委和地方政府也已启动"111计划"、卓越工程师教育培养计划、卓越法律人才教育培养计划、卓越医生教育培养计划、中西部高校基础能力建设工程等项目来推进高校建设。

（二）协同

研究协同创新，首先要知道协同。"协同"一词古已有之，《汉语大辞典》表述为互相配合、齐心协力、协调一致的行动。英文中有多种表达，synergy、collaboration、coordination等。最早提出"协同"概念的是德国理论物理学家赫尔曼·哈肯（Herman Haken），其创立的"协同学"（synergetics）、"协同理念"，主要研究各种不同的系统如何通过自组织的形式形成某种稳定性，以及各组织之间如何通过协同合作形成宏观有序的时空结构的机理和规律。在其理论中，协同被用来反映复杂系统中各子系统间的协调与合作关系，通过子系统之间的这种物质、能量或信息交换等相互作用，整个系统将形成一种全新的整体效应或结构，据此形成新功能并产生整体大于多个子系统功能之和的功效。[①]哈肯认为，协同就是系统中诸多子系统的相互协调、合作或同步的联合作用，是系统整体性、相关性的内在表现。[②]

（三）协同创新

创新（innovation）即更新、创造新的东西或改变。[③]创新的过程对内是人通过不断地经历和学习改进其思维的过程，对外是人与人之间形成新社会关系的过程。

最早定义协同创新（collaborative innovation）内涵的是美国麻省理工学院的研究员彼得·葛洛（Peter Gloor），他认为协同创新是"由自我激励的人员所组

[①] 哈肯. 协同学：理论与应用[M]. 杨炳奕, 译. 北京：中国科学技术出版社, 1990.
[②] 穆东. 供应链系统的复杂性与评价方法研究[M]. 北京：清华大学出版社, 2010.
[③] Nelson, Richard R. The Simple Economics of Basic Scientific Research[J]. Journal of Political Economy, 1959, 67(3): 297-306.

成的网络小组形成集体愿景，借助网络交流思路、信息及工作状况，合作实现共同的目标"。随着科技发展与经济全球化的不断深入，这种开放、合作、共享的创新模式逐步被实践证明能有效提高创新效率，其整合多元创新要素资源并呈现整体功能大于部分之和的特质使之成为当今世界科技创新活动的主要趋势，是提高自主创新能力和合作创新效率的重要途径。美国硅谷的成功很大程度上得益于当地政府、企业、高校、科研机构以及其他中介组织所形成的合作创新生态系统，即深层次的科技力量整合、创新资源共享、创新人才集聚的创新模式——协同创新。

以协同互动为基础的协同创新模式受到世界各国创新理论家和创新政策制定者的高度重视，包括我国在内的一些国家在国家主导的技术创新领域中也进行了协同创新理论和实践的探索。D.Ketchen、R.Ireland 和 C.Snow[1] 指出，通过跨组织思想、知识、专门技术和机会交流共享的协同创新，能有效提升企业的持续创新水平。张力[2] 认为，协同创新的最大特点就是参与者目标一致、动力相同，通过整合构建资源平台，进行思想、知识、技能、技术等多方位沟通交流、多样化协作共享。陈劲等[3] 提出，协同创新是不同创新主体要素通过整合和互动两个维度进行系统优化、合作创新的过程。整合维度主要包括知识、资源、行动、绩效，而互动维度则指不同创新主体之间的知识共享、资源配置、行动优化和系统匹配。根据两个维度的不同位置，协同创新就是一个从沟通到协调到合作再到协同的过程。蒋庆哲[4] 所指的协同创新是这样一种创新行为，即围绕创新目标，在多元主体协同互动的基础上，多种创新因素积极配合、互为补充、协助协作。在 Baldwin、Eric von、Hippel[5] 眼中，一个开放式的协同创新项目涉及一些贡献者，他们分享生成设计的工作并公开透露他们个人和集体设计工作的成果供他人使用。其一，参加者并不擅长创新设计（否则，他们也不会合作）；其二，他们个人或集体都不打算出售包含创新和与之相关的知识产权的产品或服务。

不同学者笔下的协同创新有不同的内涵，但这些不同内涵又包含着共同之处，

---

[1] David J, Ketchen Jr, Ireland R D, et al. Strategic Entrepenership, Collaborative Innovation, and Wealth Creation [J]. Strategic Entrepренership Journal, 2007 (12): 371-385.
[2] 张力. 产学研协同创新的战略意义和政策走向 [J]. 教育研究, 2011 (7): 18-21.
[3] 陈劲, 阳银娟. 协同创新的理论基础与内涵 [J]. 科学学研究, 2012, 30 (2): 161-164.
[4] 蒋庆哲. 服务国家重大战略需求有效推进产学研协同创新 [J]. 中国高等教育, 2013 (Z1): 27-29.
[5] Baldwin, Eric von, Hippel. Modeling a Paradigm Shift: From Producer Innovation to User and Open Collaborative Innovation [J]. Organization Science, 2014, 22 (6): 1403.

即为了共同目标，不同参与主体在创新活动中打破壁垒，整合资源，充分释放人才、资本、信息、技术等创新要素，共享科技成果和技术资源，提升创新绩效。这样的创新过程不仅强调资源的整合与主体间的互动性，而且注重总体协作效益的提升。协同创新因研究视角不同可分为不同的类型。按要素的不同，可将协同创新分为主体协同、环节协同、资源协同、制度协同；按主导力量的不同，可分为政府主导型、高校主导型、企业主导型；按实现途径的不同，可分为内部协同创新和外部协同创新；按协同作用的实施节点不同，可分为技术协同、资本协同、政策协同和产业协同等。[①] 尽管分类方式各异，但各协同创新活动的目标一致，旨在通过协同有效整合和合理流动创新资源及要素，不断提高整体创新绩效。

（四）高校协同创新

"协同"一词，既指一个组织内部各要素协调一致、互相配合，共同实现组织目标，亦指不同组织的不同参与主体为了更宏大的共同目标而相互协作。就高校协同创新而言，其可分为高校内部协同创新和高校外部协同创新，前者是指高校内如大学精神、制度文化、师资人才、信息技术等要素之间的协同并进行的各种创新，后者则指以一个高校为主导的创新主体，对内部、外部创新资源和要素进行有效汇聚，突破高校之间以及高校与政府、企业、科研院所以及其他机构之间的壁垒和限制，充分释放人才、资本、信息、技术等创新要素的活力，推动科技体制深化改革，从而实现深度协作的创新过程。本书所指的高校协同创新，是高校内部各学科之间，高校与其他高校、科研院所、行业企业之间，围绕国家的重大战略需求、重大科技项目，在政府、中介机构、服务性组织等相关主体的支持下，投入各自的优势资源和能力，为解决国家急需、世界一流、行业关键和共性技术以及经济社会发展的重大问题和创新项目而协同发展的创新活动。

1. 不同类型高校协同创新的特点

（1）政府主导型高校协同创新的特点

政府发挥项目导向、政策支撑和资金支持的重要作用，通过协同跨越地区、领域、行业的多种创新力量，整合和盘活资源，建立多学科融合、多团队合作、

[①] 王亚南，刘毅. 知识管理视野下的协同创新研究及对高校的措施建议[J]. 科技管理研究，2014（1）：108.

多技术集成的全新的立体式网络化协作模式，形成"政产学研用"关系密切的五方协同，其中，高校的优势明显。

（2）行业特色型高校协同创新的特点

主动对接区域创新需求，以特殊政策扶持和鼓励协同创新。构建协同创新战略联盟，发挥优势与特色，关注学科交叉上的突破与创新，加强与科研院所、行业重点企业的全方位合作。

（3）经济效益型高校协同创新的特点

以问题为导向，联合校内外力量，对接行业企业创新需求，组建大团队，开展联合攻关，产生大成果，解决大问题。通过搭建高水平综合平台，推动经济文化繁荣发展。

2. 高校协同创新的基本特征

①主体广泛。包括高校内部不同学科间的协同，高校与其他高校、高校与科研院所、高校与行业企业、高校与国外学术组织之间的协同。

②内容全面。包括重大基础科学研究和应用技术研究的协同创新。

③功能特殊。不仅包括科学研究功能，还包括人才培养功能，这是高校最主要的功能。也就是说，不论是基础研究还是应用研究，高校都被赋予人才培养的重要使命。事实上，"211工程""985工程"以及高校协同创新工程都是紧紧围绕知识创新与人才培养两大核心任务来展开的。[①]

（五）高校协同创新中心

高校协同创新中心是根据高校协同创新工程设立的。高校协同创新工程是以国家政策为导向实施的一项有明确系统的改革思路，旨在提升高等教育质量的战略计划，全称是高等学校创新能力提升计划。其总体设计思路可以概括为"1148"[②]，即以"国家急需、世界一流"为根本出发点；以"人才、学科、科研三位一体"的创新能力提升为核心任务；面向"科学前沿、文化传承、行业产业、区域发展"，构建四种协同创新模式；深化高校协同创新组织在"组织管理、人事制度、人才培养、绩效考评、科研模式、资源配置、国际合作、文化建设"8个方面的体制机制改革。[③] 高校协同创新工程重在体制机制创新，突出全面开

[①] 王洪才. "双一流"建设的重心在学科［J］. 重庆高教研究, 2016（1）: 7-11.

[②] 焦新. 积极推动协同创新，提高高教质量［N］. 中国教育报, 2012-04-21（4）.

[③] 杜占元. 准确把握总体要求，精心做好"2011计划"启动工作［J］. 中国高等教育, 2012（11）: 18-19.

放的基本原则，面向全国各类高校开放，广泛汇聚高等学校、科研院所、行业企业、政府部门以及国际社会的创新力量，主动构建战略联盟，形成多元开放、融合集成、动态发展的创新组织运行模式。

1. 高校协同创新工程概述

（1）不同于其他工程项目

作为我国高等教育领域的重大改革，高校协同创新工程是继"211工程""985工程"之后的面向高校的重大创新建设工程，是对上述两项工程的继承和发展，都是在高等教育领域实施的为提高高等教育质量而生的国家战略性工程。三者除了在资助对象、支持方式、评估方法等实施形式上有差别以外，更重要的是指导思想和建设重点不同，相比于"211工程""985工程"全国办教育的做法，高校协同创新工程有化零为整的效果，说明我国政府层面对高等教育的改革由不断切块式的局部发展到整体设计、联动发展，也是国家从高等教育规模扩张走向内生发展的机制体制变革的及时体现。具体来说，"211工程""985工程"重在加强高校内部学科建设、人才培养以及科研与服务平台搭建等创新要素的发展，而高校协同创新工程则试图通过推动高校内在资源要素与外在创新力量的整合流动、融合集成、资源和利益共享，带动高校体制机制改革与创新。高校协同创新工程与传统意义上的产学研合作不同。传统的产学研合作是高等院校、科研院所与行业企业之间基于利益驱动的自愿合作，在合作形式上通常是短期契约式的，针对企业技术需求或关注科研成果本身。[1]而高校协同创新工程背景下的高校协同创新旨在突破体制机制壁垒，以协同创新中心为载体，实现高校与其他创新主体之间的长期深度合作，以重大需求为导向，进而达到提升高校自身创新能力，最终全面提高高等教育质量的目标。可以说，高校协同创新工程不仅关注高校在科学研究方面的成就，而且希望通过该计划的实施，实现"人才、学科、科研三位一体"的联动发展。其中，最大的不同是人才培养作为高校的核心任务在高校协同创新工程中得到高度重视，且政府对该计划的配套政策支持和宏观引导，以及对市场和国家需求的重视，使高校协同创新被纳入国家创新体系战略之中，真正形成"政产学研用"紧密结合的新机制。

---

[1] 杨忠泰. 从我国大学科技创新组织模式的历史演进看高校协同创新的构建[J]. 宝鸡文理学院学报，2014（2）：115-119.

（2）明确两大任务

高校协同创新工程有两大任务：一是构建平台模式，二是创新体制机制。尤其重在引导各类高校踊跃参与，通过体制机制改革和创新，不断提升高校的创新能力和水平，鼓励和支持有条件的地区设计实施各级各类高校协同创新计划，营造浓厚的协同创新氛围。

（3）高校协同创新机构设立的要求

在整体改革思路的指导下，为保障高校协同创新的顺利落实与推进，高校协同创新工程提出了一系列明确具体的要求，将"需求导向、全面开放、深度融合、创新引领"的基本原则贯穿理念设计和操作实施的全过程，从实施原则到评审要求等也都对协同创新的实体性实施载体——协同创新机构提出了一系列要求。一是协同创新的方向。每个高校协同创新机构都要结合自身的优势与特色，在把握国际科技前沿发展趋势与我国经济社会发展重大需求的基础上凝练协同创新方向，体现协同创新的战略性、前瞻性。二是协同单位的选择。协同单位的选择至关重要，其实际上是一个汇聚创新要素与资源的过程。要以有利于整合创新要素为指引进行选择，体现协同伙伴的互补性、异质性，从而实现共赢。三是协同机构的形态。按照高校协同创新工程的要求，高校协同创新机构实体运作，牵头高校要建立实质性的组织管理机构以保证协同创新的顺利有效实施。四是营造协同创新氛围。通过科学设计与改革，重点在资源整合流动、人事聘用管理、人才培养机制、绩效评价机制、利益配置机制等方面寻求突破，形成有利于协同创新目标实现的长效机制与氛围，以有效调动和激发协同单位及机构成员的协同意识与积极性。

2. 高校协同创新中心概述

（1）四种类型

遵循"国家急需、世界一流、制度先进、贡献突出"的原则，按照分层实施、分类发展的要求，坚持引导与支持并重的实施方式，高校协同创新工程将高校协同创新分为面向科学前沿、面向文化传承创新、面向行业产业和面向区域发展四种类型（见表1-1），由高校牵头，联合其他高校、科研院所、行业企业、政府部门和社会中介组织等优势资源，组成国家级、省级、校级3个层次的高校协同创新中心。现经教育部认定的国家级协同创新中心共有38个，包括2013年4月认定的首批14个（附录1），2014年7月认定的第二批24个（附录2）。

表 1-1　高校协同创新中心的类型、特征、数量

类型	特征	2013年认定数	2014年认定数
面向科学前沿	以自然科学为主体——致力于解决科学技术前沿和社会发展中的重大问题，协同单位包括高等院校、科研院所以及国际著名学术机构等，知识创新的模式必须符合国际惯例，"追求卓越、促进交叉、国际接轨、世界一流"是其主要目标，通过强强联合，成为代表我国该领域科学研究、人才培养能力与水平的学术高地	4	4
面向文化传承创新	以哲学社会科学为主体——致力于国家文化软实力的提升和中华民族文化国际影响力的增强，协同单位包括高等院校、科研院所、政府、行业以及国际学术机构等，必须满足我国社会主义制度的发展完善、国家治理体系和治理能力现代化的迫切需要，"传承文明、创新理论、咨政育人、服务发展"是其根本宗旨，通过强强联合，成为国家文化体制改革、文化事业发展服务和国家文化软实力提升的引领力量	2	5
面向行业产业	以工程技术学科为主体——以传统产业改造升级、国家战略新兴产业发现培育为重点，协同单位包括高等院校、科研院所、行业企业等，明确"支撑传统、引领新兴、产学融合、贡献重大"的目标，通过强强联合，成为支撑我国行业产业发展中所需重大关键技术、核心共性技术研发与转化的重要基地	4	11
面向区域发展	以地方政府为主导——以服务区域经济发展、提升社会贡献度为重点，协同单位包括高等院校、科研院所、政府部门、行业企业等，政府部门发挥主导作用，秉承"政府主导、区域急需、创新引领、影响突出"的宗旨，充分发挥高校社会服务职能，通过强强联合，成为推动高校与地方重点企业或支柱产业基地深度融合、促进区域创新发展的主力阵营	4	4

资料来源：《教育部 财政部关于印发高等学校创新能力提升计划实施方案的通知》（教技〔2012〕7号）。

（2）实体运行

高校协同创新工程的高校协同创新中心是依托高校和协同单位内部相对独立的管理运行实体，具有相对独立的人、财、物等方面的自主权。国家每年为不同类型高校协同创新中心拨款3000万元或5000万元专项资金，用以支持协同创新

体制机制的改革和创新。事实上，我国长期以来从未间断过科技合作与创新，在技术创新上也取得了许多显著成绩。但是由于官僚化的行政组织管理制度，一定程度上造成创新要素的融合往往受制于不同机构归属形成的制度壁垒。高校协同创新中心的组建就是要将协同创新活动组织化、规范化和整体化，通过体制机制改革和创新打破长期以来形成的机构壁垒，实现创新要素在横向机构之间的融合和增效，突破从思想认识到体制观念再到利益配置等全方位的制度障碍，以改变当前创新力量相对分散的状态，最终向"国家急需、世界一流"的方向发展，形成"国内前列、业内第一"的格局。

（六）高校协同创新中的利益相关者

在企业管理研究中诞生的"利益相关者"概念，被美国斯坦福研究中心的研究人员这样定义：利益相关者以团体形式存在，没有这些团体的支持，任何组织都无法生存和发展。最早比较系统地研究利益相关者管理理论的是弗里曼，体现在其1984年的《战略管理：利益相关者管理的分析方法》一书中。此后，这一理论不断被深化和应用。高校协同创新中的利益相关者主要包括牵头高校（L_1）、主要合作方（L_2）、次要合作方（L_3）、教师与科研人员（L_4）、职员（L_5）、学生（L_6）等，各方在利益/权力矩阵中的位置如图1-1所示。

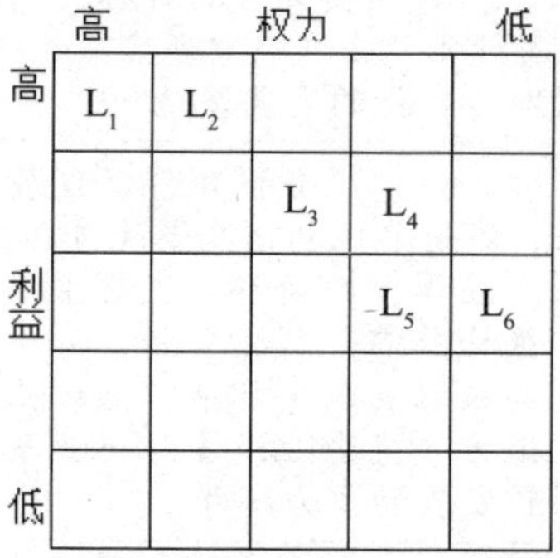

图1-1 利益/权力矩阵图

依托高校协同创新工程创设的高校协同创新中心，根据不同的重大需求分成四类，即面向科学前沿类、面向文化传承创新类、面向行业产业类和面向区域发展类。在不同类型的协同创新中心中，L_2和L_3指代不同的利益相关者。如在面向科学前沿的协同创新中心中，L_2、L_3指代主要合作高等院校、科研院所与国际著名学术机构；在面向文化传承创新的协同创新中心中，L_2、L_3除了包括合作高等院校、科研院所、国际著名学术机构外,还有政府部门、其他社会组织等;在面向行业产业的协同创新中心中,L_2、L_3 主要是指高等院校、科研院所、行业企业,尤其是大型骨干企业;在面向区域发展的协同创新中心中,L_2 一般指地方政府,L_3 代表合作高等院校和地方支柱产业或重点产业化基地。

(七)高校协同创新中的利益配置

高校协同创新利益是指由牵头高校协同其他创新主体如高等院校、科研院所、行业企业等,通过资源整合、优势互补和协同攻关,实现基础性和前沿性攻关项目研究,获得资金支持,创造新增收益。在协同创新过程中,协同各方通过资源整合、优势互补、利益共享共同研发新技术、开发新产品、创造新成果、解决大问题,共同为协同体带来许多增值利益,既有有形利益也有无形利益。前者主要包括研究基金,即国家支持研究项目而拨付的研究经费和新技术转让收益;后者则体现在学术水平的提升和人才培养质量的提高上。合理的利益配置不仅能维持高校协同创新联盟稳定持续发展,而且能很好地保证其有效运行和长期合作。

高校协同创新利益配置机制是指多元协同体对协同创新过程中所形成的利益进行配置的一整套制度体系和安排。公平、客观、科学、合理是基本原则,资源整合、利益共享、风险共担、协作共赢是一致目标。

二、研究对象的选择

(一)研究对象

根据高校协同创新利益配置这个主题和核心,本书主要从三个层面由繁入简、由浅入深、逐层剖析。从宏观层面,主要借鉴分析国际上较为典型的高校协同创新模式和路径,探索我国高校协同创新的发展方向;从中观层面,重点分析国家创新战略指导下的我国高校协同创新的基本理论、组织模式、运行过程和利益配置机制;从微观层面,选取自然形成的国家首批入选高校协同创新工程的协同创新中心作为案例研究对象,通过实证研究,探讨高校协同创新各利益相关者共同治理模式、协同创新利益配置的影响因素、基本原则、评价方式和配套政策等。

通过调研发现,高校协同创新有其独特的发展特征。

1. 合作基础上的强强联合

参与高校协同创新的各协同单位在此之前一般都建立了长期的合作关系,既有合作办学，又有合作研究，良好的合作关系为强强联合奠定了坚实的基础。其具体体现在以下几个方面。

（1）合作办学，共同培养高尖端创新人才

以B协同创新中心为例，3所协同高校中国政法大学、武汉大学和吉林大学从2006年就开始建立合作关系，签署了《关于交换培养本科生协议书》，共同交换培养本科生。根据协议，中国政法大学和武汉大学两校每年互派20名、每专业不多于5名本科2～3年级学生到对方学校相应专业学习，每年一派。而中国政法大学与吉林大学双方每年互派不超过10名、每专业不超过5名同样是本科2～3年级学生到对方学校相应专业学习，每学期一派。学习时间一般以一学期计，经双方同意，也可延长一学期，3所高校相互承认互换学生的学分。① 而天津大学和南开大学早在2000年教育部和天津市人民政府共同签署共建协议时就提出紧密合作开展联合办学，并从2001年开始，通过一系列举措，如开放校园、互开课程等方式，构建合作模式，实现资源共享、优势互补。以化学化工学科为例，在两校此学科基础上合作创办的"分子科学与工程"新专业，成为国内高校合作办学的典范，同样在两校此学科基础上成立的"天津绿色化学化工实验室"成为J协同创新中心的平台基础，通过两校化学化工学科合作交叉培养了大批高尖端创新人才，取得了大量重要科研成果。②

（2）联合攻关，共同承担国家重大项目

协同单位在组建高校协同创新中心之前，普遍都有联合攻关，共同承担并完成国家重大科学研究计划和重点建设项目等经历。通过合作，一方面建立起既能进行科学探索，又能进行成果集成和技术攻关的科研队伍；另一方面为高校协同创新的顺利开展提供了诸如组织架构、运行模式等重要的体制机制保障。如面向科学前沿方向的生物治疗协同创新中心，近年来在国家重大、重点科研项目的支持下，其多个研究团队分别在各自的领域研究出许多创新性成果，形成了自己的研究特色，并体现出很强的互补性。面向行业产业方向的轨道交通安全协同创新中心，其协同单位通过共同承担、合作研究和联合攻关完成了多项代表行业共性技术研发最高水平的铁道部、科技部联合重大科技支撑项目。③ 面向区域发展方向的F协同创新中心，协同单位南京工业大学以国家"973""863"计划等国家重大项目为载体，通过与中国科学院（以下简称"中科院"）等国内外高校和科

---

① 司法文明协同创新中心. 司法文明协同创新中心实施方案［Z］. 2012（10）：30.
② 天津化学化工协同创新中心. 天津化学化工协同创新中心实施方案［Z］. 2013（2）：28.
③ 轨道交通安全协同创新中心. 轨道交通安全协同创新中心实施方案［Z］. 2013（2）：22.

研机构的协同合作，集合一批高端人才和学术骨干，形成了该领域具有世界影响力的研究团队。而面向文化传承创新方向的B协同创新中心，其协同单位中国政法大学证据科学研究院与最高人民法院应用法学研究所共同承担国家社科基金重大项目"诉讼证据规定研究"和实证研究重点调研课题"关于完善刑事证据规则的调研"，成果显著。还有中国科学技术大学和南京大学拥有国家"量子调控"重大科学研究计划两大委托研究基地——合肥微尺度物质科学国家实验室和南京微结构国家实验室，从2006年开始，两校作为首席科学家单位，承担国家"973"计划项目17项，通过重点科研平台共同承担国家重大项目，协作开展量子调控和量子信息前沿研究。①

（3）同行交流，建立密切合作往来关系

一是合作举办高端学术论坛。B协同创新中心的协同单位中国政法大学与吉林大学早在2004年就在海南博鳌联合举办了首届部门法哲学研讨会之部门法学哲理化学术研讨会，并已连续举办了多届。②二是共建共享交流平台基地。K协同创新中心的协同单位中南大学与中国铝业股份有限公司、中国第一重型机械集团公司等企业联合组建的创新基地就是很好的例证，这既是协同单位建立密切合作关系的重要渠道，也是协同创新中心得以建立的坚实基础。三是联合开展招录培养项目。如中国政法大学先后与最高人民检察院和最高人民法院签署合作协议，联合培养具有较高理论水平和实践能力的高层次人才——应用型法学博士。四是共同创设良好外部环境。以南京工业大学为例，其通过与清华大学、浙江大学和中科院等协同单位联合，组建先进生物与化学制造协同创新中心，助推产业结构优化和工业转型升级；与南通市人民政府形成政产学研合作体，推动人才培养和科技成果转化；与南京高新技术产业开发区合作，共建海内外领军人才"三创"平台，为海内外人才的引进、培训、发挥作用提供专业服务；与中国石油化工股份有限公司（以下简称"中石化"）合作，建立技术研究中心，直接面向企业需求联合攻关。密切有效的交流合作，为协同创新的发展创造了良好的外围环境。③

2. 战略协作下的优势互补

高校协同创新的运行发展更具宏观战略性。高校协同创新以协同创新中心实体平台为载体，以研究优势突出、合作基础好的高等院校、科研院所和行业企业

---

① 量子信息与量子科技前沿协同创新中心. 量子信息与量子科技前沿协同创新中心实施方案[Z]. 2013（2）：35.
② 司法文明协同创新中心. 司法文明协同创新中心实施方案[Z]. 2012（10）：31.
③ 先进生物与化学制造协同创新中心. 先进生物与化学制造协同创新中心实施方案[Z]. 2013（2）：21.

作为协同单位，集合国内外该领域的优势资源和先进力量作为参与单位，相比于以往各自承担项目的碎片化合作模式，高校协同创新的运行发展更具有宏观战略性，即各个协同单位在战略上要实现真正的合作。根据协同创新中心的任务要求，组建"一个中心、N个平台"，每个创新平台分别由协同单位中的若干机构组建和管理，其他协同单位、参与单位从研究开展和支撑服务等方面给予配合，每个平台都是基于各自发展的优势和实际需要解决的问题来组建的，由此构成完整的任务链条。

更注重原始创新和行业共性技术合作创新。高校协同创新工程的核心目标是促进人才、学科、科研"三位一体"创新能力的提升，相比于以往项目驱动的产学研创新而言，更注重原始创新和行业共性技术的合作创新，更强调在人才培养、学科建设和科学研究中实现价值增值。具体来说，传统的产学研合作目标单一，主要解决企业在生产过程中急需解决的某些技术问题，并为企业培养急需的专门人才。而高校协同创新战略性、前瞻性强，重点围绕国家战略需求，着力解决对当前经济社会发展影响巨大的重点行业企业的关键技术和共性技术。传统的产学研涉及面窄、开放性不足，多集中在与行业企业某一关键环节相对应的某些学科上，更谈不上寓教于研。而高校协同创新涉及面广、组织形式开放，科技创新活动更多建立在跨组织、多团队基础上，强调多学科交叉、强强联合、优势互补，实行科教结合，强化人才培养，突出体制机制创新。传统的产学研模式由于合作对象层次、广度和深度的局限性，合作成果单一，成果应用推广受制。而高校协同创新的合作对象涉及创新链的方方面面，既有原始理论创新、应用创新，更有成果转化创新，对国家经济社会发展意义重大。[①] 高校协同创新内涵决定了其显著互补性特征。在高校协同创新过程中，任何协同主体在协同创新方面的作用都是有限的，面对重大需求的解决，必须充分发挥不同主体的优势，实现强势合作、优势互补，才能突出特色、互利共赢、实现目标。说到底，高校协同创新是国家意志体现和制度安排，旨在通过高等院校、科研院所、行业企业等创新组织的强强联合、资源整合，发挥各自的能力优势，协作开展产业技术创新和科技创新产业化活动，整体提升创新能力和水平。[②] 以 N 协同创新中心为例，协同主体北京交通大学、西南交通大学和中南大学，在历史上都隶属于铁道部，代表了我国轨道交通领域的最高水平，三校长期稳定的合作基础，形成了各自优

[①] 丁烈云. 实施"2011 计划"的意义、重点与难点 [J]. 中国高等教育, 2012 (20): 11-12.
[②] 陈劲, 阳银娟. 协同创新的理论基础与内涵 [J]. 科学学研究, 2012 (2): 162.

势明显、体系完备、互补性强、不可替代性强等特点，为我国的轨道交通发展做出了巨大贡献。①

3. 人才培养中的模式创新

高校协同创新过程正是培养高尖端创新人才的过程。按照"寓教于研、创新主导、协同培养"的理念，高校协同创新坚持以科学研究和实践创新为主导，充分利用各协同单位的生源、师资、国际合作、实验条件等优势，积极探索有效的人才培养模式，实施人才协同培养战略。

本科生培养着力在合作办学、互派教师、设立创新基金、建立创新基地等方面下功夫。有的协同单位实行合作办学、互派教师开设课程、积极推进小班授课和由中心首席科学家（PI）参与的个体精英化教学。各协同单位签署共建协议建立学生创新基地和实习基地，举办高水平的本科生暑期夏令营，探索新的联合培养模式。开放科研实验平台，设立课外科技创新基金和科研助手岗位，吸引优秀本科生进入研究生教育，实现二者的无缝对接。

大力推进校企联合协同培养研究生，充分利用协同创新平台良好的科研条件和高水平的师资队伍，改革研究生培养模式，注重直博、多学科交叉培养、国内外联合培养，实施多导师制，鼓励研究生参与国家重大科研计划，如"973""863"计划等国家重大科研项目研究。为遴选优秀研究生，各协同单位可采取多种措施，直接吸引优秀本科生到协同创新中心选择导师完成毕业设计或论文，或设立专项经费，吸引学生利用寒暑假到中心实验室实习，鼓励博士生开办论坛、开展学术讲座等。此外，有的中心还致力于打通学历教育和非学历教育之间的渠道，着力培养整个行业的高端技术人才，通过高精尖人才培养实现中心在国际和国内行业中的话语权和规则制定权。

注重人才培养的国际化，加强与参与协同国际机构的合作。从调研中笔者得知，各高校协同创新中心普遍重视国际化人才培养在协同创新建设中的重要性，采取多种方式尽可能多地创造与国际接轨的机会。例如，组织国际学术会议和论坛；提高留学生比例，吸引海外优秀学子进行交流访问、学习研究；积极输送优秀学生到国际知名高校和研究机构进行交流学习、合作研究；聘请国外一流学者加盟协同创新中心；引进国外优质教学资源为学生开设课程；建立具有国际化水平的研究生联合培养基地；等等。

---

① 轨道交通安全协同创新中心. 轨道交通安全协同创新中心实施方案［Z］. 2013（2）：21.

4.科技创新中的机制创新

科技创新是开展高校协同创新的核心目标,机制创新则是实现目标的有效途径和根本保证,只有完善的机制保障才能推动高校协同创新的顺利运行并取得成效,从而实现可持续发展。

笔者在调研中发现,高校协同创新根据协同创新的重大任务和发展目标,紧密结合协同体的实际情况,充分发挥各自的优势和能力,不断探索出许多颇具创新性的机制改革措施,不仅实现人才培养、科研组织、人事制度、统筹管理、国际合作等方面的协同,而且在组织管理机制、人才培养和使用机制、资源配置共享和保障机制、国际合作交流机制以及文化建设机制等方面均有所突破。

以 H 协同创新中心为例,三项改革措施已具成效。[①]一是以寓教于研、高水平科研为支撑的创新人才协同培养机制,以科学研究和实践创新为导向,重在学科交叉与融合,强化产学研合作,旨在解决人才培养与产业需求脱节的问题;二是以科技创新、人才培养的质量和贡献为导向的人事评聘机制,突出"分类考评、多元评价、注重协同";三是协议归属、体现利益与风险对称的利益配置成果共享机制,通过健全知识产权归属制度和科研成果定价制度构建合理的利益配置机制,以最大限度调动创新主体的积极性。

以某协同创新中心所建立的激励机制为例。在访谈中,该中心管理者认为,激励就要实现多赢,要激励大团队里的科学家,调动他们的积极性。要打破以往"分灶吃饭"的做法,根据问题设立团队,每个团队都应由各个协同单位人员组成,是真正围绕问题的创新组合。团队中的 PI 与成员签订任务书,负责对成员工作进行绩效考核。该中心设立独立的行业技术评价委员会和国际评价委员会,对 PI 进行绩效考核。借鉴欧盟的做法,该中心把成员的绩效分为任务绩效和成果绩效,任务绩效如同股份制的期股期权,即该中心对进入中心的成员的工作期许,只要完成了该中心分配的任务就有了任务绩效。而该中心 PI 每两个月对成员进行一次任务绩效考核,根据成员完成任务的情况进行 3 个等级的评价,即 A 级——100% 任务绩效,B 级——60% 任务绩效,C 级——没有绩效。成果绩效属于整个团队,由两个评价委员会进行考评,由 PI 负责将团队的成果绩效按团队成员的贡献比例进行分配,通过成员的原单位归属来判定协同单位的绩效水平。此部分占协同单位绩效的 85%,其余的 15% 取决于该中心与协同单位签署的任

---

① 绿色制药协同创新中心.绿色制药协同创新中心实施方案[Z].2013(2):54-61.

务协议完成情况。PI与成员的任务协议和该中心与协同单位的任务协议构成了协同创新中心绩效的双重激励，较好地促进了协同各方实现共赢。

（二）研究目的

　　本书内容围绕高校协同创新的特殊性、运行过程和构建机理，探索高校协同创新的现实需要和基本路径，分析高校协同创新的利益机制和现实问题，在借鉴吸收国外协同创新制度设计、组织模式、运行成效的基础上，提出我国高校协同创新的制度路径。通过对自然形成且由国家首批认定的高校协同创新中心的实证研究，本书提出影响高校协同创新利益配置的相关要素，探索高校协同创新利益配置机制及其实现途径，为整合协同单位之间的优势资源、获取创新成果、改革创新体制机制、提升高校高尖端人才培养能力，并最终为高校协同创新从点的突破到系统整体能力的提升提供可能参考。

第二章 回顾与反思:理论机理与文献述评

回顾已有研究成果是研究者了解掌握本领域发展现状的前提和基础,通过大量阅读,把握研究对象的发展脉络,实现与前人的对话,以期能站在巨人的肩膀上提出建设性意见。

有关协同创新的研究在高等教育研究领域越来越多。以福州大学图书馆中文社会科学引文索引(CSSCI)数据库为原始文献来源,检索"标题"为"协同创新",时间为 1997—2015 年,获得文献 974 篇。以超星资源中心"读秀"中文学术搜索为原始文献来源,检索"图书",书名为"协同创新"的资源,获得中文图书 40 本(见表 2-1)。通过对检索到的图书资料进行在线分析,发现已有的研究成果大多从地区、行业、产业等视角来论述协同创新,有关高校协同创新的论著很少,只有一本《地方新建本科院校协同创新与协同育人模式研究》与此相关,协同创新在高校中的应用研究有待进一步深入,梳理高校协同创新以及协同创新中的绩效评价、利益配置等运行机制显得十分迫切和必要。

表 2-1 CSSCI 有关协同创新的文献发表情况

时间/年	1997—2001	2002—2006	2007—2011	2012	2013	2014	2015
数量/篇	5	38	182	106	225	270	148
数量/本	1	2	6	3	9	12	7

注:数据截止时间为 2015 年 9 月 9 日

本书从关键词切入,围绕协同创新、高校协同创新、利益配置等方面层层推进,对以往研究进行回顾和评述。

第一节　已有研究：多学科视域中的文献综述

一、协同

（一）理念的演进

任何一个理念的产生都有一个过程，人类对协同的认识和理解经历了从协作到协调再到协同的不同阶段，这也是按照历史的演进逻辑推进的。

1. 协作

作为现代管理理论社会系统学派创始人的切斯特·巴纳德（Chester Barnard），基于对组织理论的研究，将组织看作一个协作的系统，提出"协作系统形成的根本原因在于要素间的相互协作"的观点。[1] 其认为所有组织都包含合作的意愿、共同的目标和沟通三个要素；协作不仅是一个组织得以运行的前提，更是整个社会能够正常运转的基础；组织内部成员的协作情况将决定组织整体运行的效力。

美国管理学家弗雷德里克·温斯洛·泰勒（Frederick Winslow Taylor），在其著名的科学管理理论中提出的"职能分开"和"例外原则"，将协作思想进一步推进。一方面，他强调计划与执行两个职能的分开，即管理人员制订计划，而工人执行计划，两者既分工明确又密切协作，以确保工作任务的标准化和科学性。另一方面，泰勒主张高级管理者应该将除重要事项的决策权和控制权之外的日常事务管理权下放给下属，即"例外原则"，这是组织内部另一种分工与协作。

卡尔·马克思（Karl Marx）和亚当·斯密（Adam Smith）都对分工与协作进行了系统研究。前者认为，许多人在同一生产过程中，或者在不同但相互联系的生产过程中有计划地协同劳动就可称为协作。[2] 他指出，进入资本主义社会之后，协作随着社会分工的发展而发展，而"协作"在"历史上和逻辑上都是资本主义生产的起点"。其进一步强调，分工是一种特殊的协作方式，能够提高生产效率。[3] 后者在《国富论》中首次探讨了劳动分工与劳动生产率之间的关系，提

---

[1] 赵凡禹. 管理学名著全知道 [M]. 上海：立信会计出版社，2012.
[2] 马克思，恩格斯. 马克思恩格斯全集：第二十三卷 [M]. 北京：人民出版社，1972.
[3] 马克思. 资本论：第一卷 [M]. 北京：人民出版社，1975.

出简单的协作早就存在于没有严格分工的时代，而劳动分工对协作提出了更高要求，这些思想为之后以分工为基础的工业社会的协调管理奠定了基础。

2. 协调

最早研究协调的是法国著名管理学家法约尔（Henri Fayol），在他看来，协调就是指企业的一切都要和谐地配合，这样才能保证企业发展顺利和成功。此外，协调还在于使职能的社会组织机构和物资设备机构之间保存一定的比例，即协调的目的是保持事情和行为之间有一个合适的比例，以保证每个机构高效、保质保量地完成任务。法约尔还做出了企业需要协调的三个判断，并指出，部门领导会议是协调工作不可或缺的方法。[①] 美国管理学家巴纳德则认为，协调依赖于两个相互关联的过程：组织与外部环境的适应过程和组织对人际关系的满足过程。[②] 卢瑟·古利克（Luther Gulick）在其管理七职能论中提出，协调的重要职能就是把工作的各个部分联系起来，步调协同、目标一致，并从组织和思想两个维度分析协调的实现路径。更有一大批学者深入研究协调在管理中的作用，如哈罗德·孔茨（Harold Koontz）把管理的职能上升为管理的本质，马隆（Marlone）等人在对协调的多学科研究的基础上建立了协调理论，极大地丰富了现代管理理论。

3. 协同

最早提出协同概念的是德国赫尔曼·哈肯教授（Herman Haken），他于1971年系统化形成协同理论。[③] 在该理论中，协同被用来反映复杂系统中各子系统间的协调与合作关系，各子系统通过良好的配合与协同关系，集聚多方力量形成一个总力量，所形成的新功能将大大超越原各自功能总和，即产生整体大于部分之和的效应。美国学者 Krogh 强调协同过程中协同方要以互相信任、诚实、公平为基础，并对对方利益进行考虑。[④] Miles 等认为，协同有相对比较明确的预期结果，并可事先协商未来回报的分配。[⑤] 我国学者对协同的界定还是比较一致的。如曹青林将其定义为一种过程或能力，即"协调两个或者两个以上的不同资

[①] 法约尔. 工业管理与一般管理［M］. 北京：中国社会科学出版社，1982.
[②] 巴纳德. 经理人员的职能［M］. 北京：机械工业出版社，2007.
[③] 哈肯. 协同学导论［M］. 张纪岳，郭治安译. 西安：西北大学科研处，1981.
[④] Von Krogh. Care in Knowledge Creation［J］. California Management Review, 1998（40）：133-153.
[⑤] Raymond E M, Miles G, Charles C S. Collaborative Entrepreneurship: How Communities of Networked Firms Use Continuous Innovation to Create Economic Wealth［M］. Palo Alto: Stanford University Press, 2005(6).

源或个体,一致地完成某一目标的过程或能力"。[①] 所谓协同,是一种过程,是指多个协同方之间在信任、诚实、公平的基础上,充分发挥各自优势,互相配合,共同一致地完成同一个目标,并产生整体大于部分之和的合作效果。在企业界,协同关系无处不在,协同成效不仅与商业运作模式密切相关,也与企业的组织机构、制度、文化以及沟通协调机制等有着密不可分的关系,形成了多样的协同形式和复杂的协同实践。

(二)经典协同论

战略协同理论是协同论中的经典。其代表人物有伊戈尔·安索夫(Igor Ansoff)、威斯通(J. F. Weston)、巴泽尔(Buzzell)、罗莎贝斯·莫斯·坎特(Rosabeth Moss Kanter)、迈克尔·波特(Michael E. Porter)、伊丹广之(Hiroyuki Itami)和普拉哈拉德(Prahalad)。战略协同理论也经历了从传统到现代的发展过程。

安索夫在其《公司战略》一书中构建了"战略四要素",即产品与市场范围、增长向量、协同效应和竞争优势,其中协同效应是关键要素。他是第一个在企业界阐述协同理念战略如何像纽带一样把公司多元化业务连接起来的人,并根据企业不同运行阶段将协同划分为销售协同、运营协同、投资协同、管理协同。威斯通的协同理论则是在研究公司兼并中产生的。他认为,管理和营运这两个协同效应效率的改进直接影响到公司兼并的协同效应。所谓的管理协同效应是指,管理效率高低不同的两个公司兼并后,低效率公司的管理效率得以提高。而营运协同效应是指,两个或两个以上的公司合并后因经济上的互补性、规模经济或范围经济而增加收益或节约成本。[②] 巴泽尔从公司群的角度来阐释协同效应,指出持续的协同效应可通过四种基本方式来创造股东财富:共享资源或活动、营销和研发支出的外溢效应、公司相似性、公司形象共享。[③] 传统协同理论是伴随公司多角化的蓬勃发展而产生的,其核心是企业的生产能力,前提是假设企业资源无限,忽略了企业间的合作。随着世界经济的发展,传统战略协同理论因其越来越多的局限性而退出舞台,随之而来的是以价值链、无形资产协同效应等形式出现的战略协同理论。

---

① 曹青林.协同创新与高水平大学建设[D].武汉:华中师范大学,2014.
② 威斯通.接管、重组与公司治理[M].2版.大连:东北财经大学出版社,2000.
③ 王旺兴.企业集群中的战略协同研究[J].科技与管理,2003(5):43-45.

迈克尔·波特从价值链的研究角度，指出在实现协同效应的过程中，业务单元间可能存在有形的、无形的和竞争性的三种关联。他强调，公司战略管理的本质就是对公司下属企业之间的相互关系进行管理。[①] 因此，企业要实现协同效应就应该懂得识别和挖掘既相互联系又相互区别的业务单元之间的关联，加强集团、公司、部门等各个层面上的战略协调，以实现行动的内部一致性。[②] 伊丹广之于1987年在其著作《启动隐形资产》(*Mobilizing Invisible Assets*) 中明确界定何为协同效应，并细分为"互补效应"和"协同效应"，认为后者比前者具有更高的战略层次。其中，互补效应的实现方式为生产设备等显形资产的使用，而要真正实现协同效应则主要通过公司文化等隐形资产，二者效果和影响完全不同。他认为，这些独有的隐形资产才是公司持续竞争优势不竭之动力。[③] 普拉哈拉德和哈默（Hammel)的核心能力理论认为，任何一家公司都应有自己的核心能力或核心竞争力，这种核心能力和竞争力应是公司独有的，具有独立性、不可替代性、不可模仿性，是公司持续发展的灵魂所在。也就是说，公司的成功与公司核心竞争力的培育和发展相伴相生。此理论是对协同理论的拓展、延伸、回归和升华。[④]

（三）四种协同观

根据冯自钦的研究，较为典型的协同观有古典协同观、静态协同观、动态协同观和耦合协同观四种。[⑤]

古典协同观的出发点是管理职能，认为协同就是协调、合作和同步，代表人物是法约尔。他认为，经营好一家企业，管理好生产现场很重要，但更重要的是管理好企业经营相关的六个方面职能，并将协调作为一项管理职能提出来，奠定协调管理的思想。

静态协同观认为，协同是通过各独立组成部分之间资源共享而带来的功能与效率的提高，其会带来这样一个结果，即"1+1>2"或"2+2=5"，代表人物是安索夫。他从战略角度确定协同的经济含义，认为协同是企业各独立组成部分简单汇总后而形成的企业群整体的经营表现。

---

① Porter M E. Competitive Advantage [M]. New York: The Free press, 1985.
② Porter M E. "What is Strategy?" [J]. Harvard Business Review, 1996.
③ Itami H, Thomas W R. Mobilizing Invisible Assets [M]. Boston: Harvard University Press, 1991.
④ 坎贝尔，卢克斯. 战略协同 [M]. 任通海，龙大伟，译. 2版. 北京：机械工业出版社，2000.
⑤ 冯自钦. 企业集团财务协同控制研究 [M]. 北京：经济管理出版社，2012.

动态协同观可表达为"V",强调协同能够改变和创造资源,并为企业带来长期竞争优势,代表人物是伊丹广之。他认为,企业资产有显形(实体)资产和隐形资产之分,真正的协同效应的产生决定于企业隐形资产的使用。

耦合协同观从系统功能角度分析,体现系统的整体性、依赖性、共生性,在子系统的相互作用基础上,形成改善系统功能的目标。李曙华认为,任何一个系统,只要其具有自调节功能,系统内各要素之间就一定存在着互相作用、互相生成和互相依赖的关系。而协同就是这样一种耦合创新机制,系统凭借系统内各要素的耦合作用长期稳定发展并保持竞争优势。[①]

以上四种协同观虽然视角和内容不尽相同,但存在逻辑关联性,遵循时空演化规律,即从古典到静态到动态再到耦合,反映出一个循序渐进的认识深化过程,表现为一个相互影响和作用的统一体系。其中,古典协同观是基础,其他协同观是它的拓展;静态协同观是动态协同观和耦合协同观的初始表现,动态协同观和耦合协同观是静态协同观的扩展深化;动态协同观是耦合协同观形成的前提保证,耦合协同观是动态协同观的高级表现。当然,不同领域的协同应用被赋予了各自不同的思想和内涵,但无论如何,协同在组织和管理中的作用已是共识,对协同过程的研究和推广也正得到不断重视和深化。

(四)理念的应用

国内外学者对协同的研究主要反映在协同管理、协同机制以及协同效应方面,涉及的领域从生物化学到经济社会,重点是知识与技术、组织与组织以及组织与环境等的协同。

1. 协同管理

①国外研究。国外协同管理应用广泛,不仅用于公共部门,也应用于商业行业,包括医疗、生态、金融、经济和管理等,内容主要集中在何为协同管理、如何实现协同管理以及协同管理的影响因素等。如慢性疼痛治疗协同管理[②]、环境协同

[①] 李曙华. 从系统论到混沌学[M]. 桂林:广西师范大学出版社,2002.
[②] Kroenke K, Krebs E E, Wu J W, et al. Telecare Collaborative Management of Chronic Pain in Primary Care: A Randomized Clinical Trial[J]. The Journal of the American Medical Association, 2014, 312(3): 240-248.

管理①、风险协同管理②、员工满意度协同管理③、商业数据协同管理④等。尽管如此，学术界对协同管理动态概念的认识还有不同，有的认为，所谓的协同管理就是在组织管理中采用的旨在促进员工工作完整性以避免相互冲突的技术管理手段；而协同管理模式则是为统筹管理组织内部成员相互之间作用、应用、合作而提供的一系列方法。有的对协同管理提出质疑，Lauber 认为，协同管理虽然能够提高组织机构提供福利的能力，但由于协同所带来的千丝万缕的联系也可能增加利益相关者的潜在需求。⑤ Paul 等人通过对虚拟团队研究发现，协同管理模式与团队绩效呈现显著正相关，且深受团队集体或个人文化倾向的影响。⑥

②国内研究。自从 20 世纪 90 年代引入协同管理后，国内学者对此方面的研究也不断深化，逐步应用到商业、教育、交通等领域。例如，有学者认为，协同管理是这样一种能力，产生于系统内各子系统时间、空间和功能上的重组，表现为竞争—合作—协调，其效应远远大于各子系统之和。⑦ 有的学者提出，协同管理就是以实现人的社会关系价值最大化为目标的管理模式。⑧聂规划等人将协同管理理论应用于 O2O 服务组合市场决策与管理相关研究，提出了以协同为基础的 O2O 服务组合市场决策模型和管理方法。⑨孙华丽将协同管理理论应用于电子废弃物循环利用研究中，以期通过协同发展的管理机制达到促进电子废弃物循环利用的目的。⑩葛继平等人则应用协同管理理论探讨通过高校与企业、区域高校间、国内外高校间的合作教育，培养高质量工程人才的机理、动因和途径问题，以实

---

① Tomas M K. Collaborative Environmental Management: What Roles for Government? [M]. Washington, DC: Resources for the Future, 2004.
② Kuypers J. The Rise of Collaborative Management [J]. Bottom Line, 2012, 28 (12): 12.
③ Sharyn H. Collaborative Management: Revitalizing an or Staff and Enhances Job Satisfaction [J]. Nuring Management, 1994, 25 (1): 48F.
④ Hüner K M, Otto B, Österle H. Collaborative Management of Business Metadata [J]. International Journal of Information Management, 2010, 31 (4): 366-373.
⑤ Lauber T B, Connelly N A, Niederdeppe J, et al. Collaborative Management and Public Trust Responsibilities: A Help or a Hindrance? [J]. Human Dimensions of Wildlife, 2014, 19 (5): 458-468.
⑥ Paul S, Samarah I M, Seetharaman P, Mykytyn P P. An Empirical Investigation of Collaborative Conflict Management Style in Group Support System-Based Global Virtual Teams [J]. Journal of Management Information Systems, 2004, 21 (3): 185-222.
⑦ 杜栋. 协同管理系统 [M]. 北京：清华大学出版社，2008.
⑧ 致远协同研究院. 协同管理导论 [M]. 北京：经济日报出版社，2012.
⑨ 聂规划，吴钟，陈冬林，等. O2O 服务组合市场决策与协同管理研究 [M]. 北京：电子工业出版社，2014.
⑩ 孙华丽. 电子废弃物循环利用定价及协同管理机制研究 [M]. 北京：电子工业出版社，2014.

现资源和优势互补，更好地培养学生的实践能力、创新能力，促进学生综合素质和水平的提升。[①]

2. 协同机制

①国外研究。通过梳理发现，国外学者对协同机制的研究大多集中在经济领域，尤以供应链协同机制相关研究最为突出。在宏观层面，Ryu 通过研究影响供应链绩效的协同机制发现，供应商之间的协同规划是一种先进的协同机制并可能最终改善供应链的绩效水平。[②] Funda 等人认为，动态的而非基于价格等静态的协同机制更受产业界青睐。[③] Martin 则把供应链协同机制看成协同规划的新方法，提出协同机制能够有效识别系统优化的供应链规划问题。[④] 在微观层面，既关注协同机制设计[⑤]、协同机制评价[⑥]，也涉及具体产业供应链协同机制[⑦]和顾客满意度协同机制[⑧]，专业化、精细化趋势明显。

②国内研究。总体来看，研究范围和领域不断拓展，涵盖经济、社会、教育、工程和管理等，更多关注企业和高校协同机制内在问题，如企业技术创新和协同创新机制、供应链协同机制、产学研协同机制、高校人才培养和教师教育协同机制等。吴华明等提出根本性协同机制及其在企业战略协同中的应用，认为根本性协同机制包括合力聚合机制、匹配配合机制、公用共享机制、相互作用机制以及结构优化机制等，其中合理聚合机制和匹配配合机制是基础和前提。[⑨] 徐雨森从企业知识理论和协同学相关理论出发研究提出，企业研发联盟的本质就是知识生

[①] 葛继平，林莉，董美霞. 合作教育协同管理与高级工程类人才培养[M]. 北京：经济科学出版社，2014.
[②] Ryu C. An Investigation of Impacts of Advanced Coordination Mechanisms on Supply Chain Performance: Consignment, VMI Ⅰ, VMI Ⅱ, and CPFR [D]. New York: State University of New York at Buffalo, 2006.
[③] Vesa P, Brian F, Funda S, et al. Supply Chain Management Coordination Mechanisms [J]. Journal of Business Logistics, 2006, 27（2）：129.
[④] Martin A. Supply Chain Coordination Mechanisms [M]. Berlin: Springer, 2010: 201-211.
[⑤] Josef W. Equilibrium and the Design of Coordination Mechanisms [J]. Jahrbuch für Sozialwissenschaft, 1990, 41（2）：181-197.
[⑥] AWA B, Milbourn T T, Schmeits A. Credit Ratings as Coordination Mechanisms [J]. The Review of Financial Studies, 2006, 19（1）：81-118.
[⑦] Awudu A, Birachi E A. Choice of Coordination Mechanism in the Kenyan Fresh Milk Supply Chain [J]. Review of Agricultural Economics, 2009, 31（1）：103-121.
[⑧] CHU W J, Desai P S. Channel Coordination Mechanisms for Customer Satisfaction [J]. Marketing Science, 1995, 14（4）：343-359.
[⑨] 吴华明，林峰. 上行因果关系中的根本性协同机制及其企业战略协同中的应用[J]. 自然辩证法研究，2013（4）：64-70.

产协同。① 有不少学者基于案例研究探讨协同机制的影响因素，如张娜娜等人研究提出，互联网企业创新子系统协同机制与创新成功的关键影响因素包括企业战略、技术、资金以及经济环境和制度环境等。② 杨连生等认为，影响跨学科研究组织协同创新发展的因素包括个体、组织与互动过程，因此，协同创新运行机制的构建应该包括长效的决策机制、人才选拔机制、健全的组织文化机制与激励机制、完善的资源协同机制与信息沟通机制等。③ 此外，邹绍清等从理论和实践层面研究提出创建学校与政府协同机制是实现教师教育一体化的重要保障。④ 周晓辉重点研究了创新型科技人才的协同培养，提出建立多组织协同的政策调控、利益驱动、资源整合、激励考核等机制，以促进创新型科技人才的成长。⑤

3. 协同效应

①国外研究。协同效应是作为企业并购的核心内容受到学术界广泛关注的。最早定义协同效应的是美国企业战略顾问马克·L.赛罗沃（Mark L.Sirower）博士，他认为，所谓的协同效应是指在两家公司合并前预期业绩水平基础之上的增加部分。⑥ 所以，"1+1>2"或"2+2=5"经常被用来描述协同效应。哈佛大学商学院迈克尔·波特一方面感慨，协同作用是一种美好的设想，即协同效应不仅仅是企业收益的增加；另一方面强调协同效应的产生困难重重。他认为，实现协同效应也是有成本的，并指出，"协同作用的失败，并非由于概念中的某些缺陷，而是公司对它不能理解和执行"。⑦ 集团战略领域的代表人物安德鲁·坎贝尔（Andrew Campbell）不仅提出协同是经营者有效利用资源的一种方式，其也承认，判断到底在什么条件下协同才是恰当的战略，对公司管理者来说无疑是一个巨大的挑战。美国学者巴泽尔、布拉德利·盖尔（Bradley Gale）从企业群的视角提醒企业管理者要避免落入"协同的陷阱"，警惕协同的负效应，并提出保持协同效应的方法和途径。⑧

---

① 徐雨森. 企业研发联盟协同机制研究：互动学习、权益安排与关系资本[M]. 北京：科学出版社，2014.
② 张娜娜，付清芬，王砚羽，等. 互联网企业创新子系统协同机制及关键成功因素[J]. 科学学与科学技术管理，2014（3）：77-84.
③ 杨连生，钱甜甜，吴卓平. 跨学科研究组织协同创新的影响因素及运行机制的探析[J]. 北京教育，2014（3）：25-27.
④ 邹绍清，陈亮. 教师教育协同机制的创建与实施[J]. 教育研究，2013（8）：158-159.
⑤ 周晓辉. 创新型科技人才培养中协同体协同机制研究[J]. 高教探索，2013（6）：57-61.
⑥ Sirower M L. The Synergy Trap[M]. New York：The Free Press，1997.
⑦ 迈克尔·波特. 竞争优势[M]. 夏忠华，译. 北京：中国财政经济出版社，1988.
⑧ 坎贝尔，卢克斯. 战略协同[M]. 任通海，龙大伟，译. 2版. 北京：机械工业出版社，2000.

②国内研究。随着我国企业并购的发展，国内学者也大多从此视角引进和应用西方理论来解释分析协同效应的客观存在。如从系统协同效应的视角，李辉等人着重分析了产业集群的协同效应，从中发现各种系统效应的综合作用决定了产业集群能有效降低成本和促进创新。[1] 魏世红等则设计了基于高新技术产业集群的协同机制模型框架，并提出实现路径——协同机制识别、信息沟通、要素整合和信息反馈。[2] 从价值生成的视角，邱国栋等从理论上提出分析框架，认为"协同效应等于资源或资产的共用效果加上互补效果、同步效果"，"协同效应应该是三种效果中的一种或其中两种或三种之和"。[3] 从实证研究视角，宋耘通过对公司并购与公司绩效的相关性分析，找出直接影响协同效应实现程度的三个因素——合并潜力、组织整合和员工反应。[4] 通过对中国上市公司并购协同效应的实证分析，唐建新等发现，公司并购产生的协同效应短期内积极而长期看可能消极。[5] 陈志军等构建了母子公司协同效应的量化评价模型，以战略协同、人力资源协同、供应链协同、财务协同和文化协同等为一级指标体系来测量母子公司协同效应的实现程度。[6] 也有学者研究发现，协同效应的失败说明企业未能真正理解和正确实施协同，不仅对协同内涵的分析尚浅，也缺乏进一步的延伸拓展，无法很好地识别、利用和创造协同效应。[7]

二、协同创新

如前所述，最早定义协同创新的是美国麻省理工学院的研究员彼得·葛洛，即"由自我激励的人员所组成的网络小组形成集体愿景，借助网络交流思路、信息及工作状况，合作实现共同目标"。

（一）协同创新的相关理论

1. 协同创新是协同论的应用和发展

协同学是关于理解结构是如何产生的一门科学，即关于动力学的科学。哈肯的协同学认为，系统由大量子系统受少数序参数支配以自由组合的方式构成了宏

---

[1] 李辉，张旭明. 产业集群的协同效应研究 [J]. 吉林大学社会科学学报，2006（3）：43-50.
[2] 魏世红，谭开明. 高新技术产业集群协同效应分析 [J]. 中国科技论坛，2007（5）：71-74.
[3] 邱国栋，白景坤. 价值生成分析：一个协同效应的理论框架 [J]. 中国工业经济，2007（6）：88-95.
[4] 宋耘. 并购绩效的整合模型：协同效应实现观及影响因素探析 [J]. 学术研究，2004（9）：37-42.
[5] 唐建新，贺红. 中国上市公司并购协同效应的实证分析 [J]. 经济评论，2005（5）：93-100.
[6] 陈志军，刘晓. 母子公司协同效应评价的一种模型 [J]. 经济管理，2010（10）：51-56.
[7] 韵江，刘立，高杰. 企业集团的价值创造与协同效应的实现机制 [J]. 财经问题研究，2006（4）：79-86.

观上的时间、空间以及功能上有序的开放性系统。① 具体而言，其一，子系统之间的协同作用产生了宏观的有序性；其二，序参数间的协同作用决定系统的有序性。也就是说，由各子系统组成的开放系统间的协同作用决定了系统从无序转变成有序。系统学强调的是各子系统之间的相互联系和作用产生的变化及各要素间的相互协同。协同论应用于技术创新领域而形成的新型创新模式就是协同创新，是创新理论的新发展，本质上是一种管理创新。

2. 以系统动力学理论为基础的协同创新系统

由福瑞斯特（J. W. Forrester）于1956年创立的系统动力学（System Dynamics，SD）认为，系统是一个由相互区别、相互作用的各部分有机地联系在一起，为同一目标而完成某种功能的有机整体，强调系统的行为模式主要根植于内部信息反馈机制，一切系统的运动都是流动的运动，通过因果关系图和系统流图反映系统的结构。其在系统反馈控制理论基础上来研究系统发展动态行为，并借助于计算机仿真技术和定性定量相结合的研究方法。②

王延荣等③根据协同创新系统的特殊性，运用系统动力学构建了产学研协同创新系统各变量的因果关系图和反馈回路，建立了协同创新系统动力学模型。研究表明，产学研协同创新系统的一个关键点和重要变量是利益分配，合理的利益分配机制能够促进协同创新整体效果的提升，反之则不然。协同度是制约协同创新有效运行的关键因素，不仅体现协同主体的协同能力和水平，而且在一定程度上影响产学研协同创新系统的绩效。吴杨④、苗莉⑤等以系统动力学为基础，通过考查沟通管理在科研团队知识创新中正负反馈的动态特性，研究了沟通管理在科研团队知识创新绩效中的反馈机制，提出了具体的沟通管理实施策略。

3. 系统管理理论视角下的协同创新管理

系统管理理论被认为是20世纪最伟大的理论之一，主张用系统理论和控制论的原理及方法分析和研究组织管理问题，提出整体优化、合理组合、规划库存等管理概念和方法。该理论强调，组织是一个由相互联系的若干要素组成的人造

---

① 赫尔曼·哈肯. 协同学：大自然构成的奥秘［M］. 上海：上海译文出版社，2013.
② Sterman J D. The Economic Long Wave: Theory and Evidence［J］. System Dynamics Review, 1986, 2（2）：87-125.
③ 王延荣，赵文龙. 基于系统动力学的产学研协同创新机制研究［J］. 华北水利水电学院学报，2013（5）：63-68.
④ 吴杨，李小强，夏迪. 沟通管理在科研团队知识创新过程中的反馈机制研究［J］. 科技进步与对策，2012（1）：7-10.
⑤ 苗莉. 系统动力学方法在协同创新中的作用［J］. 高教发展评估，2013（1）：18-22.

系统，只有相互协调和有机整合才能实现组织的整体目标；组织又是一个开放的系统，受环境影响反过来影响环境，只有保持系统内各要素间的相对稳定和动态平衡，才有助于组织整体效率的提高。① 系统管理理论为高校协同创新研究提供了一定的指导作用。因为高校协同创新体是由若干协同单位以一定组织形式构成的有特殊功能的有机整体，其强调整体目标的协调性以及与外部环境的兼容性，注重协同系统的内外部"关系"，运用系统研究方法解决高校协同创新体的组织管理问题。

4. 以企业为创新主体的协同创新研究

20世纪70年代，安索夫针对企业多元化第一次提出企业间的协同概念。② 虽然之后学术界反应强烈，但因现实运转中的企业多元化遭遇了各种问题和挫折，导致协同合作被动遇冷。期间，以弗里曼、多西为代表的一些学者把协同研究拓展到更多的国家和地区，涵盖技术、组织、制度、管理与文化等更广泛的综合领域，旨在推动技术与非技术创新融合。③2003年，Chesbrough在系统研究了企业通过整合内外部创新要素创造新价值行为的基础上提出了"开放式创新"概念。④ 他认为，实施开放式创新模式有利于企业与高校等外部知识源进行广泛合作，这样才能加快知识的创造、扩散以及加快高级人才流动的速度。Baldwin⑤认为，一个开放式的协同创新项目涉及一些贡献者，他们分享生成设计的工作并公开透露他们个人和集体设计工作的成果供他人使用。该定义包含两层含义：一是参加者之间对于创新设计而言不是对手（否则，他们也不会合作）；二是他们个人或集体都不打算出售包含创新和与之相关的知识产权的产品或服务。Etzkowita把产学合作当作高校人才培养和科学研究之外的"第三使命"，高校、企业、政府三者发挥各自独特作用，同时加强互动和协同，能有力提升国家创新系统整体绩效。⑥ 产学研协同创新实际上是这样一种契约安排，共同的技术创新目标是前提，资源整合、优势互补是条件，共同参与、各司其职、成果和利益共享、风

---

① 陈黎琴，赵恒海. 管理学 [M]. 北京：经济管理出版社，2011.
② Ansoff. Strategic Management [M]. New York: Halsted Press, 1979.
③ 弗里曼. 技术政策与经济绩效：日本国家创新系统的经验 [M]. 南京：东南大学出版社，2008.
④ Chesbrough H. Open Innovation: The New Imperative for Creating and Profiting for Technology [M]. Boston: Harvard Business School Press, 2003.
⑤ Baldwin C, Eric von, Hippel. Modeling a Paradigm Shift: From Producer Innovation to User and Open Collaborative Innovation [J]. Organization Science, 2011, 22 (6): 1403.
⑥ Etzkowita H. The Triple Helix: University-Industry-Government Innovation in Action [M]. London and New York: Routledge, 2008.

险共担是准则，作为技术需求方的企业和作为技术供给方的高等院校或科研院所分工协作。①

①关于企业内部协同创新的研究。其一般围绕与企业创新密切相关的技术、市场等核心要素和组织、战略、管理、制度、文化等支撑要素的协同模式、影响因素、过程模型、运作机制和创新效应等来展开。魏江等②在研究企业系统组合创新和效益基础上，提出系统协同性创新策略的本质是组合创新，包含三个层次的创新结合，即产品创新与生产工艺创新、渐进创新与革命性创新、可见效益创新与不可见效益创新相结合，并提出系统论和组织观的企业技术创新项目管理新主张。张钢等③对我国技术密集型企业进行深入研究，创造性地提出了组织、技术、文化协同创新的框架和模式。王方瑞④借助技术与市场互动内在机理分析，构建了协同管理的理论模型和实施办法。谢芳⑤通过理论和实证研究，分析了影响企业内部协同创新及其效应的主要因素，探索了协同创新效应对创新绩效的影响机理。饶扬德⑥通过市场、技术和管理三维创新体系的结构、内容和效能帮助企业建立协同机制。白俊红等⑦用实证研究方法深入分析显著影响协同创新绩效的五要素：组织、战略、制度、技术和文化。刘国龙⑧在肯定协同创新促进产业成长进步的基础上，提出了产品、工艺和市场创新相互协作配合的协同创新新思路。

②关于企业外部协同创新的研究。其有横向协同和纵向协同两个方面，前者是指同一产业领域内不同产业主体之间的协同，后者是指同一产业功能链上不同细分环节的产业主体之间的协同。

构建创新模型、规范运行机制、优化协同模式、提升创新绩效等是横向协同创新研究的主要内容。金林⑨重点对科技型中小企业如何通过协同创新提升自身市场竞争力进行研究，认为其加强与科技中介的沟通与合作是重要途径，同时要

---

① 鲁若愚. 企业大学合作创新机理研究 [D]. 北京：清华大学，2002.
② 魏江，郭斌，许庆瑞. 企业技术能力与技术创新能力的评价指标体系 [J]. 中国高新技术企业评价，1995(5).
③ 张钢，陈劲，许庆瑞. 技术、组织与文化的协同创新模式研究 [J]. 科学学研究，1997(2).
④ 王方瑞. 基于全面创新管理的企业技术创新和市场创新的协同创新管理研究 [D]. 杭州：浙江大学，2003.
⑤ 谢芳. 企业集团内部协同创新机理研究 [D]. 杭州：浙江大学，2006.
⑥ 饶扬德. 市场、技术及管理三维创新协同机制研究 [J]. 科学管理研究，2008(4)：46-49.
⑦ 白俊红，陈玉和，李婧. 企业内部创新协同及其影响要素研究 [J]. 科学学研究. 2008(2)：409-413.
⑧ 刘国龙. 协同创新促进产业成长机制研究：基于产品创新、工艺创新和市场创新三螺旋视角 [D]. 武汉：武汉理工大学，2009.
⑨ 金林. 科技中小企业与科技中介协同创新研究 [D]. 大连：大连理工大学，2007.

综合考虑两者协同的动因、效应和运行模式。Yang Dongsheng 等[1]关注校企协同创新系统，运用多 Agent 方法建立动态机制模型。Fan Decheng[2]把研究目光投向协同创新绩效评价，运用模糊积分法，从合作机制、投入、产出、效应、环境等方面建立指标体系。解学梅[3]运用结构方程模型，从企业与政府、企业、研究组织、中介等的协同关系入手，研究企业协同创新绩效中协同创新网络所发挥的作用。Pan Jieyi 等[4]着眼于协同创新的风险研究，运用风险矩阵和蒙特·卡洛模拟方法，探索建立校企协同风险评估与管理的量化指标体系。

协同模式、模型、实施策略、成本、收益分配和风险评估等是纵向协同创新研究的主要内容。Lou 等[5]运用博弈论研究了供应商和客户都受益的低成本创新。张巍[6]关注供应链问题，构建针对具有纵向溢出效应的供应链企业协同创新模型。张旭梅等[7]把客户等整个产品生命周期所涉及的供应链成员都纳入研究范围，以此提出供应链企业协同创新策略。Jin Minghua 等[8]主要对协同创新风险进行研究，运用定性与定量相结合的方法，构建研究模型，分析评估风险因素和水平。

（二）协同创新理论在高校的应用

1. 高校在协同创新中的地位和作用

宁滨认为，占据人才资源和科技创新能力制高点的高等院校理应成为协同创新体系的中流砥柱。推进协同创新，不仅是高等教育服务于技术创新体系的重要

---

[1] Yang D S, ZHang Y A. Simulation Study on University-Industry Cooperative Innovation Based on Multi-agent Method [C]. Proceedings of the 2008 International Conference on Computer Science and Software Engineering, 2008: 528-531.

[2] Fan D C, Tang X X. Performance Evaluation of Industry-University-Research Cooperatice Technological Innovation Based on Fuzzy Integral [C]. International Conference on Management Science & Engineering, 2009: 1789-1795.

[3] 解学梅. 中小企业协同创新网络与创新绩效的实证研究 [J]. 管理科学学报, 2010 (8): 51-64.

[4] Pan J Y, Wang F. The Analysis and Evaluation of Knowledge Transfer Risks in Collaborative Innovation Based on Extension Method [C]. IEEE Xplore, 2008: 1-4.

[5] Lou G X, Zeng S X, TAN C M. Cost-Reducing Innovation Collaboration in Supply Chain Management [C]. Conference on Wireless Communications, Networking and Mobile Computing, 2007: 4929-4932.

[6] 张巍, 张旭梅, 肖剑. 供应链企业间的协同创新及收益分配研究 [J]. 研究与发展管理, 2008 (4): 81-88.

[7] 张旭梅, 张巍, 钟和平, 等. 供应链企业间的协同创新及其实施策略研究 [J]. 现代管理科学, 2008 (5): 9-11.

[8] Jin M H, ZHang X. Analysis and Assessment on Risks of Enterprise-customer Collaborative Innovation [C]. International Conference on Managerment and Service Science, 2009: 1-4.

任务，也是高等教育服务社会职能的具体体现。[①]吴照云等[②]认为，高校协同创新战略的本质是提高高等教育质量，是以提高人才培养质量为核心，以人力资源力的释放为前提，以一流学科建设为条件，以更好的服务社会经济发展为保障的。李兴华[③]指出，作为中国特色创新型国家和地区提高自主创新能力的全新组织模式的协同创新，如果没有高等院校的参与，不仅没有效率而且会增加损耗。高校作为科技创新的主力军，要提升科研服务能力，推进政产学研用融合发展，在中国特色创新型国家新模式构建中发挥作用，协同创新是其必然选择。[④]王迎军从高校内部和外部两个方面分析提出建立协同创新机制是培养高尖端创新人才的重要途径。[⑤]面对世界科技创新发展新趋势、国际竞争新挑战和建设创新型国家新要求，高等院校开展协同创新，既是服务国家和区域战略需求的需要，也是应对世界科技发展趋势与挑战的需要，更是建设高水平大学的需要。顾冠华以美国麻省理工学院能源研究计划为例，生动阐述高校跨领域、跨部门、跨学科协同创新的广阔天地和前景。

2. 高校协同创新的内涵和机制研究

关于高校协同创新的内涵与本质，尽管不同学者从不同角度有不同表述，但意见基本一致，既指高校内部要素的协同创新，又指高校外部要素的协同创新。比较有代表性的研究有：何丽君[⑥]认为，高校协同创新本质上是一种创新活动过程，是高校内部以及高校与其他高校、科研院所、行业企业的研究者、生产者、管理者之间，围绕国家重大战略需求、重大科技项目、行业企业关键和共性技术，强强联手、整合资源、集中优势、联合攻关、寻求突破的创新活动；宁滨认为，高校协同创新是一种"管理创新"；张金福[⑦]、洪林[⑧]等认为高校协同创新的本质是创新人才培养，是"制度创新"。

有效的运行机制是高校协同创新顺利实施的关键。丁振国等[⑨]认为，积极推

[①] 宁滨. 全力推进协同创新服务经济社会发展［J］. 中国高等教育，2011（17）：8-9.
[②] 吴照云，朱晓刚. 深化师资管理体制机制改革 实现行业高校协同创新战略：基于江西财经大学的实践探索［J］. 中国高校师资研究，2013（2）：10-14.
[③] 李兴华. 协同创新是提高自主创新能力和效率的最佳形式和途径［N］. 科技日报，2011-09-22（1）.
[④] 季晶. 推进高校协同创新 提升科研服务能力［J］. 科教导刊，2011（23）：35-36.
[⑤] 王迎军. 构建协同创新机制培养拔尖创新人才［J］. 教育与职业，2012（22）：75.
[⑥] 何丽君. 高校协同创新影响因素的多维考察［J］. 教育评论，2014（10）：3-5.
[⑦] 张金福. 培养创新人才：高校协同创新的本质［J］. 国内高等教育教学研究动态，2014（11）：15.
[⑧] 洪林，陈桂香. 高校协同创新的哲学思考［J］. 重庆高教研究，2013（5）：24-28.
[⑨] 丁振国，黄少成，陈华文，等. 引导高校协同创新服务湖北经济社会发展［J］. 政策，2012（2）：74-76.

进高校协同创新，要通过优化机制、搭建平台和设立专项等措施，建立产学研协同创新体系，引导高校与高校、高校与地方经济社会协同发展。张丽娜[①]围绕模式的设计与选择、利益分配与风险管理、协同能力评价三个方面，运用多种研究方法，构建了行业特色型高校协同创新的模型与评价指标体系。李祖超等[②]从创新主体的视角探析了高校协同创新动力、决策、投入和利益分配四个方面的机制。韩月[③]围绕高校协同创新可能存在的冲突问题，探索了高校协同创新的体制机制。

3. 高校协同创新的困境和影响因素

周继良[④]基于高校内部协同创新分析提出，高校学科专业之间的藩篱、高校人才培养的单一、高校思想交流的趋少和高校精神文化的短视等，构成了高校协同创新内部管理困境。李忠云等[⑤]分析提出利益分割是影响协同创新各种因素中的关键，应通过健全完善项目组织、平台搭建、经费保证和绩效评价等要素供给，充分调动各利益相关者参与协同创新的主动性、积极性。陈亚珠等[⑥]认为，高校协同创新对人才资源和活力提出更高要求，既要有广阔国际合作视野的健全的科学研究队伍体系，更要建立健全人才、学科、科研三位一体的团队和人才梯队。李洪修[⑦]从文化冲突的视角，分析提出高校协同创新面临的困境主要是协同主体间的信念冲突、角色冲突和利益冲突。张海滨[⑧]分析认为，政府科技政策、产学研合作模式、利益分配机制和高校管理体制等是当前影响我国高校协同创新的主要因素。何丽君[⑨]强调，良好的创新生态系统对提升高校协同创新能力至关重要，要综合考虑协同体特色优势、协作伙伴关系、协同平台环境等。

4. 高校协同创新的运行和路径优化

钟掘[⑩]在实地考察高校协同创新中心的基础上指出，这种创新系统将引起社会的多种变化，体现在人才培养"知"与"行"的结合，学科发展与科学前沿突

[①] 张丽娜. 行业特色型高校协同创新的机制研究［D］. 北京：中国矿业大学，2013.
[②] 李祖超，梁春晓. 协同创新运行机制探析：基于高校创新主体的视角［J］. 中国高教研究，2012（7）：81-84.
[③] 韩月. 冲突理论视角下的高校协同创新内部机制研究［J］. 高校教育管理，2014（3）：45-49.
[④] 周继良. 大学协同创新的内ср现实困境与制度改进［J］. 四川师范大学学报，2012（6）：15-22.
[⑤] 李忠云，邓秀新. 高校协同创新的困境、路径及政策建议［J］. 中国高等教育，2011（17）：11-13.
[⑥] 陈亚珠，唐炬，肖登明. 协同创新：中国高校深化改革还需要什么［J］. 高校教育管理，2012（5）：1-5.
[⑦] 李洪修. 高校协同创新的文化冲突及其调适［J］. 江苏高教，2013（5）：28-30.
[⑧] 张海滨. 高校产学研协同创新的影响因素及机制构建［J］. 福州大学学报，2013（3）：104-107.
[⑨] 何丽君. 高校协同创新影响因素的多维考察［J］. 教育评论，2014（10）：3-5.
[⑩] 钟掘. "2011计划"正引发创新系统的整体变化［J］. 中国高等教育，2014（20）：15.

破的结合，协同攻关与绩效提升的结合等。林涛[①]运用协同学理论分析高校协同创新的内在机理，他指出，高校协同创新系统内不同子系统及系统内各要素的耦合关联是促进创新系统趋于有序演化并实现协同增效的动因所在。何雪锋等[②]运用主观博弈理论分析高校协同创新的制度生成机制和内生演化机理，从中提出要强化内部机制体制改革，加强多元主体之间协作攻关，引入风险投资机制等。李洪修等[③]在分析高校协同创新文化冲突基础上提出促进文化融合的策略：尊重差异、契约互信、积极主动、制度保障。张刚刚等[④]认为，解决高校管理机制与协同创新矛盾，要在利益协同机制、精英协同培养机制、目标创新协同机制、创新奖惩机制和深化创新职能协同机制这五个方面下功夫。孙华锋[⑤]则认为，提升高校协同创新能力的关键是技术创新和组织制度创新并驾齐驱。

很多学者应用实证研究方法探讨了高校协同创新实现路径，较为典型的有：刘晓文[⑥]等运用治理理念提出高校协同创新治理的参考模型，为高校科研管理机构进行协同创新制度设计和建设提供可参考的系统思考框架；山鸣峰等[⑦]研究构建了一个以资源整合与配置方式、激励和约束机制为驱动力的高校协同创新运行机制；高霞[⑧]、李小红[⑨]以河南省为例，赵哲等[⑩]以辽宁省地方高校为例，都对地方高校协同创新体系构建和实现路径加以探索研究，同样强调创新人才培养的核心地位，提出了立足地方战略需求推动地方高校促进省域协同创新、打造科技平台构筑地方高校协同创新桥梁、以体制机制为保障实现高校协同创新外部需求和内生动力的协调与平衡等推动地方高校协同创新的新路径。

[①] 林涛.基于协同学理论的高校协同创新机制研究[J].研究生教育研究，2013（2）：9-12.
[②] 何雪锋，酒莉莉，曾冰，等.基于主观博弈的高校"2011协同创新"共生稳定机制探析[J].科技与经济，2014（1）：26-30.
[③] 李洪修，孙继红.高校协同创新的文化冲突与融合[J].中国高教研究，2014（8）：79-83.
[④] 张刚刚，郭国祥，翁建明.高校协同创新的管理机制优化路径[J].武汉理工大学学报，2014（3）：469-473.
[⑤] 孙华锋.高校协同创新能力提升的体制机制因素分析[J].国家教育行政学院学报，2014（10）：24-27.
[⑥] 刘晓文，于瑾，陆娜.治理视角下的高校协同创新制度设计研究[J].科技管理研究，2013（13）：115-118.
[⑦] 山鸣峰，马君.高校协同创新的有效运行机制和驱动力研究[J].复旦教育论坛，2013（4）：64-68.
[⑧] 高霞.高等院校科技协同创新的路径分析：以河南省为例[J].科技管理研究，2013（7）：77-81.
[⑨] 李小红.地方高校协同创新体系构建的实践探析：以河南理工大学为例[J].中国高教研究，2014（2）：74-77.
[⑩] 赵哲，董新伟.地方高校协同创新的问题分析与路径选择：以辽宁地方高校为例[J].高等农业教育，2013（8）：16-19.

三、利益配置机制

所谓利益（benefit），《新帕尔格雷夫经济学大辞典》解释为一种福利，是促进或增强福利的东西、好处。《牛津法律大辞典》则定义，利益是"个人或个人的集团寻求得到满足和保护的权力请求、要求、愿望或需求"。不同学科甚或同一学科对利益的内涵定义并不完全一致，如经济学中，当属亚当·斯密（1776）在《国富论》中的论述最具代表性，在他看来，利益即财富，一切的货币、商品价值、价格、工资、地租、利润和资本积累等都属其中。"利益"一词也是法学研究中的重要概念和基本出发点。利益背后反映的是一种社会关系，即利益关系。在社会生活中，人们为了满足自身生存和发展需要，必然会发生一定的利益关系并支配人们的社会实践。换言之，利益关系决定着人们的社会关系。正如法国启蒙思想家霍尔巴赫所言，"利益是人的行动的唯一动力"。[1] 因此，利益分析法成为我们剖析社会、解释人类实践背后动因进而最终解决矛盾和冲突的重要方法之一。

利益的构成因素包括：①人的需要，这是构成利益的心理基础，处在现实社会中的人有很多需要，需要的无限性和广泛性决定了利益的多样性，既有物质利益，又有精神利益，既有眼前利益，又有长远利益，既有个人利益，又有团体利益，林林总总，推陈出新；[2][3] ②利益是人们生产能力和生产水平在一定时期一定程度上的反映；③利益是人与人之间社会关系的反映。人的社会关系产生于人们的需要与利益，正是需要和私人利益把不同的人或紧或松地连接起来，形成特殊的社会关系。[4] 简言之，人与人之间的社会关系本质上都是利益关系，利益的变化和复杂也必然带来人的社会关系的多变和复杂。

利益分配是资本和生产资料的权益人对总收益的分割，指合作各方成员从合作形成的总收入或总利润中分得各自应得的份额。利益分配是利益生产的核心环节，联结着资本运作，并受经济运作方式的影响。当前，以按劳分配为主体、多种分配方式并存构成了我国基本分配制度，但利益分配难点多、难度大、影响面广，如何确定分配依据、生产要素的价值，如何评价劳动付出、效率、强度和质量等，标准模糊不一，尺度较难把握，而且政治、经济、文化、经济体制、运行方式等多种社会因素均影响利益分配的途径和形式。

---

[1] 霍尔巴赫. 自然的体系：上卷 [M]. 北京：商务印书馆，1999.
[2] 马克思, 恩格斯. 马克思恩格斯全集：第三卷 [M]. 北京：人民出版社，1960.
[3] 马克思, 恩格斯. 马克思恩格斯全集：第四十九卷 [M]. 北京：人民出版社，1982.
[4] 王浦劬. 政治学基础 [M]. 北京：北京大学出版社，2005.

配置是一个汉语词汇。配：把缺少的补足；置：设立。配置就是把缺少的补足并且设置好，利益配置就是通过利益分配实现资源的有效配置。

利益配置的主体，由二元主体向三位一体转变。随着改革开放的深入，社会变迁、利益资源日益丰富，利益分化、冲突和矛盾也日益突出，原有政府和市场相结合的利益配置二元体系已无法协调人们之间的利益需要，迫切需要除政府和市场之外的其他主体如社会中介组织来缓冲和协调各种利益关系，这些利益冲突的缓冲区如各种合作社、行业协会、业主协会、俱乐部等，在一定程度上对复杂的社会关系起到稳定器作用。①

机制理论以系统论为基础而建立，而系统论又是以社会学功能主义的社会形态观为基础的。在功能主义者眼中，社会是一个由多个组成部分协同工作而产生的稳定和团结的复杂体系，功能主义者把社会的运行比作一个活的有机体的运转。②其代表人物英国社会学家斯宾塞，借用生物学演化论中的有机体类比（organic analogy）概念，强调不同的社会组织满足不同的社会需求之现象。法国社会学家涂尔干就人类社会组织分化与功能特殊化之间的关系做了深入研究，他指出，社会稳定的重要条件是不同社会组织之间的功能互补。在此基础上，美国社会学家塔尔科特·帕森斯（Talcott Parsons）提出了结构功能论，进一步完善了功能主义。在功能主义者的眼中，社会就是一个如同机器一般的系统，而这个系统的运行是依靠一定系统机制的。"机制"一词过去主要是用来描述自然现象等方面产生的物理过程或机械运动，后来被应用到生理学、心理学、社会学、管理学和经济学等多门学科之中，从这些学科给出的定义和基本阐述中，我们看到"机制"这一术语包含以下几个基本要素：①结构即组成事物的各要素之间的联系；②按照一定规律运动所发挥出的功能、作用和效应；③作用过程和原理；④构成部分的数量、联系或影响方式决定了相对运动的性质。认识"机制"有两点需要把握：一是系统及其各个要素是机制存在的前提；二是通过具体的运作方式才能协调各个部分之间的关系。在机制理论的视野中，事物的运作会在事物内部交汇形成一些高度敏感的"关节点"和"临界区"，这些点或区的变化决定着事物整体发展变化的方向和状态。③总之，所谓机制就是"带规律性的模式"，而机制的形成还需要诉诸这些关键节点的作用原理。

利益分配机制内容丰富，包括利益分配、约束、保障、激励和竞争机制等方

---

① 谢舜.和谐社会：理论与经验[M].北京：社会科学文献出版社，2006.
② 吉登斯.社会学[M].5版.北京：北京大学出版社，2009.
③ 黄林芳.教育发展机制论[M].上海：上海财经大学出版社，2006.

面；利益分配实现方式特殊，主要以物质为载体；利益分配机制作用明显，对组织性质和效率起决定性作用；利益分配机制目的性明确，通过合理分配，实现利益均衡、资源共享、风险共担。利益分配机制的前提和基础是利益约束和保障，而影响利益约束和保障机制的既有组织内外部环境因素，还有法律政策环境、经济发展趋势、技术成熟程度和社会文明程度等因素。合理的利益分配机制有利于促进社会经济的活力和发展速度，反之则会阻碍经济社会发展。

由于高校协同创新还处于探索发展阶段，关于高校协同创新利益配置方面的文献和资料基本没有，我们只能从传统的产学研合作创新、产学研联盟创新入手。利益分配问题历来是产学研合作过程的关键，决定了合作体的稳定运行和可持续发展，有研究表明，在所有失败的合作创新联盟案例中有一半以上是由于不合理的利益分配造成的。[1] 本书着重从产学研利益分配的内容、原则、模式、办法与影响因素等方面进行梳理。

（一）国外相关研究

欧洲的社会体制改革催生了利益分配问题。Franklin[2]的研究是建立在一种假设基础上的，即劳工和管理层是一种合作伙伴关系，希望通过集体谈判的方式解决利益分配问题，却发现这样的利益分配方案只是管理层获得更多收益的理论解释，与假设中劳工和管理层是合作伙伴关系的利益分配并不相符。David[3]基于企业实体利益分配的实践，认为合理有效的利益分配方法就是让员工持有企业股份，人人都是股东。20世纪90年代，Dismukes[4]等将产学研联盟提升到"双赢"的战略高度，通过联盟，产学研优势互补，不仅提升了企业的研发实力和竞争力，也提高了学研方的学术水平和社会地位。Walrand[5]通过实证研究指出，分配策略的合理公平至关重要，否则会导致产学研联盟解体。

---

[1] 吕海萍，龚建立，王飞绒. 产学研相结合的动力：障碍机制实证分析[J]. 研究与发展管理，2004（2）：58-62.
[2] Franklin H. The Theory of Profit-Sharing [J]. The Quarterly Journal of Economics, 1887, 1（3）: 367-376.
[3] David, Kinley. Recent Process of Profit-Sharing Abroad[J]. The Quarterly Journal of Economics, 1891（4）: 497-503.
[4] Dismukes J P, Petkovic R A. University-Based Virtual Alliances Could Spur Technological Innovation [J]. Research Technology Management, 1997（40）: 10-13.
[5] Lin H H, Walrand J. Pricing and Revenue Sharing Strategies for Internet Service Providers [J]. IEEE Journal on Selected Areas in Communications, 2006, 24（5）: 942-951.

利益分配问题同样存在于供应链联盟中。Sonke[1]认为，供应链中存在两种利益分配策略：一是批发定价，即供应链绩效随着供应商数量的增加而降低；二是收益共享，这能促使供应链实现协同效果。Giannoccaro[2]的供应链利益分配模型是建立在合作协议基础上的，并通过设置、调整合作协议参数来提高和增加供应链的整体运行效率和成员收益。不仅可以增加成员和企业的收益，还能提高整个供应链的运行效率。Gerchak[3]认为利益分配问题特别是多个主体因合作而增加的收益分配问题是供应链成功运营的关键所在。Cachon[4]则认为供应链利益分配协议必须与其他管理制度配合使用才能实现协同效果，因为收益分配协议具有不完备性，对合作成员的约束有限。

产学研联盟的稳定性与利益分配问题关系密切。Geisler[5]认为产学研联盟各方的合作意愿和密切程度决定了产学研联盟稳定与否。Etzkowitz、Leydesdorff[6]以三螺旋理论为基础构建政产学研的博弈模型；Flam、Jourani[7]通过成本可传递的假设，设计提出最小成本控制的分配方案；Xu Xiaofeng、Ruan Aiqing[8]的有条理的价值合作博弈分析指出，联盟和个体是有条理价值的两个组成部分。

还有些学者从其他角度分析利益分配问题。Nash[9]用求"均衡解"的方式得出利益分配策略，构建Nash协商模型，以非合作对策为视角。Masatoshi Sakawa等[10]用对策论和规划模型，为联盟成员提供利益分配策略选择。Nishizaki、

---

[1] Sonke A. Optimal Allocation of Profit Across Companies Operating with a Joint Salesforce [J]. OR Spektrum, 2000 (22)：19-33.

[2] Giannoccaro M, Pontrandolfo P. Supply Chain Coordination by Revenue Sharing Contracts [J]. International Journal of Production Economics, 2004 (89)：131-139.

[3] Gerchak Y, Wang Y. Revenue-Sharing versus Wholesale-Price Contracts in Assembly Systems with Random Demand [J]. Production and Operations Management, 2004 (1)：23-33.

[4] Cachon G P, Lariviere M A. Supply Chain Coordination with Revenue Sharing Contracts：strengths and Limitations [J]. Management Science, 2005, 51 (1)：30-44.

[5] Geisler E. Industry-University Technology Cooperation: A theory of Inter-Organizational Relationships [J]. Technology Analysis and Strategic Management, 1995 (2)：217-229.

[6] Etzkowitz H, Leydesdorff E. The Dynamics of Innovation：From National Systems and "Mode2" to a Triple Helix of University-Industry-Government Relations [J]. Research Policy, 2000 (29)：109-123.

[7] Flam S D, Jourani A. Strategic Behavior and Partial Cost Sharing [J]. Games and Economic Behavior, 2003, 43 (1)：44-56.

[8] Xu X F, Ruan A Q. The Construction of Shapley Value in Cooperative Game and its Application on Enterprise Alliance [J]. Physics Procedia, 2012 (2)：1377-1384.

[9] Nash J F. The Bargaining Problem [J]. Econometrica, 1950 (2)：155-162.

[10] Sakawa M, Nishizaki I, Uemura Y. Programming and Profit and Cost Allocation for a Production and Transportation Problem [J]. European Journal of Operation Research, 2001.

Sakawa[①] 则用线性规划方法模拟生产模型以实现利益的公平分配。F. Bidault、W. A. Fisher 从联盟制度设计入手以求得不同市场环境下的制度最优。

Chesbrough、Vanhaverbeke[②] 认为企业若要提升自身的盈利能力并增加社会价值，就必须不断从外部获得创新资源和力量。Hendrik Jahn[③] 等运用信息不对称下的效用评价模型，探索构建收益分配框架。

（二）国内相关研究

国内有学者将利益分配原则分为两种类型：一种是一般性原则，如平等互利、利益共享、风险分担原则等；另一种是应用性原则，指个体理性和集体理性相一致原则、与贡献一致原则等。[④] 罗利等认为在产学研实际合作利益分配过程中应遵循互惠互利原则、机构利益最优原则、风险与利益对称原则等。[⑤] 还有的学者将产学研利益分配原则概括为兼顾公平与效率、个体理性与集体理性相一致、统筹兼顾与贡献程度相匹配。[⑥]

利益分配内容也可看作利益的分类，不同学者通过研究给出不同答案。有的把技术创新联盟产生的利益分为有形利益和无形利益。有形利益是指可以直接获得并可量化的利益，如利润收益、研发成果、产品和服务效益等；无形利益则指技术创新联盟产生的无形资产，如品牌效应、行业声誉、知识和经验、社会形象和影响力等这些在实践中难以量化、短期内也是难以获得的利益。[⑦⑧]

关于影响利益分配的因素，实际上信息不对称问题一直存在于产学研合作过程，存在着"合而不做""做而不和"等现象，影响着产学研合作发展。在高等院校、科研院所与行业企业合作过程中，有时企业投资了，但产品没有研发出来，还被要求共担风险，使企业对合作方产生怀疑，认为其没有尽力；有时研发的产品投入市场由于种种原因没有取得预期收益，加上信息不对称，又会引起高校、

---

① Nishizaki I, Sakawa M. Solutions Based on Fuzzy Goals in Fuzzy Linear Programming Games [J]. Fuzzy Sets and Systems, 2000, 115（1）：105-119.
② Chesbrough H, Vanhaverbeke W. Open Innovation: Researching a New Paradigm [M]. New York: Oxford University Press, 2006.
③ Jahn H, Zimmermann M, Fischer M. Performance Evaluation as an Influence Factor for the Determination of Profit Shares of Competence Cells in Non-hierarchical Regional Production Networks [J]. Robotics and Computer Integrated Manufacturing, 2006.
④ 雷永. 产学研联盟利益分配机制研究 [D]. 上海：上海交通大学, 2008：20-24.
⑤ 罗利, 鲁若愚. 产学研合作对策模型研究 [J]. 管理工程学报, 2000（2）：2.
⑥ 何礼鹏. 基于合作对策的技术创新联盟利益分配方法研究 [D]. 重庆：重庆师范大学, 2012：22.
⑦ 何礼鹏. 基于合作对策的技术创新联盟利益分配方法研究 [D]. 重庆：重庆师范大学, 2012：21-22.
⑧ 雷永. 产学研联盟利益分配机制研究 [D]. 上海：上海交通大学, 2008：19-20.

科研院所对利益分配不公的质疑，提出更多的利益分配要求，也使企业犯难。[1]有研究认为，产学研联盟存在集体理性和个体理性，二者之间的矛盾所导致的利益有限理性是造成产学研联盟不稳定的根本原因。实际上，在产学研合作中，合作各方都想实现自身的最大利益，为了满足自身利益最大化而损害集体利益并最终导致合作失败、联盟失利的现象屡屡发生。[2]郑文军等研究认为，成员间的合作关系和各成员的行为特征是影响利益分配的重要因素，利益分配的比例与合作各方的创新能力、努力程度、贡献大小以及所承担的风险密切相关。[3]王岳峰等研究了投资、贡献率及风险等因素对利益分配结果的影响，修正了多因素影响利益分配的策略。[4]董彪指出，产学研合作中存在着多方利益主体，不同利益主体分处于不同的领域、系统或行业，因而会产生不同的利益分配观点并形成分歧和矛盾，如作为经济人的行业企业追求利润最大化，希望投入少、收益大，以最小代价来换取最好的技术成果，高校和科研院所则认为加大技术投入力度才能产生更多利益。[5]高宏伟研究强调，影响利益分配的因素将随着产学研的深入展开而发生变化，为此，他探索建立了合作创新过程不同阶段的利益分配模型。[6]

关于利益分配模式，较为典型的是一次性支付、提成支付和按股分利三种方式。[7]沈玉志等根据企业联盟中存在的信息不完全性、不对称性和联盟成员不平等性、合作行为不确定性等构建含有贴现因子和信任度在内的利益分配模型。[8]李亚东等运用博弈理论建立联盟利益分配模型，把各主体的成本投入、创新能力、努力程度和贡献大小等视为利益分配的影响因素，并通过实例分析不同利益分配下的博弈行为。[9]董彪等基于合作伙伴的满意度，运用不对称的Nash协商模型，建立产学研合作各方利益分配模式。[10]还有学者用期权-博弈整体化方法以期获得最优利益分配方案。[11]黄波等分析比较了多种分配方式的激励效率，建立了适

---

[1] 王培林，郭春秋. 对产学研合作中信息不对称的理性思考[J]. 情报理论与实践，2012(7)：10.
[2] 段晶晶，陈通，任枫. 利益有限理性下产学研联盟中的合作博弈分析[J]. 科技管理研究，2010(6)：242.
[3] 郑文军，张旭梅，刘飞，等. 敏捷虚拟企业利润分配机制研究[J]. 管理工程学报，2001(1)：26-28.
[4] 王岳峰，刘伟. 考虑权重的Shapley值法虚拟企业伙伴利益分配策略的改进[J]. 上海海事大学学报，2005(4)：48-51.
[5] 董彪. 产学研合作利益分配策略与方法研究[D]. 哈尔滨：哈尔滨理工大学，2006：19-20.
[6] 高宏伟. 产学研合作模式选择的博弈分析[J]. 沈阳工业大学学报，2011(2)：141-146.
[7] 李廉水. 论产学研合作创新的利益分配机制[J]. 软科学，1997(2)：59-61.
[8] 沈玉志，王红亮. 不确定性环境下不平等联盟利益分配模型研究[J]. 中国软科学，2003(1)：135-137.
[9] 李亚东，李从东，张炎亮. 动态联盟收益分配问题的博弈研究[J]. 工业工程，2006(3)：15-18.
[10] 董彪，王玉冬. 基于Nash模型的产学研合作利益分配方法研究[J]. 科技与管理，2006(1)：30-32.
[11] 任培民，赵树然. 期权-博弈整体化方法与产学研结合利益最优分配[J]. 科研管理，2008(6)：171-177.

应不同外部环境的最优利益分配方式。刘云龙等把数学模型应用于产学研利益分配机制研究,以求解利益分配系数。以上均是从微观层面求解影响产学研合作利益分配因素的不同方法,实际上,影响利益分配的因素随着产学研合作模式的变化而不同。

此外,不少学者专门研究虚拟企业的利益分配机制。阳春乔从满意度入手构建虚拟企业利益分配方法,通过协商调整最终实现帕累托最优。[1] 雷宣云等归纳出 Nash 不对称谈判模型、群体重心模型等多种虚拟企业的利益分配方法。[2] 徐晓璠建立了一种动态的虚拟企业利益分配机制,可以依据合作成员不同时期的所投成本和所担风险进行调整。李廉水认为,建立科学合理的利益分配机制首先要做的是技术合同的协商签订、分配方式的博弈选择,这样才能保证合作成员的合理收益。[3] 王燕等也认为,产学研合作中的规范保障很重要,只有这样才能建立起公平、合理、有效的利益分配机制。[4]

第二节　研究思路:结构内容和技术路线

一、已有研究评述

通过文献检索发现,突出企业创新主体地位的协同创新研究应用于高等院校的并不多,可以说才刚刚起步,已有的研究较多集中于思想、理念层面以寻求理论阐释和普遍性的规律认识,对微观层面的案例研究也不多,更是鲜有对宏观与微观相结合、理论探讨与实地调研相结合的全面深入研究,而对高校协同创新利益配置机制方面的研究基本没有。因此,本书从利益相关者视角对高校协同创新进行系统的专题研究,结合自然形成的首批国家级高校协同创新中心进行调研访谈、实证分析,不仅拓展了协同创新研究的新视野,也较好地实现了理论与实践的有机结合。

二、研究内容

根据研究目的、思路和方法,本书的整体框架安排如下:

---

[1] 阳春乔. 分布式敏捷化虚拟企业利益分配方法研究[J]. 株洲师范高等专科学校学报, 2002(4): 54-56.
[2] 雷宣云, 叶飞, 胡晓灵. 虚拟企业战略性合作伙伴利益分配方法研究[J]. 工业工程, 2005(5): 15-17.
[3] 李廉水, 毛辉. 高等学校科技成果校外产业化: 美国产学合作的成功范式之一[J]. 世界研究与发展, 1994(3): 24-29.
[4] 王燕, 黄韬, 林华庆. 产学研合作利益分配机制探讨[J]. 中国高校科技, 2012(12): 22-23.

第一章是"绪论"。本章首先介绍了研究背景和研究意义，提出开展高校协同创新对迎合科学技术发展进步、转变经济发展方式、推进高等教育内涵式发展、提升高校的创新能力、全面提高高等教育质量、深入实施科教兴国战略和人才强国战略，都具有十分重要的意义，在此基础上对本书的理论和实践价值进行了探讨。随后界定了研究对象的基本概念，重点分析了高校协同创新实体平台的特点。

第二章是"回顾与反思：理论机理与文献述评"。本章主要是在梳理现有关于高校协同创新、协同创新利益机制研究成果的基础上提出本书的逻辑思路、框架内容和主要方法。

第三章是"协同创新：宏观政策下的理想追求"。本章重点探讨协同创新发展规律，梳理了创新理论从最初的工程观逐步过渡到社会视角、国家体系的变迁过程，并以国际典型案例为蓝本介绍了高校科技创新社会网络化发展趋势。在创新型国家建设中，协同创新成为高校内涵式发展的必由之路，"高等学校创新能力提升计划"为高校开展协同创新搭建了广阔舞台，提供了政策机遇。

第四章是"现实困境：高校协同创新利益分析"。本章从利益相关者理论视角出发，围绕高校协同创新利益问题展开，通过厘清利益、分析利益和协调利益，比较全面地梳理了高校协同创新中的利益关系，为构建高校协同创新利益配置机制奠定基础。

第五章是"价值逻辑：应然的取向与规范性的理想"。本章通过国际视野观察，比较全面地梳理了美国协同创新的发展历程和欧洲协同创新的组织模式，并通过典型案例分析以借鉴思考为我所用。

第六章是"共同治理：基于利益相关者理论的制度路径"。"共治"观念是高校协同创新治理设计之"轨"，机制构建是利益相关者共同治理之"钥"，在此基础上提出高校协同创新利益配置机制的体系框架。

第七章是"高校协同创新利益配置案例剖析与政策建议"。本章以自然形成的国家级首批14家协同创新中心中的13家为主要研究对象，通过现场走访和深度访谈，用宝贵的第一手资料来分析、探索高校协同创新及协同创新利益配置的相关问题，从中印证理论、发现问题、寻求对策、提出建议。

三、技术路线

本书按照"文献梳理—理论分析—国外借鉴—机制构建—实证调研"的逻辑顺序展开。技术路线如图2-1所示。

图 2-1 技术路线框架图

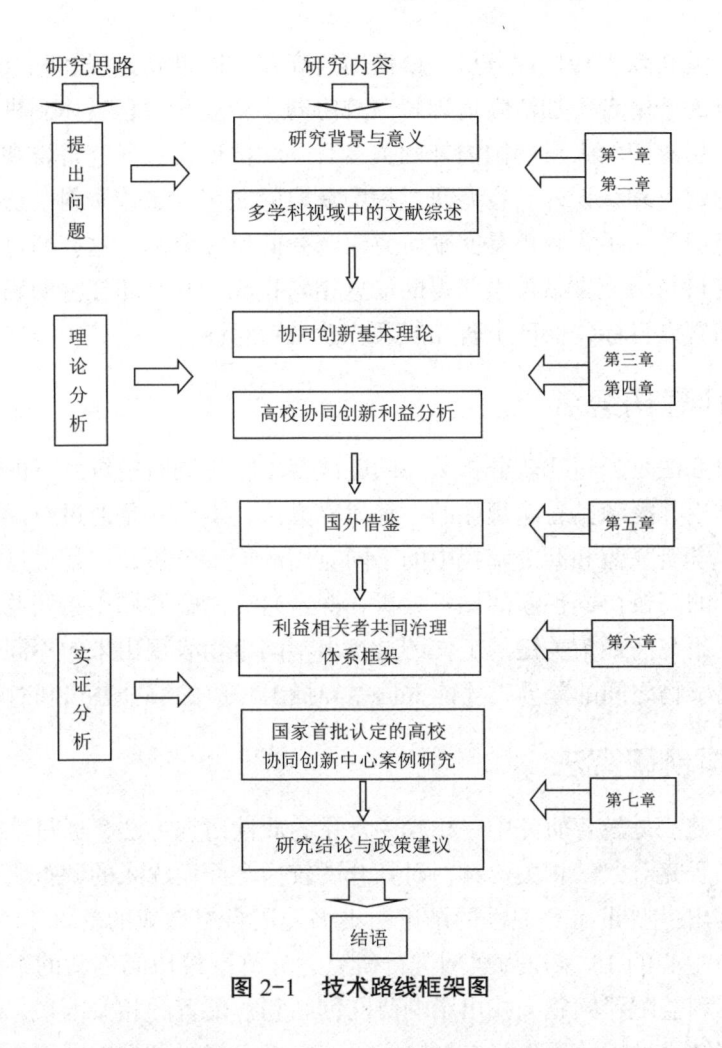

第三节 研究方法：多种方法综合应用

一、文献研究法

文献研究法也称为历史文献法，是通过查阅本领域相关历史文献资料对已有研究成果加以收集、整理、判断、评价和利用，从而达到特定研究目的的一种重要研究方法，通俗地说，就是站在巨人肩膀上进行研究。本书在探索高校协同创新利益配置过程中必须借助历史文献法对协同创新的发展脉络、高校协同创新和利益配置相关文献进行梳理分析，以便厘清高校协同创新过程和利益配置机制的形成，也有助于笔者更加清晰地理解高校协同创新运行过程、体制机制及其发展规律。除了从研读的大量的国内外相关专著、学位论文、研究报告和期刊论文中提取自己的观点和认识外，在调研过程中获取的文字、影像资料、访谈录音、采访手稿、笔记等一手资料也是文献研究法重要的研究资料。这些通过实地调研访谈取得的资料与历史文献检索获得的信息相辅相成、互相印证，明确了该选题的创新方向和研究目标，保证了研究的系统性和针对性。

二、比较研究法

比较研究法是通过比较分析某一问题或现象在不同时空维度下的特殊表现而得出相应结论并揭示其普遍规律的一种研究方法。本书一是通过对协同创新在行业企业、产学研联盟和高等院校中的不同应用的比较分析，二是通过对中外不同高校体制下的高校协同创新的比较分析，探索研究高校协同创新利益配置机制。当然，比较研究法最为关键的工作还是找出不同事物表现出来的不同特征，只有比较分析出事物之间的差异，才能根据差异提出相应的解决办法和对策建议。

三、案例研究法

案例研究法是教育研究中一种较为常见的质性研究方法，通过聚焦和详尽收集某一特定研究对象的相关资料，对其开展较为全面而深入的调查研究和细致分析，从而得出一些带有普遍性的结论。本书选用自然形成的首批14家国家级高校协同创新中心的13家作为案例进行研究，分析高校协同创新的组织模式、运行机制及其利益配置问题，找出影响协同创新利益配置的相关因素，以期在此基础上把研究结论推广应用到第二批国家级、省级、校级高校协同创新中心上，为推动高校协同创新深入、可持续发展提供借鉴和经验。

四、系统分析法

系统分析法是运用系统论对研究对象进行整体把握、全面分析和判断的方法。高校协同创新是一个多部门、多主体参与和跨领域、多力量集合的系统工程，本书以系统的观点分析高校协同创新，重点考查这个系统的主体、要素、结构、模式、边界、环境等；同时，用系统思考的方法，对高校协同创新各要素及其关系进行研究，对高校协同创新过程进行全面剖析，分析其背后主要影响因素并提出对策建议。

五、调查访谈法

对高校协同创新的研究如果脱离了高校协同创新中心的建设实践，不仅无法自圆其说，也失去了研究的真正意义。因此，本书笔者通过实地走访、深度访谈和问卷调查等方式，对自然形成的首批 14 个国家级高校协同创新中心中的 13 个，围绕中心建设思路、发展现状、现实困境、可能成效等方面进行充分调查研究和分析，在相关理论指导下提出可能的政策建议。

（一）访谈对象选择

本书的调研重点选择在自然形成的国家首批高校协同创新中心中的 13 家进行，对其中包括面向科学前沿、面向文化传承创新、面向行业产业、面向区域发展四类协同创新中心的中心主任、执行主任、首席科学家（PI）、教师、学生和行政管理人员进行访谈；对协同创新中心所在高校的校长、副校长、科技处长等行政管理者开展深度访谈。同时，为了更加准确把握高校协同创新工程的顶层设计思想，本书笔者还专门访谈了教育部相关负责人。考虑到美国高校协同创新发展历程较为成熟，笔者利用赴美高校短期研修的机会，就此主题与美国高校教师进行了面谈。访谈对象情况如表 2-2 所示。

表 2-2 访谈对象一览表

类型	人数/人	比例/%	所属职位	人数/人	比例/%
教育部官员	1	1.23	中心主任	17	25.8
高校行政管理者	13	16.04	平台主任	2	3
协同创新中心成员	66	81.50	办公室主任	8	12
美国高校教授	1	1.23	行政人员	19	28.8
—	—	—	教师（含PI）	11	16.7
合计	81		学生	9	13.6

注：个别访谈对象有多重身份，统计时按最高职务计算，其中中心主任包括中心副主任、执行主任。

尽管由于特殊原因没能对自然形成且由国家认定的首批 14 家高校协同创新中心进行全面调研访谈，但笔者克服重重困难，历时近两年基本完成了预期调研目标，取得了弥足珍贵的数据和资料。

（二）访谈提纲设计

根据不同的访谈对象，本书设计了三份访谈提纲。一是针对教育部相关人员，重在了解高校协同创新工程提出和实施的政策背景，其与以往协同创新的主要区别在于，高校协同创新可能存在的问题、需要重点解决的问题以及如何检验评价实施效果、如何处理利益关系等，更多的是从顶层设计上、全局上来考量。二是针对高校协同创新中心内部成员，重点围绕高校协同创新的基本特征、组织模式、运行情况，如何进行合理利益配置以及影响利益配置的相关因素等。三是针对美国高校学者，目的在于通过实地访谈了解美国高校协同创新的相关情况，包括协同创新的运行模式、利益机制、取得成效等，以期有所启发和借鉴。

（三）访谈过程把握

访谈前，提前预约，并事先告知访谈对象访谈的主题和内容，对教育部官员、高校领导、中心主任等基本是"一对一""面对面"地进行，对协同创新中心其他成员采取集体访谈的方式；访谈中，说明来意，直奔主题，有访谈提纲又不局限于访谈提纲，而是围绕"高校协同创新"这一主题或范围轻松自由地交谈，其中，根据受访者的谈话内容适时插话、提问、交流，在征得受访者同意的前提下，访谈全程录音记录。

（四）访谈资料整理

本书获取的一手资料主要有观察笔记、访谈录音、谈话记录、影像资料、文本资料等，在课题组成员的共同努力下，经过一段时间的资料加工与整理，全国首批13家高校协同创新中心访谈信息根据研究需要按照单位、时间、地点、对象职务等类型被加以归档、转录、分类、整合、编码，从而转化为系统有序的编码资料。如表2-3所示。

本书的访谈数据编码采用初始编码的方式，即对定性资料进行最初、最基本的整理和编码，严格忠于访谈资料的原意，贴近实际。通过逐段编码的方式使需要的信息、重点的信息从大量繁杂的资料中显示出来，这本身也是研究的重要内容。

本书的访谈数据编码过程，一是由专人协助将30小时的访谈录音整理成22万字的书面文本并逐一核实确定，保证文本严格忠于原意；二是根据相关要素赋予录音文本相应代码，如把走访单位按受访时间顺序赋予A～O单位代码，根据访谈对象的身份角色赋予0～10的对象代码，对访谈中出现相同或相似职务特征的受访对象，在数字代码基础上加上小写字母以示区别；三是对事先发放的访谈提纲正式回收（加盖中心印章）后也进行编码，以单位代码（小写）+中心成员代码即数字1的方式呈现。

表2-3 访谈资料编码表

受访单位类型	受访单位代码	受访对象代码	访谈时间	访谈地点	受访对象性别	访谈资料编码
教育部	A	0-0	2013-09-13 10：00-11：00	A1 办公室	男	1-21
文化传承类	B	1-2	2014-06-10 14：30-16：30	B1 会议室	男	22-29
		1-8			女	
科学前沿类	C	2-6	2014-06-11 10：00-12：00	C1 会议室	男	30-41
		2-5			男	
		1-9			女	
		2-1			男	
		1-8			女	
		1-8a			女	
		2-2			女	
		1-1			男	
		c-1	2014-06-11	C1 办公室	男	42-43
区域发展类	D	1-5	2014-06-16 8：00-10：00	D1 办公室	男	44-53
		2-2	2014-06-16 10：00-12：00	D2 会议室	男	54-65
		1-5a			男	
		1-5b			男	
		1-6			男	
		1-5c			男	
		1-5d			男	
		1-9			男	
		1-10			男	
		2-2a	2014-06-16 15：00-16：00	D3 办公室	男	66-73
		2-2b	2014-06-16 16：00-17：00	D4 办公室	男	
		d-1	2014-06-16	D5 办公室	男	74-78

续表

受访单位类型	受访单位代码	受访对象代码	访谈时间	访谈地点	受访对象性别	访谈资料编码
文化传承创新类	E	2-2	2014-10-08 10：00-12：00	E1会议室	男	79-105
		1-5			男	
		1-9			女	
		1-9a			男	
		1-1			男	
		1-1a			男	
		e-1	2014-10-08	E2办公室	男	106-110
区域发展类	F	2-2	2014-10-09 9：00-11：00	F1会客厅	男	111-124
		1-7	2014-10-09 11：00-12：00		男	125-128
		1-5	2014-10-09 15：00-16：30	F2会议室	男	129-146
		1-8			男	
		1-9			男	
		1-7			男	
		1-10			男	
		1-10a			男	
		f-1	2014-10-09	F3会议室	男	147-148
科学前沿类	G	1-2	2014-10-15 10：00-12：00	G1办公室	男	149-166
		1-5			男	
		1-5a			男	
		1-7			男	
		1-7a			男	
		1-9			男	
		1-9a			男	
		1-9b			男	
		1-9c			男	
		g-1	2014-10-15	G2办公室	男	167-174

续表

受访单位类型	受访单位代码	受访对象代码	访谈时间	访谈地点	受访对象性别	访谈资料编码
区域发展类	H	1-5	2014-10-17 09:00-10:30	H1办公室	男	175-198
		1-5a	2014-10-17 10:30-12:00	H2办公室	男	199-240
		h-1	2014-10-17	H3办公室	男	241-245
区域发展类	I	1-2	2014-10-21 09:00-11:00	I会议室	男	246-263
		1-5			男	
		1-1			男	
		2-2			男	
		1-8			女	
		i-1	2014-10-21	I2办公室	男	264-274
科学前沿类	J	1-5	2014-10-28 10:00-11:00	J会议室	女	275-284
		1-8			女	
		1-9			男	
		j-1	2014-10-28	J2办公室	男	285-288
行业产业类	K	1-5	2014-11-03 09:00-10:30	K1会议室	男	289-292
		1-5a	2014-11-03 10:30-11:30		女	293-296
		1-7	2014-11-03 14:00-16:00	K2会议室	男	297-299
		1-7a			男	
		1-7b			男	
		1-7c			男	
		1-10			女	
		1-10a			男	
		1-10b			男	
		1-10c			男	
		1-10d			男	
		1-10e			男	
		k-1	2014-11-03	K3办公室	男	300-306

续表

受访单位类型	受访单位代码	受访对象代码	访谈时间	访谈地点	受访对象性别	访谈资料编码
科学前沿类	L	1-8	2014-11-28 09：00-11：30	L办公室	男	307-318
		1-9			男	
行业产业类	M	1-5	2014-12-02 09：00-11：30	M办公室	男	319-351
		m-1	2014-12-02	M2办公室	男	352-356
行业产业类	N	1-8	2014-12-06 14：30-16：00	N会议室	女	357-368
		n-1	2014-12-06	N办公室	男	369-375
美国	O	3-3	2015-07-26 11：00-11：30	O会议室	女	376-377

注：受访对象代码分别代表的含义为，0-教育部官员；1-协同创新中心成员；2-高校行政管理者；3-美国教授；5-中心主任（含副主任和执行主任）；6-平台主任；7-首席科学家（PI）；8-办公室主任；9-教师；10-学生（含校友）

第三章　协同创新：宏观政策下的理想追求

协同创新范式的提出是协同学理论在创新活动中的有效应用，是知识经济和大科学时代发展的产物。高校作为人才高地和科技第一生产力的重要结合点，理应在协同创新中扮演重要角色。高校协同创新不仅是知识生产方式和组织模式的创新，更是管理理念方式的创新，体现的是科技生产关系一定要适应科技生产力发展客观规律的本质要求。

第一节　范式转变：从封闭式创新到开放式创新

一、熊彼特的创新理论

"创新"一词由经济学家熊彼特（J.Shumpeter）于1912年首次提出，创新理论在其著作《经济发展理论》中得到系统完整描述。

（一）创新的含义

1. "创新"实在"创"

在熊彼特看来，创新是新的生产函数的建立，对企业而言，创新是企业家重新优化组合生产要素，并把新组合投入生产系统以提高生产效率和效益的过程。熊彼特指出，这种"创新"或"新组合"有五种情况：一是产品创新，生产新产品或通过技术改造使原有产品有了新质量；二是技术创新，在生产过程中创造性地使用新方法或新技术、新工艺、新流程；三是市场创新，通过消费引导，开辟新领域、新市场，形成新的生活方式和途径；四是资源配置创新，获取优质资源新渠道；五是组织创新，通过创新组织形式，打破原有垄断，影响市场走向。[1]

---

[1] 熊彼特. 经济发展理论 [M]. 北京：商务印书馆, 1990.

熊彼特进一步指出，以上这些创新形式不是各自独立的而是互动的，由此形成技术推动创新说、创新与企业规模关系说和创新与市场结构创新说三种创新理论模式。

2."创新"立在"新"

如新组合模式在新企业里产生、由新劳动者完成等。在竞争性经济里，新组合意味着通过竞争将旧组合加以消灭。

3."创新"特在"过程"

在创新过程中，创新的动力往往来自生产者，从理念的重塑到产品的创造再到产品的服务，最终让消费者接受。

（二）创新理论的基本观点

①创新是经济发展的本质规定。熊彼特指出，经济发展与经济增长是两个不同的概念，静态的、只有量变没有质变的简单重复、循环流转不是发展。在他看来，发展是一种特殊现象，是一个动态过程，是对经济现状的搅动，是对均衡状态的干扰、不断改变进而取代以前的存在。发展是内在变化和自发行为，是系统内的创新，是生产力的质变或提升。

②创新的主体是企业家。熊彼特明确指出，创新是企业家的特质或职能，企业家是创新的主体，是经济系统的发明家，企业家若不创造条件抓住机遇创新就是渎职，因为他是经济发展的人为动因。他认为，真正的企业家是把各种生产要素整合起来使其发生化学反应，产生新型生产力进而生产新物质的人。企业是"新组合"的实现形式，衡量企业家能力和水平的关键就在于其能否实现某种"新组合"。创新的主体是企业家，创新也成为评判真正企业家的标准。

③创新极具破坏力。在熊彼特看来，创新是一种创造性的破坏，是对旧的生产方式、组织方式的摒弃和对新的结构、新的系统的优化组合，从而促进经济波动，带来经济增长。一句话，持续创新、破坏、优化和发展是创新的经济发展逻辑。此外，熊彼特认为，因创新而增长的经济具有周期性。创新者通过创新带来经济增长不仅为自己创造了利润和价值，也为其他行业企业开辟了新路，引起了跟随，最终引发新的创新，如此循环递进，不断发展。熊彼特创新理论的另一贡献是，将创新和企业的生产结合在一起，并在经济增长、发展和周期性等领域开辟了新的研究途径。

二、创新理论演进

（一）创新过程理论

随着市场经济的发展，人们对技术创新理论的认识不断深化，相关学者在熊彼特创新理论和思想的基础上构建现代创新理论，提出了一系列创新过程模型。经济发展的源动力是技术创新，实际上，技术创新有广义与狭义之分，前者包括组织、制度、管理和市场创新，后者则指具体的创新过程，如创新路径设计、市场营销策略、技术研发、组织构建、用户体验等。

1. 技术创新过程线性模型

技术创新过程线性模型包括技术推动、市场吸引以及技术与市场综合作用三种模型。

第一，技术推动模型。顾名思义，在这个模型中，技术发展推动技术创新，科学技术上的重大突破是技术创新活动产生和发展的决定性因素，是技术创新的源动力。也就是说，科技创新推动了一种线性过程，这个过程从技术研发开始，到实验制造活动再到产品或工艺，最终走向市场。西方国家早期技术发展实践证明，技术推动创新，即创新者将技术研发成果带出实验室使之产品化并走向市场，如激光、人造尼龙和半导体的发明。

第二，市场吸引模型。在这个模型中，企业逐渐树立了以市场需求为导向的经营理念，也就是说，企业为满足社会和市场需求，才开始研发新技术、生产新产品，才有了产品创新。市场吸引模型也就是"市场拉动说"，在美国经济学家施莫克乐（J. Schmookler）看来，不管是专利活动还是发明活动，都是以市场需求为导向、追求企业最大利润的经济活动，晶体管的发明和应用就是最好的例证。

事实上，这两种模型下的技术创新呈现出不同的特点（见表3-1）。

表3-1 技术推动模型和市场吸引模型比较

模型类别	技术推动模型	市场吸引模型
动力	技术研发	市场营销
创新实现	市场营销	技术研发
可能风险	较大	较小
潜在收益	较大	较小
创新周期	较长	较短
成功机会	较小	较大

美国麻省理工学院的马奎斯（D.Marquis）等人研究了567项最新的技术创新项目，发现其中只有1/5的创新项目是技术推动型的，而以市场需求为导向的创新项目占到总数的3/4。[①]可见，激励企业开展技术创新活动的重要力量来自市场和社会需求。

第三，技术与市场综合作用模型（见图3-1）。这种模型出现在20世纪70年代和80年代初期，在这种模型中，技术推动和需求拉动交互作用，二者在产品生命周期和创新过程的不同阶段表现各异。也就是说，在企业生产过程、具体环节中，创新点无处不在，创新活动随时可能发生，创新可能发生在技术研发环节，也可能发生在生产过程和市场营销环节，激发创新的既有技术因素也有市场因素，呈现出非线性的创新过程。技术与市场综合作用的创新模型更好地解释了创新的生产动力和过程，更符合长期的市场需求演变和技术创新过程。根据这一模型的内在机理，在企业经营管理中必须加强市场营销和技术研发的有效衔接，实现市场需求和新技术能力的相互匹配和循环促进。

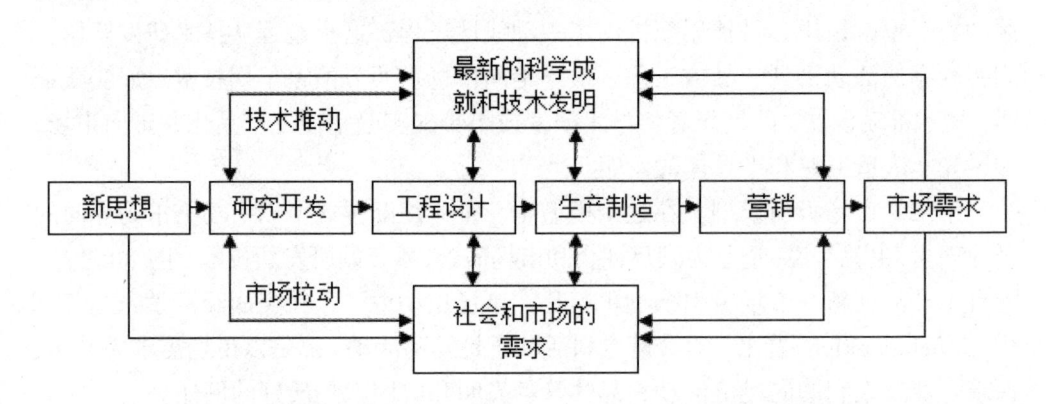

图3-1 技术与市场综合作用的创新过程模型

技术创新过程线性模型告诉我们，技术创新活动包括创新思想、技术研发、设计制造、生产过程、市场营销、社会和市场需求等环节，而区别三种模型的主要因素，即企业技术创新的原动力是技术还是市场。但其对技术创新活动中各个环节的相互联系和作用并无详细论述。

2. 一体化、系统集成网络和链环模型

随着经济全球化、生产网络化，技术和市场两个要素不仅越来越活跃而且变

[①] 远德玉，陈昌曙，王海山. 中日企业技术创新比较[M]. 沈阳：东北大学出版社，1994.

化加快，给企业技术创新活动提供了更多机遇、更大舞台，出现了创新过程一体化模型、系统集成网络模型和链环模型。

一体化创新过程不是创新活动的简单排序、从此到彼的串联，而是多个创新元素、环节齐头并进的并行过程，即在创新过程中，新思想产生、科学技术研究和开发、信息流动、设计制造和市场营销等创新要素及环节加强联系，形成组织界面，共同发力，形成创新力，强调不同职能部门之间的横向联系，双向或多向互动。在这一模型中，由于多方力量参与，减少了不必要的重复工作，缩短了创新周期，提高了企业内部信息、知识的有效转移和创新效率。美国波音公司开发新式飞机、日本汽车产品的竞争优势和中国的"两弹一星"研制，从本质上看，都是采用了这种创新过程模型。

系统集成网络模型是一体化模型的深化。它强调，创新过程除了一体化的职能交叉外，更是合作企业战略联系过程，是多系统集成网络联结过程。[1]

一体化和系统集成网络模型继承了线性模型中对创新环节的定义，强调各环节间的职能交叉和多机构系统的战略联系，从技术创新活动的整体来描述创新过程。但是，这种交叉和联系只限于企业内部或企业间的合作，并没有拓展到企业与外界环境间的相互影响。为此，克莱因和罗森堡（S.Kline and N.Rosenberg）于1986年提出了链环模型（见图3-2），把技术创新活动、现有知识存量以及基础性研究紧密联系起来置于一个系统中，并建立反馈和控制机制，通过不断的学习革命加以完善。[2] 链环模型实际上是基于当时经济社会环境对一体化模型的深化和补充，它不仅关注企业内部变化，也关注企业外部环境变化，更重要的是考虑到企业与外部环境相互作用和变化对创新活动所带来的影响，更加注重从微观层面上描述技术创新过程，包括企业内部自身的能力和操作因素。

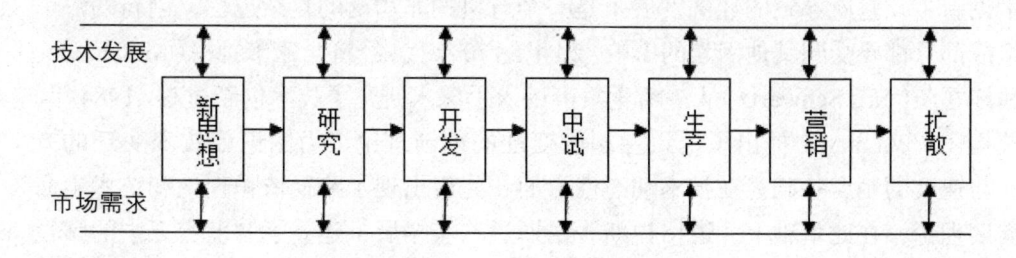

技术发展 → 新思想 → 研究 → 开发 → 中试 → 生产 → 营销 → 扩散
市场需求

图3-2 技术创新的链环模型

---

[1] 傅家骥. 技术创新学 [M]. 北京：清华大学出版社，1998.
[2] 吴贵生. 技术创新管理 [M]. 北京：清华大学出版社，2000.

3. 综合模型

世界经济的快速发展影响着不同国家、不同地区之间的关系，反之亦然，任何一个国家的政治文化变革、科技经济发展、社会动荡或金融危机等也影响着世界经济格局。作为企业，它的发展更受到宏观经济政策、现实经济环境、相关行业企业及其竞争者的影响。技术创新活动是实现企业产品策略的重要过程，体现的不仅是内部知识的转化和整合，也是更多知识的获取和扩散。在社会化大生产新的历史条件下，企业技术创新活动不再是简单孤立的活动，其越来越受到外部环境的影响，而且创新过程日益复杂化，多种创新主体融入创新网络体系中。在这样的背景下，综观企业内外部环境变化的创新过程模型出现了，其从整体上看待企业技术创新过程，强调组织内外部知识的获取、整合、分解、转化和融合，并通过知识流动和循环加工向外传播，改造和丰富技术创新的内外部环境。① 在这个模型中，整条知识链和产业链都纳入创新体系中，涵盖构思设计、技术研发、试验生产、验证反馈、更新换代再创新等诸多环节。

（二）社会网络化下的技术创新理论

始于20世纪初的技术创新理论在经过长期单项研究后，于20世纪80年代末开始走向综合，重要的是，一些非技术性因素如社会制度、体制因素、企业的组织管理和营销体制、社会经济结构、社会网络互动、社会文化因素等社会因素在创新中的作用逐渐引起学者的关注。有研究发现，这些因素对企业技术创新效率的影响巨大，一点也不逊于技术因素。

1. 制度主义的技术创新理论

熊彼特的创新理论明确指出，创新是经济增长最重要的驱动力，他强调，技术创新（及它所导致的经济发展）是一个有机的非均衡的复杂过程，创新的每个组成部分都要受到其他因素的影响。20世纪70年代，经济学家卡梅恩（M.Kamien）和施瓦茨（N.L.Schwartz）从垄断竞争市场入手深入研究了技术创新过程。1984年，拉坦（V.W.Latan）提出了诱致性制度变迁的创新理论，力图论证技术变迁的方向与速度的制度基础。在技术动态性方面，先后出现了路径依赖理论和技术生命周期理论，在此基础上，道格拉斯·诺斯进一步拓展，建立了制度变迁中的路径依赖理论。

制度主义的技术理论并非单纯地分析研究技术，而是赋予技术一个文化概念，

---

① 姚志坚，马庆国，吴翰，等. 企业技术创新过程的整体观［J］. 科研管理，1999（3）：51-56.

研究技术与制度的协同演化。学者关于制度视角的技术创新理论主要观点如下。

①技术创新的实质是一种制度现象,是技术发展到一定程度的社会制度呈现。因为,所有的技术创新都存在于特定的制度化组织体系中,都是在已有的制度环境下开展活动的。具体来说,技术创新有赖于社会制度的安排,而社会制度决定了技术创新的方向、路径和过程。

②制度创新与技术创新密切相连,在经济发展链条中传递关系、相互作用。一方面,通过技术创新带来制度创新,以此构建现代企业和社会制度体系,推动经济增长和社会进步。另一方面,制度创新推动技术创新,良好的制度安排,不仅能有效提高技术创新效率,而且能更好地发挥其推动经济发展的作用。

2. 生态化的技术创新理论

生态化的技术创新理论也称为技术创新生态化,就是把生态学思想引入技术创新过程中。生态化技术创新形成于20世纪90年代中期的美国,成为当时美国政府高度优先发展的战略,并很快辐射影响到德国、日本及欧洲很多国家和地区。Hopfenbeck提出了重在日常、渐进改革以不断提高企业创新效益的全面质量管理的生态化技术创新过程模型。Nelson等人[1]认为,受技术机会、创新环境和学习效应等多变因素影响的技术生态化创新,完全不同于现有技术轨迹的技术范式。Chen和Shi(2008)[2]则认为生态技术创新的出现是对传统技术创新中经济增长和生态破坏之间冲突的理性反思的结果。Carrillo-Hermosilla、Del Río、Könnölä[3]通过案例研究,提出了分析生态化技术创新的多维框架,包括设计、使用、生产服务及政府角度,以及这些角度的有效结合对技术生态化管理的重要性。我国最早提出生态化技术创新的学者是彭福扬[4],他认为,技术创新的生态化包括自然生态和社会生态两个层面,技术创新活动既要有利于维护自然生态的稳定与和谐,也要有利于社会生态的建立。

总结学者关于生态化技术创新的主要观点如下:

①生态化技术创新是这样一个有机体,包括生态化自然技术创新、社会技术

---

[1] Nelson R. An Evolutionary Theory of Economic Change [M]. Cambridge, Mass: Harvard University Press, Belknap Press, 1992.

[2] Chen H, Shi S. Research of Local Government Behavior in Eco-technological Innovation Process [C]. Proceedings Of 2008 International Conference Onpublic Administration(4TH), 2008: 190-199.

[3] Carrillo-Hermosilla J, Del Río P, Könnölä T. Diversity of Eco-innovations: Reflections from Selected Case Studies [J]. Journal of Cleaner Production, 2010(18): 1073-1083.

[4] 彭福扬, 黄剑. 从社会发展观看技术创新的生态化转向 [J]. 科学学研究, 2003(3): 321-324.

创新和人文技术创新，三者之间存在着非线性的复杂关系。

②生态化技术创新体现了一种新的技术观，即技术进步不仅关注自身存在的自然物质条件，也要关注社会选择问题。

③生态化技术创新是一种价值观的转变，即从二元对立到和谐共存，从以人为中心到以人类为中心，这种转变更有利于人与自然、人与人关系的和谐。

3. 社会视角的技术创新理论

随着技术创新理论和实践的发展，创新也越来越成为一种与多种因素相关的技术经济现象。诸多学者认为，技术创新不是孤立的，而是与创新环境密切相关，而且，一个技术创新与其他一些技术创新之间不是离散的，而是紧密联系的。有学者提出，应把技术创新放在更广泛的领域、不断变化的环境中来考查和理解。英国经济学家弗里曼强调了技术创新系统的复杂性和外部环境对其影响的重要性，开创了技术创新研究的"系统范式"。

社会角度的技术创新理论是把社会学和经济学融入技术创新体系研究中而产生的理论。与原有技术创新理论不同的是，它把以往被忽略的社会因素如信任机制、社会关系网络等纳入创新系统研究中。它释放出这样的信号，在知识经济时代，决定企业竞争优势和实力的不是企业拥有的异质性资源，而是企业独特的社会关系网络，以及通过关系网络社会交往逐步建立起来的知识共享路径和关系治理机制等。对技术创新理论的深入研究表明，促进创新的知识既有显性知识也有隐性知识，显性知识主要通过编码程序、科学公式等形式进行共享和传播，隐性知识的默会性使它必须通过面对面交流的方式才可交换、共享，而隐性知识共享是实现创新的关键，社会交往、社会资本是隐性知识传播的必要条件。包括知识获取、吸收和扩散在内的知识共享机制本身就是一种社会化的过程，在此过程中，企业通过社会关系和密集交往，不仅可以增加企业的社会资本，得到专业化的技术和信息支持，获得政府及私营部门共同提供的公共产品与准公共产品的支持，还可密切与其他创新主体的合作和联系，有效降低创新风险，最重要的是因获得外部知识资源而有力促进创新。由此可见，良好的社会关系是企业创新合作的"胶合剂"，组织、关系和文化、交往等非技术因素有利于推动创新网络的形成和有效运转，能够节约协作成本、降低风险，促进合作创新的深入和成功，有助于从整体上提升企业创新能力。可见，社会因素影响技术创新成效的作用明显。

三、国家创新体系理论

（一）国家创新体系

第一次使用"国家创新系统"概念的是英国学者 Freeman。[①]他认为，促使英、美、德、日等世界上技术先进的国家彼此之间互相追赶和超越的重要原因是国家创新系统的演变。[②]在这一过程中，政府发挥了很大作用，不仅提供公共产品以弥补自由竞争的市场经济的不足，而且通过资源整合和有效配置，有力推动了行业产业和企业的技术创新。Freeman 主张，国家创新体系是公私营部门创造、引进、改进和扩散新技术的行为及其相互作用形成的一种制度性网络，包含政府政策、教育培训、产业结构、企业研发四个要素作用。[③] Nelson 和 Rosenberg 认为，国家创新体系是决定一国企业创新绩效的一套相互作用的制度体系。[④]在 Patel 和 Pavitt 看来，国家创新体系决定了国家技术进步的速度和方向，具体表现为国家制度、激励结构和能力。[⑤] Lundvall 等则从要素、主体及其相互关联的角度给出了相关界定，其认为，国家创新体系是一个国家内部一系列要素和关系的总和，这些要素和关系共同作用于新知识的生产和转移，新技能、新工艺的创造和应用，并影响着全社会技术变化的方向和速度。Niosi 等将国家创新体系定义为，一个由政府、企业和高校等多主体构成的体系，彼此相互作用，对新的科学技术进行创造、保护和规制。[⑥]

美国学者亨利·埃兹克维茨（Henry Etzkowitz）和荷兰学者雷德斯多夫（L. A. Leydesdorff）1995 年提出了国家创新系统的大学—政府—产业的三重螺旋模式（见图 3-3），并借用生物学概念指出这是一个学术界、产业界及政府部门共同参与创新相互作用组成的进化的系统。[⑦]其中，大学、政府和产业分别是

[①] 徐继宁. 国家创新体系的理论认识及其国际比较：英国产学研制度创新探索［J］. 高校教育管理，2007（3）：48-49.
[②] 李平，蔡跃洲. 新中国历次重大科技规划与国家创新体系构建：创新体系理论视角的演化分析［J］. 求是学刊，2014（5）：45-54.
[③] Freeman. Technology Policy and Economic Performance: Lessons from Japan［M］. London：Pinter Pub ltd, 1987.
[④] Nelson R, Rosenberg N. Technical Innovation and National Systems. In: Nelson, R. R.（Ed.），National Innovation Systems［M］. New York：Oxford University Press, 1993.
[⑤] Patel P, Pavitt K. National Innovation Systems: Why They Are Important, and How They Might be Measured and Compared［J］. Economics of Innovation and New Technology, 1994（1）.
[⑥] Niosi J, Saviotti P P, Bellon B, et al. National Systems of Innovations: In Search of a Workable Concept［J］. Technology in Society, 1993（15）.
[⑦] 埃兹科维茨，雷德斯多夫. 大学与全球知识经济［M］. 夏道源，译. 南昌：江西教育出版社，1999.

知识创新的主体、技术创新的主体和制度创新的主体，大学为产业发展提供创新源，政府为知识创新和技术创新提供制度保障，并营造良好的创新环境。[1]1997年，经济合作与发展组织（OECD）发表了《国家创新体系》（National Innovation System，NIS）报告，认为国家创新体系是建立在公私营部门中的组织结构网络，通过网络活动和相互作用决定一个国家知识、技术扩散能力和创新业绩（见图3-4）。[2]这种相互作用是由政府、产业界、学术界（高等院校和科研机构）在发展科学技术中的相互联系与合作交往中形成的。[3]其具体表现在三个方面：一是不同创新主体间的合作关系；二是社会组织在各创新主体间的桥梁纽带作用；三是政府战略和政策引导以及创新过程协调集成作用。按照OECD的观点，国家创新体系的核心问题是知识流动，高水平研究型大学在国家创新体系中理应承担重要职责和使命，产学研合作是国家创新体系的基本模式之一，但其力量远远不够，政府应该发挥政策支持与制度建设作用，以制度创新营造创新环境，从而推动国家和企业的发展。

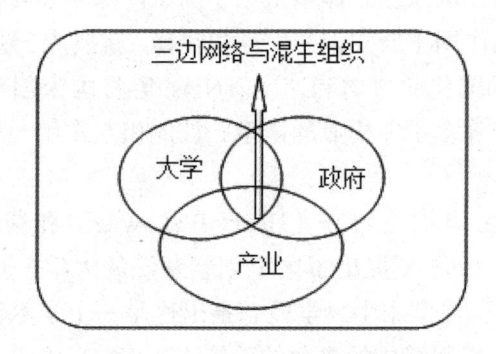

图 3-3　大学—政府—产业三重螺旋模式

---

[1] 王成军. 三重螺旋：官产学伙伴关系研究 [M]. 杭州：浙江大学出版社，2005.
[2] 吕海萍，龚建立，王飞绒等. 产学研相结合的动力：障碍机制实证分析 [J]. 研究与发展管理，2004（2）：58-62.
[3] 冯之浚. 国家创新系统研究纲要 [M]. 济南：山东教育出版社，2000.

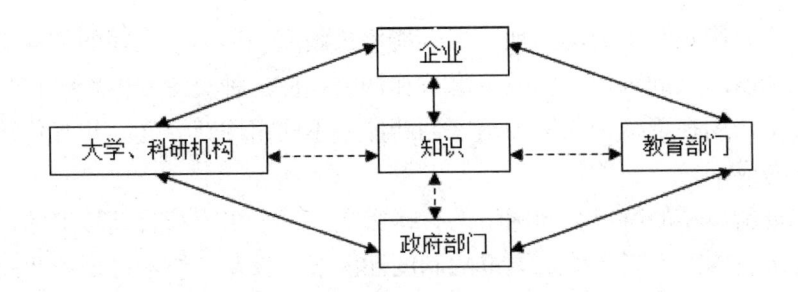

图 3-4　OECD 国家创新体系结构图

我国2006年颁布的《国家中长期科学和技术发展规划纲要（2006—2020年）》指出，国家创新体系是以政府为主导、充分发挥市场配置资源的基础性作用、各类科技创新主体紧密联系和有效互动的社会系统。2016年颁布的《国家创新驱动发展战略纲要》进一步明确，要建设多元创新主体功能定位明确、协同互动自觉和创新要素顺畅流动、高效配置的生态系统，形成创新驱动发展的治理主体、开放网络、实践平台、制度安排和环境保障。

尽管上述定义具体表述存在较大差异，但基本都将国家创新体系定位为由各种制度和不同主体共同构成的、通过动态互动促进技术创新的复杂社会系统。因此，国家创新体系又称国家创新系统，包括创新网络和创新制度，其核心就是通过知识的生产、扩散和应用，形成科学技术知识在全社会范围内循环流转和应用的良性机制。

（二）国家创新体系理论的基本内涵

国家创新体系包含以下八个方面的内容：[①]

①国家创新体系是一种制度安排，其核心是各式科学技术知识流在全社会范围内的循环流转及应用。为了保证知识流与物流、资金流等最大限度地融合统一，合理的制度安排必不可少。

②在国家创新体系中，科学技术知识流动的方向与速度直接决定了这些科技知识应用的效率，进而影响国家经济增长实绩与国际经济技术竞争地位，反过来在很大程度上又反映了该国国家创新体系的效率与能力。

③国家创新体系各组成部分之间在国际、国家、企业和个人等各种不同层面上的相互作用带来了科学技术知识的循环流转。这种相互作用在不同层面表现不一。以国家层面为例，其主要表现为科学技术知识的生产、扩散与使用之间的相互作用。

---

① 王春法，游光荣. 国家创新体系理论的基本内涵[J]. 国防科技，2007(4): 47-49.

④国家边界影响知识流动。地缘亲近能增进国家创新体系之间的相互交流与联系，文化和制度上的亲近可以减少摩擦和冲突，使这种交流变得顺畅容易。国家边界的突出作用在于减少或增加国家创新体系不同组成部分之间相互作用所必须付出的交易成本。

⑤国家创新体系的特点受到国情的直接影响。每个国家都有其特定的社会文化和历史传统，国家不同，决定国情的制度性因素如教育、技术计划和政府创新补贴等以及历史性因素如文化、语言和职业习惯等都不同。

⑥创新过程本身就是一个学习过程，在国家创新体系中这种学习表现为各组成部分之间的相互作用，强调的是一种组织学习行为。当然，学习形式也是多样化的，既有"干中学"以提高生产效率，又有"用中学"以改进系统效率，还有生产者和使用者之间的互相学以推动产品创新。

⑦在国家创新体系中可能会存在系统失效或制度失效的现象，表现为竞争能力低效和激励失效。在某种程度上，比市场失效后果更严重的是制度失效，因为这更难以校正。

⑧国家创新系统的结构与特点因国家社会制度、传统文化以及民族习惯等不同而各不相同，且都不是一成不变的，因而不存在国家创新体系的最优模式。而且，不同程度存在的科学技术国别专业化现象导致国家创新体系的发展产生明显的路径依赖和自我强化趋势，别国经验只有借鉴意义而无法直接照搬。

第二节 模式变迁：从体制壁垒到融合集成

一、高校科技创新发展的社会化

19世纪以前，高校是以知识传播、传承为其主要功能，高等教育与区域经济建设之间的关系并不密切。18世纪末，第一次工业革命的科学与技术两分离，给高校带来了巨大影响。随着经济发展和社会进步，英国率先把高等教育与区域经济建设相联系，此后，出现了一大批可以培养职业人才的高校，较好地满足了社会需要，高校服务区域经济建设的作用开始凸显。随着教学与科研相统一的洪堡理念的问世，高校功能发生了变化，高校不仅培养有用的高级专门人才，还要进行科学研究。英国社会学家罗素充分肯定洪堡的做法，他认为，每个高校教师都应当从事学术研究，不仅要投入足够的精力，还要有研究的深度和广度，更多了解其他学者所做的研究。① 随着19世纪中叶、20世纪中叶第二次、第三次科技革命的出现，高校科技创新社会化趋势明显，相比于固定资产、硬件设施等有形资源，知识、技术、信息等无形资源成为经济活动活力要素，高校科技创新活动成为社会经济活动的主角。

随着《莫雷尔法案》的颁布，一大批新型赠地大学和州立大学在美国大地上蓬勃而出，这些赠地大学和州立大学以培养当时当地急需的农、工、商等实用型人才为己任，以为区域经济社会发展服务为办学方向，极大地满足了区域经济社会对技术和管理人才的需求，弥补了不足甚至填补了空白。最典型的代表就是美国的威斯康星大学，作为美国第一所与政府合作的地方院校，其率先确立了为地方乃至区域经济、社会建设服务的办学理念并得到充分发挥，所产生的"威斯康星思想"影响广泛而深远。可以说，赠地大学时代是大学科技创新走向社会化的开端，其所带来的历史性甚至是革命性变化有力推动了美国高等教育的快速发展。这种变化体现在，大学传统的封闭的体制被打破，大学走出"象牙塔"，从社会边缘走向中心。大学打开了大门，实现开放办学，拓展了功能，加强了与社会的联系，并把服务社会作为自己的使命和责任。20世纪50年代开始，世界各国高等教育加强与企业合作、与社会互动，校企合作、产学研合作方兴未艾、蓬勃涌现。为了密切大学与产业界的联系，巩固合作成果、拓展合作领域、建立长远合作关系，美国、英国、日本等发达国家率先建立大学科技园区，并制定了一系列配套支持政策和法规，有效确立了大学在国家创新体系中的重要地位。总而言之，在第二次世界大战后，世界各国大学纷纷走出校园，走向社会中心，打破教育与经济壁垒，加快科技创新社会化进程，有效实现了知识资源在全社会的创造、流转和应用，形成了大学与经济社会发展相互促进的良好局面。最典型的是美国工业化的快速实现和农业发展奇迹的出现，都得益于大学科技创新社会化的有效推进。大学通过教育与市场的互动解决了经济社会发展中的各种问题，给区域经济注入了生机和活力，给社区居民生活带来了最大实惠，同时也极大提升了大学科技创新水平。进入20世纪60年代以后，美国、英国、日本等有越来越多的大学加入与企业联系的队伍，产学合作、校企合作蓬勃发展，依托大学科技力量建立科技创新共同体以促进科技成果转化、提高创新效率，以更好地服务区域经济社会成为很多国家的首选。典型的有依托斯坦福大学和加州大学旧金山分校建立的国家科技园区，依托哈佛大学和麻省理工学院建立的波士顿-坎布奇科学工业综

---

① 罗素. 罗素论教育[M]. 北京：人民教育出版社，2009.

合体，英国剑桥科学园、曼彻斯特科学园、瓦立克大学科学园等20多家科技园区，被誉为"未来战略产业的摇篮"的日本筑波科学城等。在科技竞争能力日益成为国家综合实力典型代表的今天，高等教育被赋予了更多、更重要的使命，世界各国纷纷投入巨资、出台政策推动产学研科技创新，提供有力制度支持，引导鼓励大学走出象牙塔、走向社会中心，联合社会创新资源和力量开展尖端科技攻关，提高科技成果转化效率，成为创新型国家建设的重要力量。

新中国成立以后，我国的高等教育逐步走上了规范发展之路。1950年6月首次召开的全国高等教育会议制定了《高等学校暂行规程》，指明了高等教育要面向社会、面向生产和实践的办学方向。为引导高校师生员工积极参与技术革新、投入社会实践，从1957年开始，校办产业在各高校纷纷落地，成为当时校园里的一道风景。当时的校办产业主要以科研技术加工为主要方向，不仅解决了学生就业实习实训问题，也开辟了高校直接服务社会的渠道，取得明显的社会效益。1985年，《关于教育体制改革的决定》进一步明确了教育体制和高等教育发展目标，提出要积极建立教学、科研、生产联合体，加大高等院校、科研院所与行业企业的合作力度。接下来的短短三年内，在全国范围出现了800多个这种联合体，为高等教育服务社会奠定了坚实的组织基础。1994年高等教育管理体制改革座谈会提出的"共建、合并、合作、划转、协作"的十字方针，打破了我国高等教育长期以来的封闭办学传统，为高校科技创新社会化注入了强大动力，加强了高校与科研单位、行业企业的合作办学，推动了高校全面融入社会发展。据统计，当时全国有170所高校与1 744家科研院所、大型企业开展了不同形式的合作，效果明显，这不仅有力地推动了科技成果向行业企业转移，提升了高校的办学和科研实力，而且促进了企业自主创新能力提升，加快了新技术、新工艺和新产品的研究开发。以1997年为例，全国1 020所高校通过校企联合所取得的科研经费近53亿元，占到当年高校科研经费总额的75%。与此同时，全国出现了2 000多个高校与大型企业共建的研发实体，催生了5万项科技成果的转化，合作发展、优势互补、资源共享、风险共担的产学研合作机制基本形成。

21世纪的"号角"加快了高等教育大发展的步伐，"211工程""985工程"重点建设项目相继出台，突出了高校科技创新服务国家经济建设和社会发展的生力军作用。随着高水平大学建设、重点学科建设、高层次人才队伍建设的启动和深入，高校科研实力、服务社会能力明显提升，"以服务求支持，以贡献求发展"的战略思维和办学理念充分体现在高校人才培养、科学研究、社会服务和文化传承创新的方方面面，成效显著。"十一五"期间高校承担了30%左右的国家科技重大专项、56.7%的"973"计划项目、49.4%的重大科学研究计划项目、30%的"863"计划课题、20%的国家科技支撑计划项目、81.05%的国家自然科学基金面上项目和66.88%的重点项目。2011年，全国高校通过各种渠道共筹集科技经费达940.28亿元，研究与实验发展（R&D）经费支出从2011年的688.8亿元升至2014年的898.1亿元。高校在全国科技奖励大会上所获奖项逐年攀升，如2016年获国家自然科学奖28项、国家技术发明奖38项、国家科技进步奖106项，分别占全国获奖总数的66.7%、80.9%、80.3%。由此可见，我国高等教育在高校科技创新社会化的强力推动下发生了革命性变化，打破了传统封闭的体制壁垒，从社会边缘走入社会中心，通过与经济社会良性互动，极大地激发了高校科技创新活力，成为国家创新体系的重要组成部分和中坚力量，为高等教育大国向强国迈进提供有力支撑。

二、高校学科、科研、人才发展的网络化

"大科学"时代的到来，拓展和深化了高等院校的职能发挥，多学科交叉研究成为当代高校适应和服务经济社会及科学技术发展的重要途径。科学研究方向的新变化必然要求科研组织管理形式要与之相适应，扁平化的科研组织管理体系更有利于团队的建立、优势的互补、信息的沟通以及科研的创新。只有高水平人才队伍的积极参与、作用其中才能支撑起科学高效的科技创新管理体系。学科、科研、人才构成了高校科技创新发展的网络系统。

1. 学科交叉驱动源头创新

不同学科间的交叉和融合不仅是现代科学技术发展的趋势和热点，更是高校提升创新能力的着力点。当今世界发展问题繁多，各种复杂因素交织，经济发展、环境变化、人口健康、资源有限、和平安全等事关全人类生存和全社会可持续发展的问题层出不穷，这些复杂问题仅靠单一学科无法解决，更对科学家提出了更高要求。面对不断涌现且彼此联系、交叉融合的交叉学科、新兴学科，如何运用跨学科研究解决当前的复杂问题成为摆在科学家面前的首要任务。[1]事实上，学科之间并不是相互孤立、划界而治的，而是关系紧密、联系密切的，正如德国物理学家马克斯·普朗克所言，科学是内在的统一体，它被分解为单一体不是因为事物的本质而是限于人类认识能力的局限，实际存在着通过生物学和人类学到社会科学的连续链条。大量科学研究成果表明，创新尤其是源头创新以及重

---

[1] Klein J T. A Conceptual Vocabulary of Interdisciplinary Science [M]. Toronto: University of Toronto, 2000: 3-4.

大技术和社会问题的解决主要来自跨学科和交叉学科研究，也就是说，跨学科或学科交叉的力度和广度直接影响创新的成效。以发现 DNA 双螺旋结构为例，这一人类基因工程就是集生物学、化学和物理学等多学科交叉研究的结果。2013年1月，欧盟"未来新兴技术旗舰计划"的标志项目"人类大脑计划"（Human Brain Project）启动，计划用10年时间并投入10亿欧元（1欧元≈7.0182元人民币）。美国政府不甘落后，同年4月即宣布开展"人脑活动图谱计划"（BRAIN Initiative）研究，并加大投入每年超过3亿美元（1美元≈6.5017元人民币），希望通过10年的努力绘制出完整的人脑活动图。

不论是政府还是民间组织，都越来越重视学科交叉。近现代科学发展史告诉我们，不同学科之间的交叉渗透融合，往往能够实现科学上的重大突破，带来新兴学科，产生科学研究新的生长点。在诺贝尔自然科学类获奖成果中，很多都是通过学科交叉研究取得的，且这个比例呈上升趋势，从1901—1920年的32.0%上升到2001—2008年间的66.7%。[1] 交叉科学推动自然科学的快速发展。2014年诺贝尔化学奖项目"超高分辨率荧光显微镜的研制"就是美德两国三个物理学博士的合作成果。2015年中国药学家屠呦呦因发现青蒿素能够显著降低疟疾患者的死亡率而被授予诺贝尔生理学或医学奖，从青蒿素的发现、萃取、分析到临床应用，涉及生物学、化学和医学等学科，多学科协同作战才有了今日的诺贝尔奖。上述学者的获奖正是反映了现代学科的交叉与融合发展趋势。

积极推进学科的交叉与融合是当前世界一流大学的战略目标和重要特征，也是我国"双一流"建设的战略选择。随着大学学术职能的发展，通过知识重组和整合的学科交叉、跨学科研究成为必然，有学者称其为大学的第二种学术领域，即"整合的学术"。在美国教育家欧内斯特·博耶看来，"整合的学术"通过打破原有学科间的限制和壁垒，建立知识和范式之间的联系，为新学科和新知识的成长应用搭建平台、创造条件。[2] 大学开展跨学科教育和研究的例子很多，如数学与自然科学、人文与社会科学、技术科学等，无不是多个学科相互交叉、渗透乃至融合，最终走向科学的整体。[3] 世界高等教育发展史证明，世界高水平大学一般都经历了从单科性大学到多科性大学再到综合性大学的发展历程。比较典型的，一类以英国的牛津大学和剑桥大学为代表，是从原来的人文社会科学为主发展到文、理、工相结合的综合性大学；另一类以美国的麻省理工学院、加州大学

---

[1] 陈其荣. 诺贝尔自然科学奖与跨学科研究［J］. 上海大学学报, 2009（5）: 48-62.
[2] Johnston R. The University of the Future: Boyer Revisited［J］. Higher Education, 1998（3）: 253-272.
[3] 刘仲林. 跨学科教育论［M］. 郑州: 河南教育出版社, 1991.

伯克利分校为代表,是从专业化的技术学院发展到工、理、文相结合的综合性大学。① 目前,国外高校多学科交叉研究无论是研究领域还是发展水平都走在前列,跨学科研究、交叉学科研究的能力和水平在某种程度上反映了一个国家的科技实力和综合国力。②

2. 有效的科研管理组织至关重要

通过学科交叉研究实现创新是高校科研创新团队的重要目标,而目标的实现不仅需要健全完善的组织架构,还需要诸如市场需求分析、实验设备支持、财务管理等相应配套职能的配合。长期以来,直线职能制的科研管理组织结构在高校内盛行,这种分割僵化、壁垒森严、理论上属于金字塔式组织结构的科研管理模式已远不能适应"大科学"时代组织创新的需要,取而代之的是矩阵式组织结构。这种现代创新管理的新模式建立在共同目标基础之上,把同一领域的相关创新元素按照纵横交错的矩阵分布形态进行资源配置,通过科学管理实现行和列相关元素符合一定规律的排列组合,以此激发创新活力。

较之于传统的科研管理模式,矩阵式科研管理组织结构能够直接面向问题,灵活性强、柔性化是其显著特点。在具体操作层面,课题组是其最基本的组成单元,也正是课题组成为直接解决问题的主要推手。课题组的组成灵活多样,人员可以来自同一研究领域、相关研究领域的不同院系、不同高校,也可以是来自不同领域、不同学科的专家学者,还可以来自其他高校、企事业单位或科研院所。课题组成员可以有双重或多重身份,既要接受相关院系和职能部门的学术指导,保持业务联系,也要完成课题组或项目组分配的各项工作任务。人员组成的多样性和灵活性也要求这种科研组织结构有较强的灵活性,能够很好地适应组织内外部环境的变化,及时进行灵活调整。灵活的矩阵式组织结构不仅能够更有效地发挥科研管理职能,还有利于跨学科交流、学科交叉以及人员的信息交流和互动,有利于知识的创造、流转和应用,最终实现人才培养和知识创新。矩阵式组织结构和扁平化管理模式,通过分权管理、减少管理层次,可以有效提高组织决策和信息沟通的效率;有利于打破僵化的学术治理结构,加强院系间的交流和协作,提高组织活力;有利于促进学科交叉融合,实现教学和科研管理的创新,促进复合型创新人才的培养;有利于科研资源的整合集成和合理配置,推动研究性、探索性学术组织体系的建立和完善。

---

① 蔡克勇. 高等教育简史[M]. 武汉:华中科技大学出版社,1982.
② 张廷. 社会资本视角下的地方高校协同创新研究[D]. 武汉:华中科技大学,2013.

3.人才队伍建设网络化发展态势

路线确定之后,人是关键因素。为了保证科技创新管理体系的科学高效运行,建设一支适应网络化发展态势的高水平人才队伍至关重要。要突出人才队伍建设重点,强化学术力,彰显创新力,倡导团队协作,优化人才结构,提高人才使用效率。要打破人才政策壁垒,广纳各类人才,形成高效合理的学术梯队,构建适应"大科学"时代科技发展需要不断优化的人才结构和布局。

在人才网络体系中,高水平创新人才是关键,是整个人才体系的核心。人才队伍的创新能力决定了创新组织或创新团队的核心竞争力。可以说,组织与组织、团队与团队之间的竞争是其持续创新能力的竞争。一旦没有了创新能力,组织或团队的核心竞争力也将不存在,最终难逃被社会淘汰的命运。而组织或团队的持续创新能力又表现为,身在其中的组织成员在科学技术研究和组织管理实践中所开展的技术、知识、管理和制度创新的能力。以核心人才为基础的人才梯队网络,通过人才核心、人才梯队之间交流互动、密切联系,形成了纵横交错、深度融合、既非一成不变又保持相对稳定的人才网络体系。当然,作为网络核心的关键人才,是人才网络建设的重中之重。关键人才不是一个具体的数字,而是一个概念、一个人才核心网络。通过这个网络,吸引、汇聚一大批优秀人才形成力量集中、优势互补、协同配合、相对稳定的矩阵式人才队伍,营造、形成一种具有超强学习力、竞争力、创新力的创新环境和文化氛围。哈佛大学、剑桥大学等世界一流大学均是以这样的核心人才为依托组建科研创新网络和团队,以此推动教学科研能力和水平的极大提升。总而言之,建立在"科层制"组织模式基础上的传统学术队伍已经不能适应"大科学"时代的要求,代之而起的是网络化、扁平式管理的创新团队,是以学术为导向建立的人才网络系统。在这样的组织体中,团队交叉渗透、纵横融通、学术氛围浓厚、自由宽松,人才追求真理、绽放活力,一片新气象。

在具体操作层面,不同的大学有不同的人才队伍建设模式。例如,伯克利大学70%的终身教职职位向年轻教师开放,而在斯坦福大学只有不足10%的年轻教师可以获此殊荣。因此,如何建设未来高校高层次学术人才团队是摆在我们面前的重要课题。一方面要改变传统的按照校、院、系、教研室或实验室模式建立的科层制组织管理体系,另一方面要因地制宜地构建符合实际、体现特点、灵活多样的组织形式,突出多学科优势,强化组织功能的交流互动、渗透融通。例如,围绕核心目标,集中力量和优势资源,设置跨院系、跨学科的研究中心或研究团队,适当下移决策重心,较好调适行政权力与学术权力的关系,建立有利于创新的网络化组织模式。同时,灵活宽松的体制环境和有效的激励机制是科技创新组织可持续发展的关键。所谓的激励机制主要包括两个方面:一方面是创造良好的学科交叉研究环境,良好的环境能让研究人员集中精力开展研究,促使其创造能力得到最大限度发挥,真正实现跨学科研究价值;另一方面是采用相对灵活的人才考核评价机制,按研究项目而不是依据行政管理的便利来吸引人才、使用人才,保证研究人员灵活进出、进退自由,且不影响其学科专业发展。建立跨学科研究中心人才队伍优化更新机制,为跨学科、交叉学科甚至新兴学科的研究发展提供源源不断的人才资源和智力支持。

三、高校科技创新社会网络化的典型案例

在"大科学"时代的今天,科技创新异常活跃,在经济增长和社会进步中扮演着日益重要的角色,承载着越来越重要的使命。以美国为例,科技创新对经济增长的贡献率在 20 世纪 80 年代为 60%~80%,90 年代更是高达 90%。[①] 科技创新的这种活跃不仅体现在多学科的融合上,更体现在高校与社会的互动上。世界历史发展进程告诉我们,高校在促进科技创新特别是协同创新中发挥着不可或缺且日益增强的重要作用。德国能在 19 世纪迅速崛起,以柏林大学为代表的德国高校积极实施创新导向战略和研学协同战略功不可没。至于美国之所以能引领世界经济和科技发展方向,最关键的就是以产学研协同方式和强劲创新力服务于美国制造业、信息产业等各行各业的一大批世界一流大学的涌现。可以说,一大批世界一流大学是美国科技创新的主战场和前沿阵地,而高水平大学的科技创新能力更是美国经济增长的重要动力和强劲推手。世界各国都把大学科技创新作为科技强国的重要力量和支撑,在此分别选取美国、英国、印度的一所大学,具体探究高校科技创新社会网络化态势。

(一)斯坦福大学与美国硅谷

斯坦福大学不仅是世界著名的高级人才培养高地,更是国际著名高精尖技术企业与高级经营人才的育苗池、孵化器,斯坦福大学师生一手创办了如 Sun、Cisco、Yahoo、Netscape 等一批全球知名的大企业。其中,堪称典范的还属美国硅谷。

在斯坦福大学看来,作为生产力潜在因素的知识和人才,只有通过创新直至创业,才能实现"潜在"到现实存在的转变。早在 20 世纪之初,斯坦福大学还

---

① 孔德涌. 如何解放科技生产力 [J]. 中国科技论坛, 1992(1): 14-19.

是个小社团和农村俱乐部式的学校。1938年，时任斯坦福大学电气工程系主任的弗雷德里克·特曼（Fredrick Terman）说服他已在东部工作的两个学生在一个临街的车库中创办了一家电子公司（如今被称为"硅谷诞生地"）——惠普公司，开始推动斯坦福大学与产业界的互动。特曼不仅支持他们538美元的"天使资本"，还为他们提供更大的帮助，帮助他们争取到1000美元的银行借贷。1947年，由学生管理的小公司在斯坦福校园内遍地开花，这些小公司不仅得到学校房屋、水电和通信设备等附属设施的支持，还得到学校提供的法商咨询、投资者信息等的帮助，并受益于学校专门为他们开设的工程、科学、法律、商务等多学科课程。在斯坦福大学的鼓励与支持下，学生科技创新创业兴趣大增，并纷纷落实于行动，仅斯坦福大学工学院的一座楼内，10年间就先后诞生了三家国际著名公司：太阳微软系统公司（Sun）、美国硅图公司（SGI）和思科公司（Cisco）。

斯坦福大学开创了与企业经济联系的先河，把创新型企业、研究型大学、研究机构、行业协会、服务型企业等紧密联系在一起，创造了硅谷社会经济结构网络的基础，演化出扁平化和自治型的"联合创新网络"。斯坦福大学学术界与产业界的密切联系、协作互动，造就了硅谷具有世界上最具活力的产学创新体制和广大的技术创新网络，硅谷产值的50%~60%来自与斯坦福大学有关的企业。在硅谷发展的过程中，斯坦福大学与企业、政府、行业协会、劳工组织和服务机构组成命运共同体，确立共同发展目标。硅谷中不仅相关单位之间结成合作网络相互依存，科技创新人员之间也形成社群网络相互帮助、互惠互利，这些都成为影响科技创新的重要力量。其中，斯坦福大学扮演着重要角色，不仅在硅谷的社群网络建设中发挥着桥梁纽带作用，而且通过加强大学与园区的产业联系，创造条件搭建平台，把硅谷中不同企业的科研人员吸引组织到大学内互相交流和沟通。得益于产业集群与社群网络的发达与互信，硅谷内部研讨交流风盛行，频繁的技术与学术探讨已是家常便饭。此外，斯坦福大学的教研人员、硅谷的高级技术经理经常接到合作伙伴甚至竞争对手的电话，交流技术问题，寻求支持帮助。这种非正式交流也发生在一些酒吧里，科技人员通过信息传播、意见交换，不仅头脑风暴出智力成果，而且能有效激发创新意识和情绪。斯坦福大学的创新创业文化为硅谷注入了敢闯敢拼、鼓励冒险、宽容失败、追求卓越的价值观念，为创业者搭建平台、提供舞台，开辟广阔的筑梦空间。

斯坦福大学创造了硅谷神话，反过来硅谷神话也造就了斯坦福大学的辉煌。事实上，斯坦福大学与硅谷之间是一种双向互动的协同关系，产、学、研之间存在一种共生性或场依存性，产、学、研活动就是"一而三、三而一"的活动，表现为时空的同向同行同步。"斯坦福造就工程师，工程师造就硅谷"正是斯坦福大学产学研一体化办学模式与文化氛围的最形象说明。有学者指出，斯坦福大学与硅谷互相影响着，彼此塑造着。一支流动频繁的高素质劳动者队伍，一种不惧怕风险以求更高回报的企业文化，一种科技创新命运共同体的协作精神，一种竞争性的开发和投资环境，四股潮流交织在斯坦福与硅谷，如同四支旋律汇聚成创新创业的交响乐章。通过与硅谷的相互影响和塑造，斯坦福把科技创新人才孵化器的功能发挥到极致。[①] 正如第十任斯坦福大学校长约翰·亨尼斯（John Hennessy）所言："没有斯坦福就没有硅谷，没有硅谷也没有一流的斯坦福。"

（二）"剑桥现象"与剑桥大学CMI

"剑桥现象"是指上千家拥有先进技术的公司围绕剑桥大学形成了一个科技创新带——剑桥科学园。[②] 剑桥科学园诞生于20世纪60年代后期，剑桥大学响应威尔逊政府号召加强与高科技公司联系的背景下。当时，内维尔·莫特（Nevill Mott）为主席的一个委员会，在深入研究大学与以科学为基础的工业之间所应有的关系的基础上，提交了著名的报告。该报告指出，要加强教学与科学的联系，并将研究成果应用于工业产业群、医药和农业。该报告建议，在距离剑桥大学不远处建立以科学为基础的工业，通过这样一个产业群可以很好地集合科学专家、科研设备和图书情报资料等资源，同时，这样一个工业园区会向剑桥科学联合体进行全方位的反馈。[③] 该报告使学校相信，走出校园加强与外界的联系是增强剑桥活力的重要途径，中央政府也一再表示国家需要大学与工业的密切合作。1971年，全英第一个高科技园区——剑桥科学园诞生。随着时间的推移，剑桥大学和剑桥市镇内外出现了越来越多的先进企业和公司，"剑桥现象"由此出现。1987年后，伴随着剑桥地区第二个科学园——圣约翰创新中心的成立，High Cross科研园、剑桥商业园等数家科学（工业）园相继建立，大批高科技企业迅速成长起来，数以千计的公司和数以万计的高科技人才纷纷汇集，使剑桥成为全英乃至欧洲高科技产业，高技术、高水平人才的最大聚集地。依托剑桥大学建立的高科技产业，着力于新技术开发和科研成果转化，每年的贸易额居高不下，高达30亿～40亿英镑，获得了巨大经济效益，最大受益者剑桥市连续20年保持国内生产总值

[①] 阎光才. 斯坦福的硅谷与硅谷中的斯坦福 [J]. 中小学校长谋略，2004（1）：66-69.
[②] 王雁，孔寒冰，王沛民. 世界一流大学的现代学术职能：英国剑桥大学案例 [J]. 清华大学教育研究，2002（1）：27-33.
[③] 昆斯. 剑桥现象：高技术在大学城的发展 [M]. 郭碧坚，译. 北京：科学技术文献出版社，1988.

持续增长，受到世界瞩目。①剑桥科技园的成功实践引起英国政府的高度重视，拨专款支持剑桥大学和美国麻省理工学院（MIT）进行全面合作与交流，"剑桥－麻省理工学院研究院"（The Cambridge-MIT Institute，CMI）于1999年11月8日在剑桥大学隆重挂牌。当月，英国财政部宣布了建立CMI作为两所世界顶尖大学合资公司的政府意向，并声称CMI在五年内可获得公营和私营部门合计高达8 110万英镑的资助。

作为剑桥大学和MIT战略联合的产物，一种由英国政府和企业共同出资赞助的新型学术组织，CMI的使命是开展一系列新颖的教育和研究活动，为提高竞争力和生产率提供一种催化剂，以激发学术界的创新创业精神。它借助剑桥大学和MIT卓越的知识能力、智慧水平和丰富的创新资源，为包含学术界、产业界、合作伙伴和政府部门在内的所有相关者提供优质的学习、研究和商业机会。通过公司运作，CMI为综合研究、本科生培养、学术专业实践和国家竞争力网络这四项计划提供支持并最终完成自己的使命：为了国家利益，力争在增强竞争力、提高生产率和提升创新创业精气神的教学和科研方面取得新突破、获得新成效、实现新跨越。在实现CMI目标的过程中，加强学术研究机构与行业企业部门的联系至关重要，以此弥合学术界和工商界的嫌隙，淡化乃至消除高水平大学和高技术产业的隔阂。作为世界顶尖的两所大学联合建立的组织机构，从当前看，CMI是政产学研紧密合作的一种新形式，是培植创新创业企业家精神的一种新方法，是当今时代一流大学对高等教育现代学术职能的新贡献。从长远看，作为新型学术企业，CMI必将对英国的科技创新、经济增长以及剑桥大学的学术发展产生巨大而深远的影响，也必将在世界政产学研一体化的科技创新史上留下厚重一笔。剑桥大学第一位工程师出身的校长亚历克·布罗厄斯认为，剑桥和MIT这一长期的战略性全球合作是高等教育的未来。

剑桥大学与MIT"联姻"的创新之举，不仅极大地推动了英国经济的发展，也为剑桥大学长久保持国际竞争力和优势提供了可能。剑桥科学园和CMI不仅集成了"教学—研究—社会服务"三项职能，而且把大学的学术从知识的创造、传递和应用，自觉提升到以国家需要为需要、为国家利益而奋斗、为焕发民族的创新创业精神而努力的价值层面，凸显了一流大学在经济全球化、信息化背景下的现代学术精髓和理想追求，标志着知识经济时代的大学走出象牙塔、从社会边缘真正走向社会的中心。

---

① 陈向阳.高科技新城：剑桥[J].世界教育信息，1999（9）：1.

（三）班加罗尔大学与"印度硅谷"

成立于1964年7月的班加罗尔大学是印度最大、最著名的一所公立综合性大学，其计算机教学与研究位居世界前列。20世纪90年代以来，印度的信息技术发展神速，软件产业增长最快，年均增长速度高达50%，印度成为世界上第二大软件生产和出口国。[1] 如此成绩，有"印度硅谷"之称的班加罗尔高科技园功不可没。班加罗尔高科技园成立于1991年，是印度历史上第一个软件科技园。在印度政府一系列计划项目、政策支持和规范管理下，班加罗尔高科技园的软件产业集群快速形成，超过4 500家高科技企业入驻科技园，其中近1/4的企业有外资参与。在科技园区内，班加罗尔大学与产业集群相互合作、关系密切，不仅联合开发软件项目，还共建产业集群社会网络，共同营造良好的社会规范环境。值得一提的是，社会规范在班加罗尔软件集群的社会网络建设中发挥着非常重要的作用，不仅潜移默化地约束、影响着人们的行为、交往方式和人际关系，而且激励着人们相互交流、扩大合作、增强信任，更好地组织和集中，以有效提高产业集群的竞争力。此外，园区内日益繁荣的创投行业、风险投资，不断完善的行业协会、社会中介组织等在一定程度上助推了班加罗尔高科技园的成功。举个例子，一些如信息技术产品制造者协会等行业性组织，在集群社会网络建设中发挥了沟通、协调、信托代理等桥梁纽带作用，不仅"架桥铺路"密切行业企业乃至整个产业之间的联系，还及时协调解决各种矛盾，积极向政府部门反映不同利益诉求，不断组织同行学习研讨，努力增强信任，扩大对外交流和影响。另外，在印度这样一个有着悠久历史文化传统的国度里，提倡的是对教育的重视，尊崇的是对知识的共享，因此无论是大学教师还是企业工程师，都善于传递知识、乐于奉献知识、集体共享知识。在产业集群社会网络中，不仅通过知识仓库、产业互联网、学习培训互动、座谈研讨交流等途径实现显性知识的流转，而且通过"导师制""师徒制"等制度设计实现隐性知识的交互转移。

印度的经验表明，发展软件产业的过程手段与发展结果相辅相成，一方面，产业自身的良性发展是硬道理，重在创新突破；另一方面，现代教育体系、现代企业制度、产业集群社会网络建设、社会价值规范、文化交流影响等软环境建设至关重要。发展中国家要赶超印度，实现软件产业的发展和突破，合适的文化氛围和制度激励非常必要。

---

[1] 刘双云.印度班加罗尔科技园的发展特点与经验借鉴[J].理工高教研究，2006(6)：34-35.

第三节　高校选择：从产学研合作到政产学研用协同创新

一、协同创新是高校内涵式发展的必由之路

（一）协同创新是高校顺应科技发展潮流的必然选择

科技创新发展历程告诉我们，协同创新已成为世界科技发展的潮流和趋势。由自我激励的个体组成网络小组形成集体愿景，通过思路、信息、资源等的交流共享，合作实现共同目标的协同创新不同于传统意义的产学研合作，是在深化内部改革、强调自我激励基础上所形成的有集体愿景的战略联盟，包括同一主体的内部协同和多元不同主体之间的协同。协同创新的关键在于多元创新主体间的协同互动、互相依靠和支持，通过资源整合、优势互补，产生系统叠加的非线性效用。[1]在这个系统中，创新活动要多元主体共同参与，创新资源由多元主体共同分享，科技创新正是知识创新、技术创新、管理或制度创新互相渗透、互为动力、协同演进的结果。总之，协同创新是这样的过程和行为，通过体制壁垒的跨越、多元主体的汇聚、创新资源的整合、各种优势的互补，以学科融合、技术集成、资源共享、团队协作形成全方位、立体化、多渠道的创新格局。[2]协同创新不仅顺应了科技发展的规律和潮流，也深化了创新思想，发展了创新理论，成为"大科学"时代科技创新的鲜明特征，成为各国保持国家科技地位优势和综合实力的主要方式。

（二）协同创新是提升高校科研服务水平的重要路径

开展高校协同创新，就是要按照"国家急需、世界一流"的目标来提升高校的创新能力。科学技术的迅猛发展，人类社会生活的深刻变革，带来了一系列必须通过高科技手段、高水平技术联合攻关才能解决的问题。高校传统细致划分的学科分类已无法承担这一任务，唯有协同创新，汇聚多主体创新要素，整合各类资源，形成创新网络，开展多学科、多力量协同攻关，才能解决这些重大科技前

---

[1] 顾基发. 协同创新—综合集成—大成智慧[J]. 系统工程学报, 2015（2）：145-152.
[2] 何云峰. 农业协同创新：地方农业高校的发展契机与时代使命[N]. 光明日报, 2012-06-09（11）.

沿问题、关键共性技术和重大社会问题。高校协同创新的核心指向就是要打破体制机制壁垒，跨越以高校或某个学科作为单一创新主体的局限，整合社会优势资源和创新要素，在高校与其他高校、科研院所、行业企业、政府部门、社会组织等密切互动、协作中，激发创造力，提升创新能力和水平，更有力地服务国家需求，参与世界竞争。为此，高校责任重大、使命光荣，其不仅要转变思想观念，树立科技创新是国家综合实力的最重要体现、科技创新舍我其谁的豪情壮志，还要努力转换发展路径，实现由传统的单一学科导向向多学科、跨学科联合与国家经济社会战略发展需求导向并重的转变，并最终实现高等学校人才培养、科学研究和社会服务的转型升级与质量水平能力的提升。

（三）协同创新是推进学科建设和资源汇聚整合的有效方式

在协同创新的战略框架中，学科是基础也是关键。一所大学的学科不仅奠定了学校内涵建设发展的方向和基本骨架，是学校改革发展的龙头，也是学校办学特色和成效的重要显示度。当前，高等教育面临的重要任务就是要以协同创新为引领，以学科建设为龙头，通过凝练学科方向，协调高校人才培养、科学研究、社会服务和文化传承创新四大功能，把人力资源、信息资源和物力资源等整合联系起来，实现各类创新资源要素从单一的、分散的、封闭的向多元的、汇聚的、开放共享的协同发展转变。高校创新活力的绽放和创新能力的提升已然成为我国高等教育内涵式发展的重要内容。协同创新能有效提升高校乃至全社会的创新能力，亦成为高校内涵式发展着力提升办学质量的现实路径。在经济全球化的今天，面对迅猛快速、不进则退、慢进也是退的科技进步和经济社会发展，创新资源要素不断汇聚流动交互，创新组织模式层出不穷异常活跃。高校更应发挥自身学科多元综合交叉、资源要素丰富集聚、学术交流互动广泛、竞争能力不断提升的优势，充分整合知识、技术、人才、信息等各式各类创新资源，深入开展协同创新，才能在短期内快速提升创新能力，在竞争中尽可能占领制高点，在发展中彰显后劲和竞争力。

二、协同创新为高校实现"进位赶超"提供历史机遇

（一）协同创新为高等教育综合改革指明方向

开展高校协同创新是推进高等教育内涵式发展的必然选择，是提升高等教育质量的灵魂，也是深化科技体制改革的重大行动。协同创新倡导一种新的办学理念，以学科优势和时代需求为导向，以科技创新为引擎，以集成、融合、合作、

共享为准则，整合资源、谋求创新，重在强化功能、体现活力、提高效率、提升质量与水平。在高等教育步入内涵式发展道路，全面提升办学质量和水平的新阶段，协同创新为高等教育综合改革指明了方向，成为深化改革推动发展的强大动力和新理念。[①]高校"双一流"建设举世瞩目、举措创新，最重要的就是建设模式创新。抓住学科建设这个牛鼻子，以学科交叉融合为突破口，探索高校协同创新建设模式，既顺应了知识创新和科技发展的科学规律和潮流趋势，也开辟了高校学科建设模式创新的新途径。[②]高校协同创新工程的实施，不仅为高校进一步提升创新能力找到了路径、奠定了基础，更为高校探索和深化科技创新体制改革，在更高层次、更高水平上构建体系，组织创新、寻求突破、实现跨越创造了条件，提供了机遇。

（二）协同创新激励高水平大学建设

高校协同创新就是以各类高校为主体，以"国家急需、世界一流"为导向，以提升高校人才、学科、科研创新能力为目标，在科学前沿、文化传承创新、行业产业和区域发展四个方面实现协同创新，取得创新成果。从国务院已认定实施的首批14所、第二批24所协同创新中心来看，高校协同创新中心的认定打破了院校原有的身份壁垒，以国家需求为导向，通过整合多方资源，协同作战，以解决重大科技和社会问题，并以此推动高等教育的改革和发展。2014年11月21日，时任教育部副部长杜玉波表示，今后更要破除"985工程""211工程"高校等身份壁垒，让更多的高校有机会平等参与国家重大项目，坚持公平、深度融合、国际化等原则，更加注重绩效评价。有媒体认为，从已公布的一系列政策导向来看，高校协同创新工程是高水平大学建设的深化，"绩效评价"成为高水平大学建设机制变革的基石。不少学者认同此举有利于改善我国高等教育发展生态，促进高等教育公平。按照高校协同创新工程的实施特点和要求，高校协同创新的开展不是固定不变、一劳永逸的，而是实行动态管理，以四年为周期，每四年要进行新一轮评审，如果目标完成且国家有进一步需求，才能进入下一个周期。在日趋激烈的竞争面前，高校只有明确高水平大学建设目标，强化使命担当，树立不进则退、慢进也是退的竞争意识，练好内功、积聚力量、发挥优势，才能在科技创新发展和创新型国家建设中有所作为。

---

① 吕子燕. 对推动高校协同创新的思考[J]. 教育探索，2015（11）：52-55.
② 梁传杰. 高校"双一流"建设：理念与行动[J]. 国家教育行政学院学报，2017（3）：22-28.

（三）协同创新搭建创新人才培养平台

人才培养是高等教育的根本任务，也是大学的使命和责任，高校的所有活动都是围绕这一主题展开和深化。高校协同创新不只是科研创新，更是以协同创新引领和推动高校创新人才的培养，并把协同育人理念根植其中、落地开花。也就是说，高校不仅是科技创新的重要源头，也是创新人才的培养高地，而人才培养是高校的根本任务，也是高校协同创新的重要使命。在这样的背景下，高校应以协同创新为切入点，抓住机遇抢占制高点，整合资源、发挥优势，在人才、学科、科研"三位一体"创新能力的提升上下大功夫，不断推进教育、科技和经济的深度融合，努力在高素质创新人才培养和高水平教育质量提升上取得突破，实现双丰收。2017年启动实施的"双一流"建设新举措，核心在于建设对象创新，就是要以协同创新团队作为高校"双一流"建设对象，这不仅是学科组织创新的价值逻辑，更是"大科学"时代科技创新和人才培养的战略选择。①

（四）协同创新加速形成大学创新文化

大学文化是大学师生群体在特定的时间和空间中，在知识传承、知识创造、知识流动、知识交互和知识增值等过程中，形成的一种与大众文化或其他社会文化既有联系又有区别的独特文化。大学文化的形成不是一蹴而就的，而且不同大学有不同的大学文化，时间的洗礼、历史的积淀，造就了独一无二、各具特色的大学文化。尽管如此，仍然形成了崇尚学术、严谨求真的治学态度和捍卫真理、追求卓越的责任担当以及批判质疑、创新突破等大学精神文化的共同特点。随着高校协同创新的深入推进，一种勇于创新、敢于冒险、战略思维、团队协作、开放共享、宽容失败、充满时代精神和责任使命的新型大学文化必然在大学校园内开花结果，这种大学文化的本质特征就是协同和创新。以"协同"和"创新"为特征的新型大学文化一旦形成，就能在人才培养、科学研究以及社会服务、文化传承创新上发挥巨大作用，进而整体激发和提升大学的创新活力和能力，最终辐射影响全社会。

三、高校协同创新相关理论基础

（一）协同论

协同论（synergetics）最早由德国著名物理学家、斯图加特大学教授哈肯提出。

---

① 梁传杰. 高校"双一流"建设：理念与行动[J]. 国家教育行政学院学报，2017(3)：22-28.

1976年哈肯发表了《协同学导论》《高等协同学》等文章和论著，进一步系统阐述了协同理论的原理和观点。协同论认为，身处同一目标的任何主体都有可能协同发展；有序和无序组成万物，二者在一定条件下互相转化；一个系统若有多个联系配合产生合作效应的子系统构成其中，整个系统就处于自组织状态，并具有特定结构和功能；序参量主导着系统从无序转向有序。协同论主要研究处于不平衡开放系统框架下和系统与外界物质及能量交换过程中的系统要素，形成有序结构的协同方式。协同论的理论基础吸取系统论、控制论、突变论、信息论等前沿科学成果，借鉴结构耗散理论原理，融入动力学和统计学，通过分析和归纳建立数学模型和处理方法。

（二）三螺旋理论

三螺旋概念产生于生物学领域，形成于社会学研究。社会学家亨利·埃茨科威兹[①]在分析生物三螺旋理论的基础上，结合产学研合作实践，首次在创新领域提出了三螺旋理论模型，以解释大学、产业和政府在知识经济时代的新关系。雷德斯多夫拓展了这一概念。三螺旋理论用一个螺旋形的创新模型来描述不同创新机构之间在知识商品化不同阶段的多重互反关系，突出知识创造、制度创新与变革以及教育的"二次革命"。三螺旋理论认为，面对新技术经济范式，大学、产业和政府适当互动，才能推动知识生产、转化、应用和升级。[②]这种互动不只限于三个主体之间，还包括主体内部各自的机制转化。该理论不刻意强调谁是主体，认为其中任何一方都可以成为共同体的领导者或组织者，而是强调政府、产业和大学的合作关系，将关注点放在三者的交互上，三者"交叠"才是创新系统的核心单元，各参与者之间互惠互利、相互支撑，共同推动创新耦合和绩效提升。相较于传统的创新系统理论，三螺旋理论更加注重描述和解释创新活动过程以及过程中的角色变化。换言之，包括大学在内的知识生产机构在社会发展中不只是教学与科研，还应努力实现实践中的知识运用。一句话，三螺旋理论揭示了大学、政府、产业三者之间以人力流、知识流、信息流、产品流为特征的相互作用和自我反应过程。[③]

[①] 埃茨科威兹. 国家创新模式：大学、产业、政府"三螺旋"创新战略［M］. 周春彦，译. 北京：东方出版社，2013.
[②] 杜勇宏. 基于三螺旋理论的创新生态系统［J］. 中国流通经济，2015（1）：91-99.
[③] 同上。

（三）博弈论

博弈论来自英文"game theory"，直译为游戏理论，又称对策论，是研究具有斗争或竞争性质现象的数学理论和方法。奠定博弈论理论基础和研究方法的是诺伊曼和摩根斯特恩在 1944 年联合编著的《博弈论与经济行为》一书。博弈论主要研究在给定的信息结构条件下，如何通过科学决策既实现决策者自身效用最大化，又达到不同决策者之间的均衡。博弈论的基本要素：决策主体，博弈活动的参与人或局中人；策略集，给定的信息结构、决策主体可用的策略和行动空间；效用，又称偏好或支付函数，指可定义或量化的利益。博弈行为特点：竞争或对抗，博弈各方所选择的行动方案旨在实现自身利益最大化。在人类发展史上，利益冲突是一个永恒的主题。博弈论所要解决的是在利益冲突中的最好的解决方案以及如何在不断变化中找到最好的方案。

（四）自组织理论

德国物理学家哈肯从组织进化形式的角度把组织划分为两种类型：自组织和他组织。所谓自组织，是指无须外界指令仅通过自身系统内的默契规则就能实现自动协调、各尽其职、结构有序的组织。他组织则不然，必须依靠外界指令才能形成。自组织理论来源于协同学、耗散结构理论、超循环理论、突变论、分形理论等诸多前沿理论，最核心的是协同学和耗散结构理论。自组织理论要点：协同理论研究系统变化过程及动力；耗散结构理论解决自组织产生条件；超循环理论解决自组织的结合形式；突变论研究自组织形成途径。[①] 系统的自组织功能与其产生和保持新功能的能力成正比。作为系统理论的有力分析工具，自组织理论应用广泛，其以独特视角研究分析、解释探索自然界和人类社会的复杂现象、形成发展机制以及背后的成因和演化规律、嬗变路径。

（五）三元交互理论

三元交互理论由著名心理学家阿尔伯特·班杜拉（Albert Bandura）提出，他认为，人的行为是三元交互作用形成的。三元交互学习理论从心理学的角度有效地解释了行为发生机制，提出了人、思想与行动的社会基础。该理论指出，人、环境和行为三者相互联系和影响。个体因素影响行为，个体和环境因素影响行为，重要的是三者交互影响行为。[②] 他从个体学习的角度把人的心理活动作为环境考

[①] 吴彤. 自组织方法论研究 [M]. 北京：清华大学出版社，2001.
[②] 班图拉. 社会学习理论 [M]. 陈欣银，李伯黍，译. 沈阳：辽宁人民出版社，1989.

虑，认真研究了人、行为、环境三者之间的互动关系，并在此基础上把人与环境之间关系的研究提到了新的高度。他认为，环境是行为的基础和源泉，并影响行为方向；自我认知是行为的动机和维持因素；个人行为是环境、认知交互作用的决定因素。三元交互理论为科技创新系统的学习研究奠定了基础，正是在协同创新的这个大平台和大环境下，多元协同体通过交互学习获得了知识、能力、信息、资源的增值、扩散、提升和共享，并使整个组织系统的创新力得以爆发。

（六）知识三角战略

发端于欧盟的知识三角战略是一项较为系统提出加强高校创新能力建设的计划，旨在充分发挥高校在知识三角即教育、科学研究和产业技术创新之间的核心作用，为社会和产业部门创造及扩散知识价值，从而推动国家创新竞争力的提升。知识三角战略的本质是一种教育、研究和创新之间系统性和持续性互动的协同创新模式：①知识三角的三要素活跃于系统中，表现出显著的系统性、互动性和可持续发展；②科学研究和人才培养这两个高校的重要职能的更大发挥需借助于产业创新；③技术创新既是知识创造的基础，更是教育与科研活动的重要产物。

欧洲高等工程教育和研究大学会议联盟（CESAER）提出，知识三角战略的实施最根本的就是构建产教融合且体现现代化变革的创新网络系统，在这个系统中，处于核心地位的是大学，联系着区域创新生态系统和全球网络；更加关注经济社会发展现实问题的是大学，通过提升人才培养、科学研究质量和水平，推动产业创新和社会进步；更具创新活力的是大学，以知识三角战略实践促进大学创新效率和效益的提升。为此，CESAER构建了知识三角战略实施的理论与实践框架：充分挖掘大学知识创造、增值、扩散和应用的能力和潜力，积极搭建破解世界科技前沿难题、满足国家重大战略需求的开放式创新平台，辅以长远资金保证，推动社会整体创新竞争力的提升。[1]

以上这些理论，均强调多方相互联系、交流互动，以协同的方式促进创新活动的内生发展，认为只有内在的协同机制才能激发系统整体创新活力，同时也为本书的研究提供了视角，打下了理论基础。我们应当看到，高校创新活动日益活跃，不断从封闭式、碎片化、单兵作战走向开放的、系统的网络集成。高校创新模式已跨越传统模式，向着多主体互动、多角色参与、更加开放和网络化的非线性协同创新模式转变，因此，从利益相关者的视角来研究高校协同创新的利益配置十分必要。

---

[1] 项杨雪. 基于知识三角的高校协同创新过程机理研究[D]. 杭州：浙江大学，2013：2-3.

第四章 现实困境：高校协同创新利益分析

由多元主体集合而成的高校协同创新，实际上是一个由多元利益相关者组成的社会网络系统，研究高校协同创新的利益配置，首先要遵循系统理论，深入创新组织，了解、分析、权衡和协调利益相关者之间的权力和权利，为系统利益配置机制的研究提供理论基础。

第一节 厘清利益：理论机理与文献述评

一、利益相关者

"利益"是人们通过社会关系表现出来的不同需求，即利益背后反映的是一种社会关系，也称为利益关系。在社会生活中，人们为了满足自身生存和发展的需要，必然会发生一定的利益关系并支配人们的社会实践。透过现象看本质，通过系统分析复杂的利益关系，可以解释人们活动背后的利益动因，进而找出解决矛盾和冲突的办法。因此，利益分析法成为我们剖析社会的重要方法之一。

"利益相关者"最早应用于企业管理研究中。斯坦福大学研究人员将其定义为，利益相关者是这样一些团体，没有其支持，组织就无法生存。首次系统提出利益相关者管理理论的是美国经济学家弗里曼，他认为，利益相关者是那些能够影响企业目标实现，或者能够被企业实现目标的过程影响的任何个人和群体。[1]

---

[1] 李洋，王辉. 利益相关者理论的动态发展与启示[J]. 现代财经－天津财经大学学报，2004(7)：32-35.

关于谁是利益相关者的问题，美国学者米切尔（Mitchell）曾总结了自1963年有关利益相关者的第一个概念提出以来的27种具有代表性的概念表述。如表4-1所示。①

表4-1 谁是利益相关者

作者（年份）	相关定义
斯坦福研究中心（1963）	利益相关者是这样一些团体，没有其支持，组织不可能生存
阿尔斯泰特和亚赫努凯宁（1971）	利益相关者是一个企业的参与者，因相同的目标和利益而与企业相互依赖
弗里曼和瑞德（1983）	利益相关者能够影响一个组织目标的实现，或者被组织实现目标的过程影响，那些组织为实现其目标必须依赖的人
弗里曼（1984、1994）	利益相关者是能够影响一个组织目标的实现，或者能够被组织实现目标的过程影响的人，联合价值创造的人为过程参与者
科奈尔和夏皮罗（1987）	利益相关者是那些与企业有合约关系的要求权人
伊万和弗里曼（1988）	利益相关者在企业中有一笔"赌注"，或者对该企业有要求权；是那些因企业活动受益或受损的人；他们的权利因企业活动而受到尊重或侵犯
鲍威尔（1988）	没有他们的支持，组织无法生存
阿尔卡法奇（1989）	利益相关者是那些公司对其负有责任的人
卡罗（1989、1993）	利益相关者能以所有权或法律名义对企业资产或财产行使权利；在企业中投入资产，构成一种或多种形式的"赌注"，因此与企业活动相互影响和依赖
弗里曼和伊曼（1990）	利益相关者是与企业有合约关系的人
汤普逊等人（1991）	利益相关者是与某个组织有关系的人
斯威齐等人（1991）	利益相关者的利益受组织活动影响，他们也有能力影响组织活动
黑尔和琼斯（1992）	通过交换关系而建立，即向企业提供关键性资源，以换取个人利益
布瑞纳（1993、1995）	利益相关者与某个组织有着一些合法、长期和稳定关系，如交易关系、影响活动及道德责任；能够影响企业，又被企业活动影响

① 杨瑞龙，周业安. 企业的利益相关者理论及其应用［M］. 北京：经济科学出版社，2000.

续表

作者（年份）	相关定义
威克斯等人（1994）	利益相关者与公司相关联，并赋予公司以意义
朗特雷（1994）	企业应对利益相关者的福利承担明显责任，或者利益相关者对企业有道德或法律上的要求权
斯塔里克（1994）	利益相关者能够或正在向企业投入真实"赌注"，受到企业活动明显或潜在的影响，反过来明显或潜在地影响企业活动
克拉克森（1994）	利益相关者已经在企业中投入了一些实物、人力、金融资本或一些有意义价值物，并因此承担一些风险，或者说，他们因企业活动而承担风险
纳西（1995）	利益相关者是与企业有关系的人，他们使企业运营成为可能
道纳尔逊和普瑞斯顿（1995）	利益相关者是那些在公司活动过程中及活动本身有合法利益的人或团体

从以上各种定义可知，可以从以下三个视角认识利益相关者。[①]

第一个视角：与公司活动相互影响的人或团体都是利益相关者。典型代表是弗里曼（1984）的定义。

第二个视角：与公司有直接关系的人或团体都是利益相关者。政府部门、社会组织、社会团体、社会成员等不算在其中。

第三个视角：只有在公司中下了"赌注"的人或团体才是利益相关者，以克拉克森（1994）的表述最具代表性。

三个视角定义的范围明显不同，第一个视角定义的范围最广泛，第三个视角定义的范围最狭窄。

国内学者对利益相关者的研究也非常广泛和深入，比较有代表性的是贾生华和陈宏辉。他们认为，利益相关者是指那些对企业有专用性投资且承担一定风险的个体和群体，其行为能够影响企业目标实现或受到企业实现目标过程的影响。[②] 此定义介于广义和狭义之间，既强调利益相关者与企业的关联性，又突出专用性投资和风险。

[①] 邓汉慧.企业核心利益相关者利益要求与利益取向研究[D].武汉：华中科技大学，2005.
[②] 贾生华,陈宏辉.利益相关者的界定方法述评[J].外国经济与管理，2002(5)：13-18.

二、利益相关者理论的主要内容

（一）利益相关者理论的核心内容

米切尔明确指出利益相关者理论的两个核心问题：一是谁是利益相关者，即如何认定什么人是利益相关者；二是利益相关者有什么显著特征，也就是依据什么被管理层这样认定并予以特别关注。[1] 在米切尔看来，公司利益不只属于出资人，而是属于所有利益相关者，公司利益影响所有利益相关者。因此，所有利益相关者都应参与公司治理和决策，公司治理目标应符合利益相关者意愿、满足利益相关者要求，所有利益相关者也应关注公司经营带来的社会经济和政治影响。根据现代企业制度安排，企业的生存与发展，企业治理的成效与形象，不仅依赖于股东，更依赖于利益相关者的积极参与和齐心协力。要提高企业治理的效率效益和质量水平，就必须平等对待和保护每个利益相关者的产权利益，通过控制权、决策权的合理分配构建一个利益相关者相互制约、利益均衡机制，从而实现多元利益相关者长期稳定的可靠合作。

（二）利益相关者参与治理的必要性

①从产权理论视角。产权理论认为，任何一个"个体判断"理论都无法解决多元主体的问题，因此，要建立一个多元"个体判断"的产权理论，即与利益相关者理论联系起来的产权理论。[2] 国内学者杨瑞龙的研究很有代表性，他通过对不同管理模式企业的比较以及相关研究，得出了共享所有权及利益相关者"共同治理"的优越性。

②从契约理论视角。契约理论是基于"企业是一组契约"的认识提出，企业是"所有利益相关者之间的一系列多边契约"。[3] 该理论认为，每一个向公司提供了个人资源的契约参与者都是利益相关者，为了保证契约的公平公正，公司理应让契约各方都拥有平等谈判的权利，并"照顾"到所有利益相关者的利益。

---

[1] Mitchell R K, Agle B R, Wood D J. Toward a Theory of Stakeholder Identification and Salience: Defining the Principle of Who and What Really Counts [J]. Academy of Management Review, 1997, 22 (4): 853-886.

[2] Donaldson T, Preston L E. The Stakeholder Theory of the Corporation: Concepts, Evidence, and Implications [J]. The Academy of Management Review, 1995, 20 (1): 65-91.

[3] Freeman, Evan W M. Corporate Governance: A Stakeholder Interpretation [J]. The Journal of Behavioral Economics, 1990, 19 (4): 337-359.

③从资产专用性、资源依赖理论视角。以玛格丽特·M.布莱尔为代表人物，她从企业理论出发，认为利益相关者是"所有那些向企业贡献了专用性资产以及作为既成结果已经处于风险投资状况的人或集团"。布莱尔认为，支撑现代企业资产概念的除了货币资本、物质资本外，占据企业同样重要地位的还有人力资本。[①] 布莱尔举例说，如企业员工因长期工作很大可能精通某一专业技能，这种技能对企业而言独一无二，就是人力资本；又如，针对一个在特殊位置建立起来的工厂的供应商而言，其要承担一旦企业倒闭其投资尽失的风险。总之，在布莱尔看来，不管是员工还是供应商或其他人都可以如股东般做出专业投资并承担风险，因此，应正视利益相关者利益并让其参与公司治理。

（三）利益相关者的分类

由于不同类型的利益相关者对企业决策影响不同，所以分类标准就是关键，不同学者提出了自己对组织利益相关者的分类方法。如表4-2所示。

表4-2 不同学者对组织利益相关者的分类

学者（年份）	辨别维度	利益相关者分类
梅逊和米特洛夫（1981）	职责、地位、名望、社会参与、舆论导向、人口统计学、组织	—
查卡姆（1992）	与企业是否存在交易性合同关系	契约型、公众型
克拉克森（1995）	与企业联系的紧密程度	主要利益相关者、次要利益相关者
惠勒（1998）	根据社会维度的紧密型差别	首要社会利益相关者、次要社会利益相关者、首要的非社会利益相关者、次要的非社会利益相关者
卡罗尔（1996）	与公司关系的正式性	直接利益相关者、间接利益相关者、核心利益相关者、战略利益相关者、环境利益相关者
米切尔、阿格尔和伍德（1997）	影响力、合法性、紧迫性	确定型、预期型、支配型、依赖型、危险型、潜在型、静态型、自主型、苛求型

---

① 邓汉慧.企业核心利益相关者利益要求与利益取向研究［D］.武汉：华中科技大学，2005.

国内学者对利益相关者的研究开始于 20 世纪 90 年代，衍生于企业理论与公司治理研究，最具代表性的是杨瑞龙和李维安。前者提出了共享所有权及利益相关者"共同治理"的优越性，后者提出了中国国有企业"经济型治理模型"和"公司治理边界"等重要概念。

第二节 聚焦利益：现实状况与理论诉求

一、高校协同创新中的利益相关者

高校协同创新以高校为牵头主体，以协同为核心，以创新为使命，以创新中心实体为平台，开展重大科研任务攻关。如前所述，在高校协同创新中，利益相关者主要包括牵头高校、主要合作方、次要合作方、教师与科研人员、企业员工、学生等，而且每个利益相关者承担的责任和义务以及拥有的权利均不尽相同。协同创新组织的本质是各利益相关者之间相互关系联结而成的网络系统，实践证实，系统元素之间关系和谐与否严重影响系统绩效。[①] 网络系统管理核心就在于组织内外能诱发各种交互作用的网络结构及其关系。[②] 只有科学有效地处理好网络系统的各种关系才能实现网络控制和管理最优。[③] 因此，如何认识、协调组织中不同利益相关者之间的关系，使利益相关者各司其职、利益均衡，是高校协同创新组织建设和发展的关键，对于顺利完成组织任务、实现组织目标关系重大。

对"关系"的研究自古就有，中国古代自然哲学特别重视不同事物之间的合作、协作、协调、协同，有"和为贵""和而不同"等主张。现代管理理论也越来越重视组织或系统的各方关系，不同组织有不同的利益相关者，利益相关者的多元性和复杂性以及其在整个组织生命周期中形成的复杂关系，给组织管理造成了很大困难。一方面，各利益相关者互相独立，不仅缺乏充分有效的市场纽带和规制，也没有严格的组织保障和约束，功利性和机会主义风险明显；另一方面，造成利益相关者之间集体理性与个体理性冲突的因素只会增加不会减少，实现帕累托最优难度更大。因此，要实现协同创新组织管理的科学有效，就必须很好地

---

① 张体勤. 知识团队的绩效管理 [M]. 北京：科学出版社，2002.
② 孙国强. 关系、互动与协同：网络组织的治理逻辑 [J]. 中国工业经济，2003（11）：14-20.
③ 杨士尧. 系统科学导论 [M]. 北京：农业出版社，1986.

协调各利益相关者之间的关系，防范机会主义风险，最大限度地减少摩擦和冲突，降低损害。

作为复杂系统，高校协同创新组织呈现出更多的内部多样性和更大的发展空间。按照系统论观点，内部多样性越丰富的系统，可供开发的可能空间就越多，更容易引起系统的混乱和冲突，因此，有效的协调机制更显重要。在混沌理论看来，由于系统对初始条件敏感的"蝴蝶效应"，我们可以用最小的成本代价，通过构建良好的协调机制培养组织新秩序产生的契机。在此基础上，通过维持该系统的耗散结构，加速组织资源的优化配置，最大限度地发挥系统整体以及个体的能量，有助于整个系统的良性循环以及集体效能的有效发挥。[1] 因此，协同创新组织利益相关者管理的实质是协调各利益相关者之间的关系，以提高系统的有序性，实现利益共享、风险共担，并最终达成利益相关者的协同，实现协同创新组织目标。

二、协同创新利益主体需求

高校协同创新主体主要包括高等院校、科研院所、行业企业、政府部门以及其他中介机构和社会组织，并由高等院校作为牵头主体。由于协同创新的主体多元且性质、职能和定位不同，在面对协同创新所获得的利益时，其利益诉求也不尽相同。

（一）高等院校

高校协同创新的牵头单位是高等院校，因此高等院校在协同创新中占据主体地位。高校协同创新工程的启动和实施就是要不断提升高等院校在人才培养、科学研究、社会服务和文化传承创新方面的能力，最终实现高等教育质量和水平的重大提升。这就要求高等院校在协同创新中要重点考虑如何培养更多高素质、创新型的优秀人才，如何更好地完成服务社会和文化传承创新的使命，如何通过协同攻关解决重要共性技术和重大关键技术问题，提高新技术、新工艺、新产品的研究开发和成果转化水平，如何通过协同创新突破壁垒瓶颈为创新型国家建设做出更大贡献等。

---

[1] 施杨. 涌现研究的学科演进及其系统思考[J]. 系统科学学报, 2006(2): 58-63.

（二）科研院所

作为专门从事科技创新活动的学术组织，科研院所以其独特优势在高校协同创新中发挥着不可替代的作用，成为国家创新体系中最活跃、最具创新力的因素。高校协同创新工程的启动和实施就是要不断激发科研院所的科学创新思维，进而实现科技创新、促进科技发展。这就要求科研院所在高校协同创新中要重点考虑如何提高在科技创新领域的影响力以及研究成果的转化和应用价值，通过与其他创新主体协作，实现知识创造、创新、扩散和应用，进而提高自身科技创新能力。[①]

（三）行业企业

实施创新驱动发展战略，鼓励行业企业通过政产学研深度合作，实现其技术创新主体地位，是创新型国家战略的必然要求。高校协同创新工程的启动和实施就是要使行业企业成为技术创新决策、研发投入、科研组织管理、技术成果转化的有力主体。这就要求行业企业在高校协同创新中，不仅要扩大话语权、增强主动力，将自身需求与其他创新主体的能动性相结合，协同推进项目决策和组织实施，还要考虑如何获得高等院校、科研院所等优势科技资源的支持，降低企业单兵作战的研发投入风险，促进产品开发和成果转化，争取市场竞争高回报，更要思考如何通过产学研深度融合，把握技术市场动态趋势，并占领制高点、掌握主动权，激发自主创新能力，保持市场竞争优势，树立企业良好形象。[②]

（四）政府部门

作为高校协同创新工程倡导者、组织者的政府部门是高校协同创新中的特殊主体，发挥着宏观战略指导、政策优化供给、创新生态建设及创新主体协调等重要作用。在高校协同创新中，政府应更多地考虑如何深入实施创新驱动发展战略，如何汇聚优秀创新团队，整合各类创新资源，协力解决国家发展战略的重大需求问题，提升人才、学科、科研"三位一体"的创新能力，如何通过协同创新中心实体的组织实施，实现教育、科技、产业、经济对接和发展，提升区域科技创新能力，进而提升国家整体创新能力。

[①] 张田力，徐大海，郄红伟，等. 发挥科研院所作用 服务天津科技需求的研究［J］. 天津经济，2015（11）：5-10.

[②] 田青. 协同创新视角下企业技术创新主体地位的实现［J］. 中国科技论坛，2015（10）：69-73.

三、协同创新利益冲突分析

协同创新中各利益相关者的多样化和动态性决定了利益冲突的不可避免和复杂程度,如不同的目标定位、差异化的研究方法、非均衡的利益分配和风险分担等。知识逃逸、利益分配和风险承担是高校协同创新利益冲突的集中表现。

所谓知识逃逸是指,一方协同体在高校协同创新过程中因实现知识分享导致自身知识流失且未获足够经济补偿的现象。都说知识无价,如何测量流失的知识、如何对知识定价以经济补偿,学术界尚无定论,更别说实际操作了,知识产权纠纷在所难免。经济活动的动态性或不确定性也使高校协同创新存在失败的风险。因此风险承担同样是高校协同创新利益冲突的重要因素,也是利益协调的重点。再者,协同创新的目的是通过要素汇聚集成、知识创造扩散和资源整合共享实现协同体甚至整个协同链的创新活力,合理有效的利益分配成为当然预期。如何综合考虑协同各方的资源投入、成果产出、协同程度和贡献度,并据此进行利益分配,是摆在协同创新组织面前的现实难题。在这个过程中,在协同创新的不同阶段,各种利益纠纷和冲突不可避免。

协同创新中的利益冲突不仅体现在目标任务上,也体现在创新过程中,更多地表现在不同协同体的关系中。目标冲突来源于创新主体各异的角色定位、自身需求和利益诉求。过程冲突是指,在协同创新活动中,因组织成员不同的角色定位、文化背景以及所有资源等而产生的不同认识或意见分歧,如市场定位、资源投入方式等。关系冲突来源于组织成员之间不协调的人际关系而产生的紧张与摩擦,相比前面两个冲突而言,关系冲突更危险,甚至会造成对协同体的破坏,需要通过及时有效的沟通、协调和信任机制才可化解。具体来说,高校协同创新活动的利益冲突表现为以下几个方面。

①高校协同创新活动目标冲突。多主体参与的高校协同创新因主体异质而目标和利益追求各异。作为牵头主体的高等院校和作为主要参与方的科研机构,更加注重科技创新成果的产出、学术水平的提升、学术影响力的扩大和人才培养质量的提高;作为次要参与方的行业企业更加注重占有市场份额、经济效益最大化;而政府部门则更关心GDP。目标追求的差异性容易导致协同体各利益相关者各说各话,或者依己之偏好和对己最有利而选择性施策和行动,对己有利的就积极参与和推动,与己不利或相关度不大的就消极对待甚至产生内耗。

②高校协同创新活动利益分配冲突。利益是最大的矛盾体,利益分配也成为协同创新组织难以逾越的鸿沟,协同创新中的利益分配冲突在所难免。有分配,就

有多少和大小，有选择就有取舍和权重，即使是高校协同创新中心，也有"牵头者"和"协同者"的区别。由于高校协同创新中心是新生事物，各种体制机制也处于探索和试验中，没有现成的可用，况且四种类型的协同创新中心特点不同，可比性也不强。如何协调和平衡牵头者、协同者、参与者不同协同体之间的利益分配也是本书研究的重点。不管怎样，缺乏科学依据、偏离协同目标、违背协作精神的利益分配机制，不仅会在协同体中产生矛盾、制造混乱，还将导致协同创新难以为继或失效。

③高校协同创新考核评价体系弊端。高校协同创新中心如果还是沿袭原有高校管理制度、治理模式，如在教师职称评聘、教师工作量考核、导师遴选时，只认项目负责人或第一作者，对参与者一概不计或简单以排名论处，协同创新就失去了意义。

④高校协同创新活动竞争冲突。目前学术界学术成果考核评价体系自成一统，较少考虑产业界和地方政府需求，学术界较多的是竞争关系而非协同，不利于高等教育资源的合理配置，也不利于高等教育系统整体协同作用的发挥。

四、协同创新利益分配系统分析

作为多系统、多主体共同参与的高校协同创新工程，健全完善、科学合理的利益分配机制是凝聚各方力量、集成多方资源、激发创新活力、实现协同运作、提升创新绩效、促进整个协同体稳定持续发展的关键。由于高校协同创新还是新兴事物，尚缺乏成熟可借鉴、简单易操作的协同创新利益分配模式和机制，有关利益分配方面的文献极其有限，在此，有必要借鉴传统产学研合作利益分配问题的研究成果。

（一）协同创新的内涵与利益特征

高校协同创新工程本质上是高等学校创新能力提升计划，是以高校为牵头单位，围绕"世界一流、国家急需"的重大项目、重要关键技术，在科研院所、行业企业、政府部门和各类社会中介等社会组织协同支持下组建高校协同创新中心，打破体制壁垒，汇聚优势能力，整合各方资源，实行实体运作，实现深度融合，力求形成"学科链""技术链""产业链""服务链"的链状叠加效应，在特定目标上取得重大进展和突破。协同创新中心依托高校设立，高校在协同创新的整个过程中始终占据主导地位，把握和决定着协同创新的进程。

高校协同创新的目标定位决定了高校协同创新的特征及其所产生的利益特征，并影响利益配置特性。如表4-3所示。

表 4-3　高校协同创新利益及利益配置特性 [1][2]

协同创新特征	协同创新利益特征	协同创新利益分配特性
高校主导牵头 多主体协同攻关 多要素投入整合 多功能集成创新 多目标联合并存 兼具科研成果与应用价值	多维结构 有阶段性 部分难以量化 不同主体诉求不同 评价不一	复杂性 协商性 动态性

1. 复杂性

复杂性来源于协同创新中多元主体利益诉求的多样性。由于高校协同创新系统是由高等院校、科研院所、行业企业、政府部门和其他社会组织组成的运行实体，多元主体性质各异，价值追求、定位作用、目标利益不同，而且，不同主体在协同创新中作用不同、贡献不一，这就需要在进行利益分配时，合理评估各主体的资源投入、作用发挥、努力程度和贡献大小，科学确定产生的利益内容，根据评估情况进行利益分配。[3] 相比于资金和资产设备投入等有形资产，人力资本、信息技术等无形资产更难评估，利益分配的内容和方法也更加复杂不易确定。

2. 协商性

尽管协同创新中各主体发挥的作用不同、贡献不一，但其主体地位都是平等的，为了充分调动各参与主体的主动性和积极性，最大限度发挥各主体的能动作用，保证各主体的合理利益获得是关键。根据平等公开原则，依据不同主体的资源投入、作用发挥和贡献度进行沟通和协商，通过沟通、协商甚至谈判来确定协同创新中心利益分配的内容、方法、影响因素、分配模式、利益共享、风险共担和控制，无疑是有效且比较切合实际的做法。

3. 动态性

高校协同创新活动是一种动态的过程，随着外部环境和各主体自身条件的改变，以及创新活动的深入，协同创新中各主体所获得的利益内容也会发生变化。

---

[1] 张志华，李瑞芝. 高校主导型协同创新利益分配机制研究[J]. 江海学刊，2015（6）：96-101.
[2] 王硕，何俗非，魏巍，等. 基于协同创新中心的利益分配机制研究[J]. 创新科技，2016（3）：45-47.
[3] 许仕杰，黄纯美，陈建南. 广东中医药健康服务业协同创新需求分析与思考[J]. 中医药管理杂志，2014（8）：1211-1213.

因此，高校协同创新的利益分配也不是一成不变的，需要及时通过动态评价进行调整，以形成合理的利益分配机制。[①]

（二）协同创新利益分配的相关内容

1. 利益分配的主体和客体

如前所述，高等院校、科研院所、行业企业、政府部门、第三方中介机构或金融机构、国际创新组织等是高校协同创新的参与体，由此构成高校协同创新利益分配的主体，而利益分配的内容即利益分配的客体。多数学者将在协同创新过程中所产生的一切价值均作为利益分配的内容，按照价值能否量化分为有形利益和无形利益。有形利益如利润、技术成果、产品和服务的收益、技术转让收益等，无形利益如声誉、品牌效应、社会影响、知识和经验等。[②③] 笔者认为，无形利益不属于协同创新利益分配的内容，一方面，无形利益在实践中很难量化，其短期内联盟成员难以获得，而且对无形利益的评价因主体主观诉求的不同而难以形成统一的标准；另一方面，无形利益深嵌在各主体内而非独立存在，难以割裂或共享。因此，本书中的利益分配内容是在高校协同创新过程中产生的、可量化评价、可明确产权、可转化为经济效益的具体成果。此外，知识产权在协同创新的产权结构中占主导地位，保障知识和技术创新者的合法利益也是协同创新利益分配的基本要求。[④]

2. 利益分配的原则

在产学研联盟利益分配机制设计中，一些学者研究提出应当遵循的原理和规则有：平等原则，即利益分配的主体平等；公平兼顾效益原则，强调整体利益，强化巩固联盟关系；互惠互利原则，即保证每个联盟成员的主体利益，实现共赢而非损害；风险补偿原则，就是根据技术联盟不同类型确定风险承担比例，并与利益分配匹配，即高风险承担、高利益补偿；结构利益最优原则，利益分配比例建立在所有成员积极性被调动和整体效益最大化的基础上。这些分配原则从不同角度阐释了分配的要义，切实保障了协同创新目标的实现。[⑤]

---

① 刘栋. 产学研协同创新利益分配模式研究 [J]. 中国高校科技, 2015 (12): 34-35.
② 雷永. 产学研联盟利益分配机制研究 [D]. 上海：上海交通大学, 2008: 19-20.
③ 何礼鹏. 基于合作对策的技术创新联盟利益分配方法研究 [D]. 重庆：重庆师范大学, 2012: 21-22.
④ 洪银兴. 产学研协同创新研究 [M]. 北京：人民出版社, 2015.
⑤ 张志华, 李瑞芝. 高校主导型协同创新利益分配机制研究 [J]. 江海学刊, 2015 (6): 96-101.

3. 利益分配的影响因素

利益分配的影响因素包含两层含义：一是影响利益分配比例的因素，可以通过因素评价计算出各方利益大小；二是影响利益分配行为的因素。一般认为，各方的投入如人、财、物、资源等，贡献程度，努力水平，以及所承担的风险，直接影响各方利益所得。[1] 利益分配行为则受到参与主体有限理性等以下几个方面因素的影响。

第一，利益有限理性。在产学研合作中，如果合作各方都想实现自身利益最大化，难免会损害集体利益最终导致合作失败或不可持续。产生于集体理性与个体理性之间矛盾的利益有限理性严重影响产学研联盟的成功与稳定。[2]

第二，信息不对称。有学者认为，在产学研合作中存在着"合而不做""做而不和"的信息不对称现象。经常会有这样的情况发生：产学研合作，企业投资了，却并未看到预期研发产品，还要求风险共担，引起企业对学研方合作投入的质疑；当产品研发出来投入市场，也可能因信息不对称引起学研方质疑企业利益分配不公，要求再分配和得到更多利益。[3]

第三，产学研各方索取利益与合作成果所处阶段不符，由此产生利益分配冲突。[4]

第四，利益分配与风险分担难平衡。在产学研合作中存在着技术、市场、财务等风险，由于合作各方处于不同行业、系统中，对利益分配、风险判断和分担难免认识有异、意见相左，矛盾不可避免。对企业而言，其希望以最小代价来获取最好的技术和产品，而学研方则希望技术能创造出更多的利益。[5]

4. 利益分配的模式

利益分配要解决的是不完全信息下最优契约的实现，其分配模式既有宏观层面的利益给付方式又有微观层面的利益求解方式。

利益给付方式与协作模式和合作关系紧密相关。按照合作关系的远近和紧密程度，主要的协同创新合作模式可分为技术转让、委托开发、共建经济实体等，对应的利益给付模式为固定费用支付（一次性/分期支付）、提成支付（按利润

---

[1] 刘云龙，李世俊. 产学研联盟中合作成员利益分配机制研究 [J]. 科技进步与对策，2012（3）：23-25.
[2] 段晶晶，陈通，任枫. 利益有限理性下产学研联盟中的合作博弈分析 [J]. 科技管理研究，2010（6）：242.
[3] 王培林，郭春侠. 对产学研合作中信息不对称的理性思考 [J]. 情报理论与实践，2012（7）：10.
[4] 朱相宇，何海燕，宋希博. 我国高校产学研合作利益分配机制研究 [J]. 现代管理科学，2012（2）：27-28.
[5] 董彪. 产学研合作利益分配策略与方法研究 [D]. 哈尔滨：哈尔滨理工大学，2006：19-20.

或销售额比例)、按股分利等。[1] 当然,三种基本分配模式的不同组合还可派生出多种方法,且各有利弊,还有混合方式可供选择。[2]

利益求解方式则是基于上述利益分配依据,运用适当的算法求解出各主体应得的利益量。学者多是基于Nash协商模型、对策论理论模型、Shapley值法等数学模型,建立利益分配模型,推导参与主体的分配算法。从微观层面求解影响利益分配因素的方法,适用于相对固定的产学研合作模式,一旦利益合作发生变化,这种方法就不适用了。

(三)协同创新系统利益分配的潜在问题分析

在协同创新复杂系统中,利益分配往往牵一发而动全身,但利益分配又是所有组织者和参与者感到最棘手的问题,一方面,协同创新利益相关者多,关系复杂;另一方面,面对动态变化的协同创新运行体,没有一种利益分配方式是永恒的。[3]

张志华等[4]在调研访谈和案例分析基础上对高校协同创新中各参与主体的主要经济利益和社会利益诉求进行了分析和整理,如表4-4所示。

表4-4 高校协同创新中各参与主体期望利益诉求

参与主体	高等院校	科研院所	行业企业	政府部门
参与目标	追求创新成果突破及在市场中的转化水平	提高在科研领域的影响力及研究成果的应用价值	低成本、高产出,提升核心竞争力	解决重大问题;提高科技创新水平;改善国计民生
经济利益	获得教育教学经费;获得科研成果奖励	获得高等级科研成果奖励;成果转化收益	新产品开发、成果转化;产品质量和生产效益提升;获得利润	产业化后的税收
社会利益	提高教育质量和办学水平;培养高尖端创新人才;提升创新能力	实现知识创新;提升科研能力和水平	树立良好企业形象;取得卓越人才和技术支持;占领市场竞争制高点	提升创新国家形象;解决就业问题

---

[1] 李廉水.论产学研合作创新的利益分配机制[J].软科学,1997(2):59-61.
[2] 黄波,孟卫东,李宇雨.基于双边激励的产学研合作最优利益分配方式[J].管理科学学报,2011,14(7):31-40.
[3] 陈劲.协同创新[M].杭州:浙江大学出版社,2012.
[4] 张志华,李瑞芝.高校主导型协同创新利益分配机制研究[J].江海学刊,2015(6):96-101.

不管是经济利益还是社会利益都是各个不同主体参与协同创新的重要驱动力，当然，经济利益往往以创新成果等有形利益的形式表现出来，而社会利益是非物质的难以量化评价，利益的获得也不是一劳永逸的，而是在参与协同创新过程中逐步获得的。目前，国内高校协同创新的建设刚刚起步，可供借鉴的利益分配机制较少，利益分配问题更多是由牵头单位与协同单位共同协商解决的。这种建立在信任基础上靠协商解决利益分配的方式是暂时的，适用于协同创新初期创新成果和收益尚未溢出时。值得注意的是，在这个过程中，各参与主体的谈判能力和情感关系可能反客为主，成为影响利益分配的重要因素，在无形中会挫伤相关主体的参与积极性，不利于协同创新的发展。有学者综合实地调研和文献研究，梳理出部分协同创新系统的利益类型和分配方法，如表4-5所示。

表4-5 高校协同创新利益分配现状[①]

利益类型	分配方法
科研项目经费	由项目负责人全权负责，接受考核评价
专项资金	依据各级各类资金管理办法，按创新贡献分配
科研成果/知识产权归属	归属于协同创新实体平台，协同单位可以共享并优先无偿使用；按工作绩效、贡献度和风险承担情况民主协商解决归属问题；中心拥有科研成果归属权，成员优先使用并按照一定标准支付费用
科研成果转化收益	按投入的人力资源和技术评估折成虚拟股份后按比例分配；预先确定科研成果相关各方分配比例
科研成果奖励	按科研立项、获奖、成果（论文、专著）级别分别设立奖励额度

由上述分析可见，协同创新的利益分配理论与实践有较大差距，主要体现在四个方面。

1. 相关理论、政策和法律研究滞后

由于受到相关理论、政策和法律研究水平的限制，作为协同创新"前身"的产学研利益分配理论和实践探索进展缓慢，研究成效不显著，已有的实践也大多停留在经验上，既没有形成指导性的理论，也没有形成规范化可操作的政策法规。

[①] 张志华，李瑞芝. 高校主导型协同创新利益分配机制研究[J]. 江海学刊，2015(6)：96-101.

就协同创新而言，通过模型构建实现利益分配理论上可行，但现实中有利益主体诉求多、利益表现形式多、利益总量确定难、利益评价标准不统一以及利益分配协商过程的多变性等原因，理论上的完美模型并不能真正解决实际问题，理论与实践依然脱节。而且，无论是产学研合作还是高校协同创新，其利益分配方面的政策、法律调控也基本缺位。比如，《中华人民共和国促进科技成果转化法》《关于促进科技成果转化的若干规定》中虽然都有涉及产学研合作的内容，但都比较笼统，可操作性不强，难以用来解决真实情境中各种利益问题。

2. 利益分配机制和利益分配协调机构缺位

在高校协同创新中，各参与主体都是利益相关者，都有自身的利益目标。由于各参与主体来自不同系统，各自的管理体制和运行机制不尽相同，有时甚至大相径庭。随着合作的深入，利益分配的矛盾凸显，加上对知识产权归属、无形资产与有形资产评估、技术开发价值、管理理念价值等认识上的差异与分歧，难免会为了满足个体利益最大化而损害集体利益，最终阻碍协同创新的深入开展。在这种情况下，如果有各方都认可的利益分配机制和利益分配协调机构参与其中，结果可能相反。完整的高校协同创新利益分配机制，应当在相关运行基础完善的前提下做出合理的制度安排，否则便是水中月、镜中花。有调研发现，不少协同创新中心将利益分配视为单独的体系，虽都制定了分配办法，但内容相对简单、办法粗糙，更未与协同体内、外部的配套机制充分融合设计，最终难以持续实施，并影响高校协同创新绩效。

3. 产学研各方对知识产权等收益的评价标准不一

以产学研的最高合作形式——共建企业实体为例，学研方通常是以技术研究或科技成果作价入股，而企业则以资金、厂房、设备等入股方式为主，由于无形资产的价值难以评价，或因评价过程复杂漫长错失最佳合作时机，或因合作各方在无形资产价值认同上存在意见分歧，导致合作失败。此外，各方对知识产权归属问题的处理，从思想认识到具体操作都存在矛盾和冲突，尤其是在共同开发项目或项目进入中试阶段时，若不事先明晰利益归属，则矛盾和分歧更大。

4. 产学研各方索取利益与技术创新成果所处阶段错位

其主要表现在两个方面：一是各利益相关者因各自利益目标使然加上信息不对称导致认识偏差，都认为自己在合作中付出了更多努力，做出了更大贡献；二是产方和学研方的心理目标差异使各方都认为其在成果转化过程中贡献度更大。

第三节 协调利益：权力冲突的权利转向

一、利益相关者协调的逻辑起点

利益相关者协调能带来显著的附加效益，能有效促进协同创新的成功。协调活动有其内在逻辑性。从最早的二维到后来的三维逻辑结构，不少学者付出努力。Johanson、Mattsson（1987）[1]构造出由关系与互动组成的二维结构网络分析框架，孙国强（2003）[2]拓展提出关系、互动与协同三维治理逻辑模型，如图4-1所示。

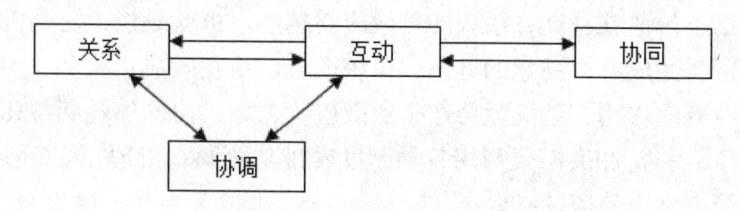

图 4-1 利益相关者协调逻辑模型

（一）协调：必要性体现

国内外创新管理体制改革实践证明，协同创新能够取得成功达到共同目标很大程度上取决于多元主体利益的有效协调，否则，协同创新也只能有始无终、草草收场，难以取得实质性的效果。有效协调才能最大限度减少摩擦和冲突，并减少由此造成的损害。

协调能促进利益相关者之间有效合作。协同创新各协同体之间的合作是通过相互协商、达成一致意见后以合同形式呈现的，在运行过程中如果出现矛盾和冲突，也必然需要通过沟通和协商来解决。

协调是集成利益相关各方资源的有效方式。协同创新组织涉及高等院校、行业企业、科研院所、政府部门及社会组织等，形成多元主体间的合作、协调、控制和约束关系，其运行活动跨越多个主体边界，所以要提高组织效率和降低成本，

---

[1] Johanson J, Mattsson L G. Interorganizational Relations in Industrial Systems: A Network Approach Compared With the Transaction-Cost Approach [J]. International Studies of Management and Organization, 1987 (17): 34-48.

[2] 孙国强. 关系、互动与协同：网络组织的治理逻辑 [J]. 中国工业经济, 2003 (11): 14-20.

必须集成包括项目流、资金流、信息流、物流等在内的各种资源，有效实现协同体之间的信息交互和共享。当然，集成并不是各色资源要素的简单叠加，而是采用一定方式通过理顺各要素之间的关系，提高系统有序性和整体效益。如果没有一种协调机制来协调项目各参与方达成共识、形成合作，集成项目利益相关者各方资源以满足项目完成需要，就有可能造成协同低效甚至无效。

协调是协同体系统产生正效应的必要条件。高校协同创新是一个系统工程，影响系统整体功能和效应发挥的因素很多，包括系统和环境、系统和目标以及系统各组成部分之间的相互联系和作用，以及这些联系和作用产生的可能结果，如正协同或负协同。系统协调的目的就是通过组织、调控等方法使系统从无序到有序，最终实现理想的协同。对每一系统来说，协同度越高，系统输出的功能和效应就越大，结果价值就越高，系统的负效应就越小。也就是说，协调机制应用得好，通过协调能达成各方满意的方案，系统就会产生正效应；反之，如果协调机制不能发挥应有的作用，系统就会产生负效应。总之，协同体各利益相关者之间的合作、竞争、利益冲突需要利用各种制度安排来协调和治理。[1] 有效协调是协同体这个系统产生正效应的必要条件。

（二）关系：协调的逻辑起点

协同创新中利益相关者之间的关系，就如不同组织间关系一样，同样存在相互影响、相互作用的联系，也蕴含着浓厚的文化色彩。关系是一个组织与多个其他组织之间建立的交易、交流和联系（Oliver，1990[2]）；关系是一种"客体、力量或个人之间的联系,用来指人与人之间的联系时,不仅被用于夫妻、亲属和友谊，还具有社会联系的意义"（Yang，1994）；关系是两个以上参与者之间持续相互作用、交易和依赖的过程（Holmlund 等，1997[3]）；关系是人与人之间、群体之间、组织之间带有"文化合理性"的关联状态（陈俊杰，1998[4]）；关系是一种友谊，是隐含着特殊的利益交换意义的友谊（Wong 等，2000[5]），是一种特殊社会联系，

---

[1] 朱彬，赵林度. 企业网络化与关系治理机制探讨 [J]. 现代管理科学, 2005（10）: 25-27.
[2] Oliver C. Determinants of Interorganizational Relationships: Integration and Future Directions [J]. Academy of Management Review, 1990, 15（2）: 241-265.
[3] Holmlund M, Törnroos J A. What are Relationships in Business Networks? [J]. Management Decision, 1997, 35（4）: 304-309.
[4] 陈俊杰. 关系资源与农民的非农化: 浙东越村的实地研究 [M]. 北京: 中国社会科学出版社, 1998.
[5] WONG Y H, Tam J L M. Mapping Relationships in China: Guanxi Dynamic Approach [J]. Journal of Business & Industries Marketing, 2000, 15（1）: 57-70.

用于联结不同组织来共同促进社会相互作用和交换(Hackley等,2001[1])。简言之，组织间的关系具有信息交流共享、交易信任提供、社会资源交换等功能，交易交换、互助合作、特定品牌、技术特许、血缘关系、地域关系以及领导者之间的关系等都可能是关系的纽带。

目前还没有统一的关系定义，但学者对关系的认识都包含了相互作用、相互联系、可持续性和两个组织以上等共同点。笔者认为，协同创新利益相关者之间的关系是一种有着持续约定的社会联系的集合，表现出相关性、嵌入性和互动性等特点。

相关性(mutuality)是组织间关系的本质特性。协同体利益相关者之间存在技术、经济、项目、社会、知识创造、人才培养和科学研究等不同类型的合约，合约使他们之间的相关度不同，但关系可持续。相关性不仅包括相互的信任和承诺，也包括冲突及冲突调适。

嵌入性(embeddedness)是组织间关系的基本特征。关系的嵌入性是有关节点之间怎样相互影响和变化的函数。这说明组织间关系是相互联系的一个网络，各个要素之间的影响是相互交叉的，形成的作用机制是综合性的。嵌入性关系所具有的信息传递、文化培育、集体意志建立和信任声誉形成等作用，对利益相关者之间关系的建立、协调与发展至关重要。

互动性(interaction)是组织间关系的核心特征。系统的复杂性不仅体现为主体多元和多元主体之间的相互关系，还体现为系统中任何一种关系的互动行为和变化，这种关系互动和变化会直接影响整个网络系统并扩大到其他组织。互动是多元主体系统持续发展的动力源泉，利益相关者之间的关系通过互动得以维持、延续、发展或终结。

实际上，协同体中多主体之间的关系有强联结、弱联结和自由交易三种，协同创新利益相关者合作关系的实质是建立和维护他们之间的强联结关系，以推动互动合作协同。当然，要建立和维护这种关系，协调机制必不可少。

(三)互动：非线性作用

由于系统内的利益相关者都处于一个复杂的嵌入性结构中，彼此之间的相互联系和影响形成了一个综合性的作用机制，即互动。复杂系统内诸要素的非线性互动是形成耗散结构的重要机理与必要条件，是推动系统从无序向有序运动的内部动力。

---

[1] Hackley C A, Dong Q. American Public Relations Networking Encounters China's Guanxi [J]. Public Relations Quarterly, 2001: 16-19.

互动的本质。利益相关者之间的互动是一种各元素之间的协调活动，这种互动产生的变化和影响会蔓延整个网络。同时，互动的过程也是不同组织互相学习的过程。互动是一个获取或传播信息并在其中互相学习、不断积累经验解决问题的过程，通过互动中的学习，各利益相关者可以扬长避短，在嵌入性结构中做出正确的行为选择，实现组织网络关系从自发到自觉。

互动的形式。利益相关者之间通过信息、资源、产品和服务的交换进行互动。由于不同利益相关者活动在网络系统中表现出不同的作用和影响力，因此互动过程是动态的，充满不确定性，表现出互动意识或强或弱，互动规律或明或暗，互动频率或高或低，互动程度或深或浅，互动影响或大或小。

互动对关系的影响。互动性决定了各利益相关者之间的关系通过互动过程得以维持、延续、发展或终结。Nissen 研究团队发现，虽然不能清晰了解创新过程中不同互动形式如何影响知识共享，但可以明确的是，这种关系互动能显著影响异构创新团队的知识分享，以多种互动形式实现团队成员之间知识整合共享和增值的异构创新团队发展平稳。而且，在面对新情况和新挑战时，那些能够不断重新建立共享知识库的异构创新团队能够在创新中取得进步。[1] 协同组织中利益相关者互动对关系的影响表现为紧密性和持续性。紧密性体现在互动过程中利益相关各方的主动沟通，以及在此基础上的互相学习、累积经验、克服自身有限理性的制约，持续性反映关系运行状态，一旦关系互动过程被干扰，关系持续预期就会受影响。

互动的基本特征。共同治理是互动的基本特征。共同治理的思想源起企业利益相关者理论，就是所有利益相关者通过一定的契约和制度安排参与治理，分享企业的控制权。组织使命的完成与组织内外利益相关者的付出有很大的关系，而利益主体在组织发展中的话语权和利益索取权影响着利益相关者付出的积极性。[2] 因此，利益相关者理论主张治理主体多元、权力分散、利益均衡。格里·斯托克概括了治理理论的五个论点：治理强调多中心协调而非单一权威；治理意味着寻求解决社会经济问题方案时模糊界限和责任；治理确定了存在于社会公共机构间的权力依赖，各个组织必须共同谈判、交换资源以达到目的；治理还意味着参与者最终形成一个自主网络；政府有责任用新的方法和技术更好地引导、控制

---

[1] Nissen H A, Evald M R, Clarke A H. Knowledge Sharing in Heterogeneous Teams Through Collaboration and Cooperation: Exemplified Through Public-Private-Innovation Partnerships [J]. Industrial Marketing Management, 2014, 43 (3): 473-482.

[2] 刘爱东. 利益相关者理论视界下的大学治理价值取向分析 [J]. 中国高教研究, 2008 (5): 38-41.

公共事务。① 概括而言，治理遵循这样一种规则体系，对主体间重要性的依赖与宪法和宪章比肩。更明确地说，治理是只有被多数人接受才会生效的规则体系。治理理论存在着这样一条逻辑线索，创造条件以维护秩序和集体行动。治理就是秩序加上某种意向性，与秩序明显互动、互为解释。② 事实上，与秩序实现的传统模式不同，治理是一种新的秩序模式，基于合作与协调的无权威、有秩序的人为模式。③

（四）协同：互动的结果

利益相关者之间的非线性互动产生超越各要素单独作用的效果，即协同效应。如前所述，协同有正协同、负协同之分。各子系统或系统内各要素通过信息、能量、物质交换和互动，形成有序的系统结构，并与外部环境构成一个和谐体，产生社会促进效应，就是正协同；反之，若互动的结果使系统的整体功能小于各部分子系统功能之和，并使系统结构呈现无序状态，就是负协同。负协同的结果是系统的要素、结构、组织和内外部环境等变化不协调，系统产生摩擦和内耗，出现"社会惰化"。④

利益相关者之间的互动结果是否理想取决于正协同的大小。一方面，正协同强化了合作主体间的联系和依赖，使互动频率增加，使协作关系持久；另一方面，正协同有利于合作主体更好地了解相互之间的战略、资源、需求与能力，培育共同的技术哲学、商业伦理、问题解决办法，增强适应性。总之，利益相关者之间互动的结果是产生正协同，正协同反过来会促进利益相关者之间的互动。

二、利益相关者合作关系的演化

协调的目的在于改进关系，利益相关者合作关系协调机制的建立可以改善利益相关各方的关系，并提升其层次，这正是协调机制的价值所在。

（一）组织间关系有层次且动态发展

Thompson、Sanders（1998）⑤ 将项目各方关系的发展划分为竞争、合作、协

---

① 斯托克，华夏风. 作为理论的治理：五个论点[J]. 国际社会科学, 1999（1）：19-30.
② 罗西瑙. 没有政府的治理[M]. 张胜军, 刘小林, 译. 南昌：江西人民出版社, 2001.
③ 沈佩萍. 反思与超越：解读中国语境下的治理理论[J]. 探索与争鸣, 2003（3）：9-13.
④ 顾培亮. 系统分析与协调[M]. 天津：天津大学出版社, 1998.
⑤ Thompson P J, Sanders S R. Partnering Continuum[J]. Jounral of management in Engineering, 1998, 14（5）：73-78.

同和联合四个阶段。Cheng、Love 等（2001）[①]认为，Partnering 有四个层次，一是合约需要的接触层；二是伙伴接触的组织形态，有所拓宽但较僵硬且缺乏信赖；三是半穿透式的，即团队利益取代个别利益，小心选择资源的投入和共享；四是形成虚拟合作组织，以便创造学习气氛和知识经验的分享。王凤彬（2004）[②]对伙伴关系按照紧密程度由低到高划分为信息共享、活动互换、知识交流、决策权转移或分享、风险与利益共担五种类型。还有学者按照合作程度将项目各方关系由低到高划分为五个层次阶段，即对抗型合同关系→一般合同关系→合作关系→项目 Partnering 关系→战略 Partnering 关系。不管学者将组织间的关系层次阶段如何划分，都无法改变这样一个事实，即组织间关系具有从松散到紧密的层次性特征。

钱丽萍等（2004）[③]依据生命周期理论，将企业间合作关系演进过程划分为建立、稳定和终止三个阶段，并通过研究认为，在不同发展阶段企业间合作关系的特征不同。李焕荣（2007）[④]从演化动力角度将组织间关系演化过程分为基于威胁、基于知识和基于信任三个阶段，并具体分析不同演化阶段的动力。他认为，组织间关系的早期阶段因威胁占据主动而不稳；随着组织间关系加深，进入了解和知识的发展阶段，此时知识的力量占主导；而基于信任的演化阶段是组织间关系演化的最高层次，即成熟阶段，此时认同感和信任感占据主动，使组织间关系稳定。

（二）利益相关者之间关系的演化

可见，组织间合作关系的发展是动态变化的，体现出生命周期的特征。可以从较低层次向较高层次演化，也可以从较高层次向较低层次演化，并且在演进过程中这种变化随时可能终止。据此，本书把利益相关者关系的演化过程划分为形成、成长、成熟和退化阶段。

形成阶段。此即合作关系建立阶段，这是利益相关者之间关系最低的一个层次。在这个阶段，利益相关者之间强调的是交易，聚焦的是合同条款；各方优先考虑自身利益，而很少考虑共同利益；交流沟通少，很少或没有信任；时有争议发生，对不明确的合同条款会钻空子，有暂停、拒付等相互制约行为；合同难以

---

① Li H, Cheng E W L, Love P E D, et al. Co-operative Benchmarking: a Tool for Partnering Excellence in Construction [J]. International Journal of Project Management. 2001, 19(3): 171-179.
② 王凤彬. 节点企业间界面关系与供应链绩效研究 [J]. 南开管理评论, 2004(2): 72-78.
③ 钱丽萍, 刘益. 关于企业间合作关系演进阶段特征的实证分析 [J]. 经济管理, 2004(20): 36-42.
④ 李焕荣. 组织间关系及其进化过程研究 [J]. 商业研究, 2007(10): 105-108.

变更，缺乏处理问题的灵活性，主要依靠诉讼处理违约行为；各方关系既有可能发展为合作关系也有可能导致对抗。

成长阶段。在这个阶段，利益各方开始了解彼此的情况，共同探讨和预期合作的前景；各方会首先考虑共同利益而不是自身利益；有明确的相互合作意愿，尝试超越合同边界合作，但目光短浅、高度不够；努力寻找各方满意的办法解决争议；虽有合作处理问题的意识和行动，但还不正式、不系统。

成熟阶段。此时，利益相关者各方的关系已经达到一个稳定而积极的状态，成为目标一致、关系平等的合作伙伴，有一套明确的共同目标体系，趋向共赢、多赢；有一套相对完备的正式合作处理问题的程序，努力采用及时沟通的方式解决争议，避免诉讼；利益各方沟通无碍，相互信任，通过紧密合作挖掘各方潜能以促进目标实现，持续改善任务绩效。

退化阶段。类似于企业生命周期的衰退期，利益各方不再想方设法维护合作伙伴关系，转而寻求新伙伴建立新组织。

当然，利益相关者之间的合作关系也并不总是按照生命周期的过程发展，如何发展及发展程度取决于行业企业的环境、合作项目特征、合作者的信誉度等，当然，最重要的还是合作动力问题。一般来说，在合作过程中，利益各方所处关系层次越高，其合作项目的关系价值越大。由于资源的限制，项目参与各方之间的关系绝大多数处在市场交易阶段，合作关系的发展依然建立在基本需求的满足上，即使利益各方有密切的合作关系和共同的战略利益，依然要求实现基本的交易满足。在合作关系稳定的基础上，利益各方之间的合作关系可以向战略 Partnering 关系发展，即合作方在长期合作的基础上应用 Partnering 关系从事多个或一些可持续的项目活动。

三、利益相关者协调机制的构建

（一）构建原则

利益相关者协调机制的构建以协同学理论为主要理论依据，以利益相关者合作关系的演化机制为基础，以项目成功为目标导向，以关键要素的协调为重点。

针对性。协调机制要抓住影响利益相关者关系中的关键要素、问题所在，用经济性、低成本的方式处理问题，有针对性地进行协调管理，以提高项目组织的学习记忆能力，从而提高组织功能。

动态性。协调机制简单灵活，具有动态性和前瞻性。

显性与隐性结合。网络型组织的动态性、复杂性，决定了协调方式的多样性。既要建立"显性"的协调方式，依靠契约、合同和规章制度等来管理，又要有"隐性"的协调手段，积极发展良好的项目环境和氛围。一方面，通过建立规章、制度、规定，订立契约、合约、合同，甚至建立专门的协调机构来协调合作过程中的各方利益。另一方面，通过信任机制、沟通渠道和和谐关系来化解矛盾，避免冲突。在这个过程中，重要的不是命令、监督和控制，而是积极维护、发挥作用、形成环境和氛围。[1]

（二）影响因素

影响组织间合作关系的关键因素是建立利益相关者协调机制的基础，而这些关键因素有很多，学者从各自研究的角度提出了自己的观点。Morgan、Hunt（1994）认为维持和发展合作关系的核心要素是承诺和信任；Polly（1999）[2]罗列出一串相关要素，承诺、信任、沟通、权力影响、冲突、共同的价值和合作；Cheng、Li、Love（2000）[3]则认为构筑良好的环境加上管理技能得当是促进项目合作关系的关键，这里所说的管理技能包括有效沟通和冲突解决等，而足够的资源、管理层支持、相互信任、长期协议、协调和创新等就是良好的环境[4][5]；Simpson、Siguaw、Baker（2002）[6]提出关系要素既包括承诺、沟通、信任，又包括共同价值观和管理层密切接触，还有致力于建立、发展和维持成功的关系交易行为。分析和综合以上学者的观点可以发现，这些要素有交叉、有融合，也有所区别，但普遍认为是关键要素的有：合作价值（利益）、合作目标、相互信任、冲突、组织文化、机会主义等。

合作价值（利益）是利益相关者合作的动力。在合作项目中，利益驱动会带来各合作方的专用投资，由此产生了关系锁定。随着关系发展、专用投资增加，合作价值也增大。当然，增加专用投资会强化合作主体关系，关系越深，背离合

---

[1] 张千帆，李晋. 网络型组织协调机制［J］. 企业改革与管理，2004（10）：18-19.
[2] Polly P. Building Customer-Supplier Relationships in Electronics［J］. Long Range Planning, 1999, 32（2）：263-272.
[3] Cheng E W L, LI H, Love P E D. Establishment of Critical Success Factors for Construction Partnering［J］. Journal of Management in Engineering, 2000, 16（2）84-92.
[4] 孟宪海，李小燕. Partnering 模式成功的关键影响因素［J］. 建筑经济，2006（5）：48-51.
[5] Crowley L G, Karim M A. Conceptual Model of Partnering［J］. Journal of Management in Engineering, 1995, 11（5）：33-39.
[6] Simpson P M, Siguaw J A, Baker T L. A Model of Value Creation［J］. Industrial Marketing Management, 2001, 30（2）：119-134.

作承诺的可能性就越小，合作项目就越稳定。

合作目标是利益相关者合作关系发展和演化的前提。合作项目的最终目的是实现预设目标，合作过程的协调也是追求目标的过程，是为了更好地实现目标。

相互信任是利益相关者合作关系良性发展和演化的保障。项目成功往往取决于高度信任，尽管这一切并不容易。

冲突是项目组织间关系的一种存在形式，不可避免。冲突来源于认知看法、利益诉求的不同而产生不一致行为所导致的不和谐状态。冲突解决不好会造成组织摩擦、内耗和低效率，甚至可能破坏项目合作。

组织文化在合作关系演化过程中扮演着独特的角色。不同的价值观、商业习惯、组织管理能力等造成组织文化的差异性。良好的组织文化能够营造合作氛围，调动组织成员参与积极性，抑制机会主义，约束不良心理和行为，减少摩擦、矛盾、冲突、内耗，增加合作各方的信任。

机会主义是合作研究中的重要概念，作为交易成本经济学中的关键概念，机会主义描述了行为主体不诚实或者以欺骗方式追求自身利益的行为以及背离承诺的倾向程度，反映了组织呈现的人格化特征，以此提醒人们，各参与主体一旦机会合适就可能有背离合作承诺的行为。

可见，影响利益相关各方合作关系的既有积极因素，又有消极因素。由合作价值、专用投资带来的关系锁定以及共同目标和相互信任构成了积极因素，它是推动力，推动合作向前发展。表现为冲突、机会主义等的消极因素则相反，其会阻碍合作关系的发展。合作关系在积极因素和消极因素共同作用下动态发展，协调机制在于增强推动力、消减阻碍力，以此推进合作关系的良性发展。

（三）协调机制

以协同学理论为依据，以各利益相关者合作关系的演化为基础，以项目成功为目标导向，以关键要素的协调为重点，构建协同创新组织的协调机制，包括显性协调机制、隐性协调机制和协调保障机制。[①]

1. 显性协调机制

显性协调机制用于处理利益相关者协调管理中能够被优化和设计的问题，如目标协调、利益协调、冲突处理。

目标协调。项目成功是利益相关者协调的最终目的，而项目成功的标准是实

---

① 常宏健. 项目利益相关者协调机制研究 [D]. 济南：山东大学，2009.

现项目目标并使各利益相关者满意。目标体系构成具有多指标性、多层次性，既有横向上多元参与主体各自不同的目标，又有纵向上每一主体重点控制目标，由此构成了复杂的目标系统，因此需要对目标进行系统整合、协调、优化。

利益协调。利益相关者因利益而合作，也因利益的实现而满意。由多元利益主体组成的协同创新组织的复杂性，增加了利益协调的难度。公平、合理、有效的利益协调机制对于项目的成功至关重要，一个好的利益机制能够实现或最大限度地接近项目系统最优。一是公平的利益分配机制。这是利益协调机制的核心。风险分担、收益共享是利益分配的总原则，分配的公平性影响着伙伴的合作关系与信任关系，只有公平合理的利益分配才能保证合作过程的顺利、合作目标的实现和市场机遇的响应。如何设计一个最优制度，保证利益相关各方的利益趋于一致，是利益分配机制的设计难点。二是强效的利益约束机制。有约束的利益追求才有正当性。三是合理的利益激励机制。以激励调动积极性、主动性、能动性，以激励促合作、促目标达成。四是畅通的利益表达机制。

冲突协调。项目组织的特殊性决定了项目组织中多种矛盾和冲突存在的可能性。[1]对利益相关者而言，合作项目的多主体性、多目标性和生命周期性等特征，使冲突不可避免。冲突是项目系统内产生正熵的根源，是使系统走向无序的重要原因。[2]有的冲突可以预测，有的则不行。常见的有目标和计划冲突、资源冲突、技术冲突、管理冲突、利益冲突、优先权冲突等。Gardiner[3]（1998）认为，产生冲突的原因是任务的相互依赖性、组织的差异性、关系紧张、私人特性以及价值观五个方面。[4]冲突处理，首先应对可能发生的问题进行分析、识别、有效预防控制，在此基础上构建项目冲突处理系统并采取适当处理方式。冲突处理系统包括监控系统、处理系统和服务系统，随着计算机和网络技术的发展，虚拟环境的信息传递与现实的沟通交流相结合被有效应用其中，如图4-2所示。

---

[1] 徐莉，赖一飞，程鸿群. 项目管理［M］. 武汉：武汉大学出版社，2003.
[2] 庄贵军，席酉民，周筱莲. 权力、冲突与合作：中国营销渠道中私人关系的影响作用［J］. 管理科学，2007，20（3）：38-47.
[3] Gardiner P D, Simmons J E. Conflict in Small and Medium-Sized Projects: Case of Partnering to Rescue ［J］.Journal of Management in Engineering, 1998.
[4] 常宏健. 项目利益相关者协调机制研究［D］. 济南：山东大学，2009.

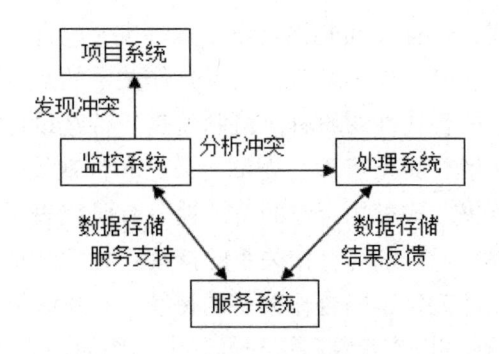

第四章　现实困境：高校协同创新利益分析

图 4-2　项目冲突处理系统

冲突的多样性、多层次性造成冲突处理的复杂性，有必要建立项目冲突递升处理程序，如图 4-3 所示。[1][2] 这个体系建立在欧洲建筑学会（ECI）和雷丁建筑模式（RCF）的最佳实践基础上，为许多组织所采用。[3]

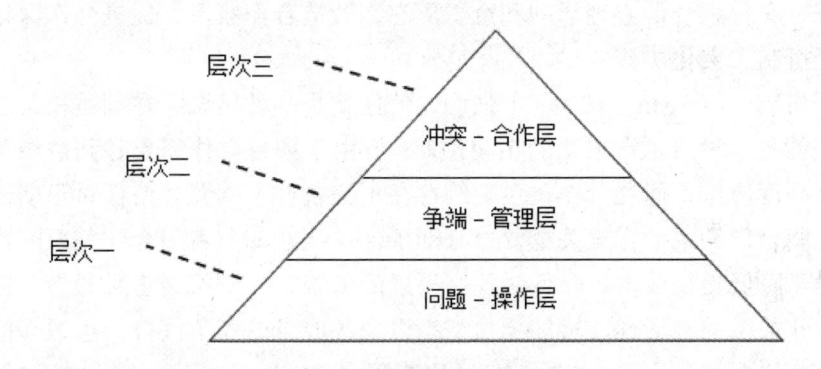

图 4-3　项目冲突递升处理程序

冲突解决方式主要有竞争性（破坏性）、回避性和合作性（建设性）三种。[4] 竞争性冲突解决方式就是用对抗来处理问题，如传统的诉讼解决纠纷机制，不仅不能解决冲突，还会造成新冲突或更大冲突，最终破坏合作关系；回避性冲突解

---

[1] 在欧洲建筑学会（ECI）和雷丁建筑模式（RCF）的最佳实践基础之上，许天戟等（2002）建立了工程项目利益相关各方处理冲突的程序，该程序同样可以应用于其他项目领域。
[2] 波娃,许天戟,王用琪.防止建设争端和冲突的伙伴协议系统[J].西安交通大学学报,2002(2)：58-61.
[3] 许天戟,宋京豫.建筑伙伴的机理与实施的研究[J].基建优化,2002(1)：12-17.
[4] Claycomb C, Frankwick G L. A Contingency Perspective of Communication, Conflict Resolution and Buyer Search Effort in Buyer-supplier Relationships[J]. The Journal of Supply Chain Management, 2004, 4(1)：18-34.

115

决方式旨在淡化冲突，这样反而会强化竞争性冲突[①]；合作性冲突解决方式主要通过共同探索、合作双赢，促进利益相关者合作关系的形成和成功。较多应用于国际工程项目领域中的替代性纠纷解决机制就是一种建设性冲突解决方式，它包括协商谈判、调停调解、小型审理、委员会裁决和仲裁等。[②] 从行为与结果的关系看，不同的冲突解决方式影响合作的持续性。有研究表明，合作性冲突解决方式和竞争性冲突解决方式分别与合作关系的持续正相关和负相关，回避性冲突解决方式则加剧竞争性冲突，影响合作关系的持续。[③] 此法最不可取，应尽量避免使用。因此，在项目利益相关者协调管理过程中选用何种方式解决冲突大有学问，要尽量采用如协商谈判、调停调解等合作性冲突解决方式，以稳定彼此间关系并促进合作。

2. 隐性协调机制

隐性协调机制主要针对项目利益相关者合作关系中的一些不确定因素，通过沟通信任、文化融合等心理活动和意识形态，营造合作氛围，促进合作深化。其包括信任机制、文化协调。

信任机制。Morgan（1994）[④] 强调，信任就是一种信念，在利益相关者关系中，信任就是一种可抵御风险的正向预期。[⑤] 由于项目合作需要各利益相关方精诚团结、高度协作，而且合作关系契约存在不完备性，因此，信任对于项目利益相关者之间合作关系而言至关重要，有助于保证利益相关者对合作关系的资源投入，有助于降低交易成本、降低对控制手段的依赖、克制机会主义行为，更有利于增强合作关系的灵活性，增加项目组织以及各成员的竞争优势。组织间信任的来源多种多样，也就是说，影响信任的因素很多。Sako、Helper（1998）[⑥] 认为，影响网络企业间信任建立和持续的因素有长期承诺、信息交换、技术援助和声誉；Nielsen（2001）认为，合作历史、各方声誉、公开性、保障机制等八大因素直接

---

① Barker J, Tjosvold D, Andrews I R. Conflict Approaches of Effective and Ineffective Managers: A Field Study in a Matrix Organization [J]. Journal of Management Studies, 1988, 25（2）: 167-178.
② Wong A, Tjosvold D, Wong W Y L, et. al. Cooperative and Competitive Conflict for Quality Supply Partnerships between China and Hong Kong [J]. International Journal of Physical Distribution & Logistics Management, 1999, 29（1）: 7-21.
③ 宋华, 徐二明, 胡左浩. 企业间冲突解决方式对关系绩效的实证研究 [J]. 管理科学, 2008（1）: 14-21.
④ Morgan R, Hunt S D. The Commitment-Trust Theory of Relationship Marketing [J]. Journal of Marketing, 1994, 58（3）: 20-38.
⑤ 常宏健. 项目利益相关者协调机制研究 [D]. 济南: 山东大学, 2009.
⑥ Sako M, Helper S. Determinants of Trust in Supplier Relations [J]. Journal of Economic Behavior & Organization, 1998, 34（3）: 387-417.

影响国际联盟信任机制的建立和发展；Luo（2002）[①]认为对联盟信任机制起决定性作用的五个因素有联盟存续时间、文化差异、外部不确定性、可能风险和互惠承诺；罗宾斯（2003）[②]认为信任有正直、能力、一致、忠诚和公开五种维度；徐学军等（2007）研究提出供应链伙伴关系信任的三个维度：能力、可靠和友善，并赋予具体内涵。值得一提的是，其对友善的阐释为关注、公正、公开。[③]综上所述，信任机制的建立，一要有合理途径，这是建立信任的前提。Doney、Cannon、Mullen（2003）[④]曾归纳了建立信任的五个途径——计算、预测、动机、能力和转移。二要有充满激励的利益分配。因为合作伙伴最关心利益分配问题，分配的公平直接影响彼此间的信任。三要有良好的沟通。良好的沟通能消除日常事务中潜在的冲突，增强利益各方的相互认同。四要建立信誉机制，以防范机会主义倾向的发生。五要有效处理利益相关者之间的矛盾和冲突，这是信任机制的重要基础。六要构建良好的外部环境，包括法律、伦理道德和社会监督机制。

文化协调。项目组织文化是指以参与项目的利益相关各方为整体，在项目实践中形成的各利益相关者普遍接受的价值观、道德观、行为规范、组织氛围和对项目的认同感等，是将各利益相关者组织起来的"黏合剂"，是对项目组织精神的集体设计，以彰显协同创新组织个性。[⑤] Vick 专门研究巴西参与协同创新项目的12个团队，得出有冒险文化、遵守规则文化、以结果为导向的文化和基于关系的文化四种团队文化。其指出，创新团队大都受两个以上主导文化的影响。[⑥]简言之，组织文化是组织成员认识理解现实的过滤器，并影响各利益相关者之间的相互关系和交往。一般来说，组织文化有物质、精神和制度三个层次。物质文化以实物和视觉形态显现，既指项目成员在行动和交流过程中产生的大量本项目特有的语言、习惯、行为方式，还包括共同创造产品、组织形象展示、对外宣传广告以及各种物质设施等，属表层文化。精神文化是项目组织运行中最终确立的处理和认识问题、判断是非、衡量事物的无形的准则体系，是更深层次的文化现

---

① LUO Y D. Building Trust in Cross-Cultural Collaborations: Toward a Contingency Perspective [J]. Journal of Management, 2002, 28(5): 669-694.
② 罗宾斯. 组织行为学精要 [M]. 北京: 机械工业出版社, 2003.
③ 徐学军, 谢卓君. 供应链伙伴信任合作模型的构建 [J]. 工业工程, 2007(2): 18-21.
④ Doney P M, Cannon J, Mullen M R. Understanding the Influence of National Culture on the Development of Trust [J]. Academy of Management Review, 2003: 60-120.
⑤ 研究跨文化的荷兰著名学者霍夫斯泰德（Hofstede, 1991）认为，文化可理解为"对精神的集体设计"，它把一个群体与另一个群体区别开来。
⑥ Vick T E, Nagano M S, Popadiuk S. Information Culture and its Influences in Knowledge Creation [J]. International Journal of Information Management, 2015, 35(3): 292-298.

象，是文化系统中的核心，是项目各利益相关者思想行为的指南。制度文化是行为规范、规章制度、契约、人际关系、信息交流方式等的总称，是具有共性和强制性的行为规范要求。由于组织文化是不同组织成员不同文化的集成，存在差异性、兼容性，文化协调和整合成为必然。良好的组织文化能够唤醒成员的进取精神和克服困难、主动改善项目环境的意识和潜能，不仅对新成员有好的示范作用，而且能有效引导组织成员约束自己不良行为、遵守组织规范，形成不偏离组织目标的行动自觉。利益相关者组织文化协调，一是确立文化整合战略，组织文化不会自然而然产生，而是在项目实施过程中不断碰撞，通过交融、博弈、超越，求同存异、相互补充、重构重塑，形成一种有利于项目实施的协调的组织文化。二是做好文化整合准备，通过确定文化原型、测度文化差距等一定的程序判断并调整文化兼容性，挖掘和加深文化理解。三是签订文化协议，通过一个反映组织精神、沟通良好的谅解备忘录来处理文化问题，通过设立文化大使进行文化沟通，加强理解、促进合作。四是加强文化适应性，倡导求同存异、尊重理解。五是发挥领导核心示范作用，组织领导者的价值取向、思维特点、行为方式、领导作风、管理风格等是所有利益相关者衡量自身行为的参照，也是健康组织文化形成的基础。六是循序渐进分层建设。一方面，加强宣传、教育、引导、示范，倡导忠诚、抵制背叛，创立组织文化礼仪，形成良好的文化表象层；另一方面，加强制度建设，不断发展体现共赢价值观的行为规范、道德标准、关系结构，形成良好的文化制度层，进而使组织成员从被动接受到主动遵守、自觉约束和自我激励，形成合作共赢的价值文化，促进项目的成功。

3. 协调保障机制

建立利益相关各方共同参与协调管理的动态机制，是协同创新活动顺利开展的基础和保障。研究表明，利益相关者共同治理机制是构建组织协调机制的基础，即共同治理机制对保持项目利益相关者间的合作关系具有重要作用。[①] 组织服从战略经营观认为，组织结构必须适应企业战略，并随着战略的变化而变化。[②] 同样，组织协调机构也应以参与项目的利益相关各方为整体，以项目各方组织关系为研究重点。通常的做法就是，建立协同创新项目共同协调（治理）委员会，充当项目组织的首脑机关，协调解决协同创新项目实施过程中的各种问题。借助原

---

① 杨瑞龙. 现代契约观与利益相关者合作逻辑［J］. 山东社会科学，2003（3）：9-11.
② Chandler A. Strategy and Structure［M］. Boston：MIT Press, 1992.

型化方法(Prototyping)[①]的思想构建项目利益相关者参与协调动态机制,如图4-4所示[②]。由于现实条件的限制,没有一个完美的系统为我们所用,只能构建相对条件下的最基础系统,然后加以调整、补充和完善,最终构建一个动态的自组织协调系统。[③]

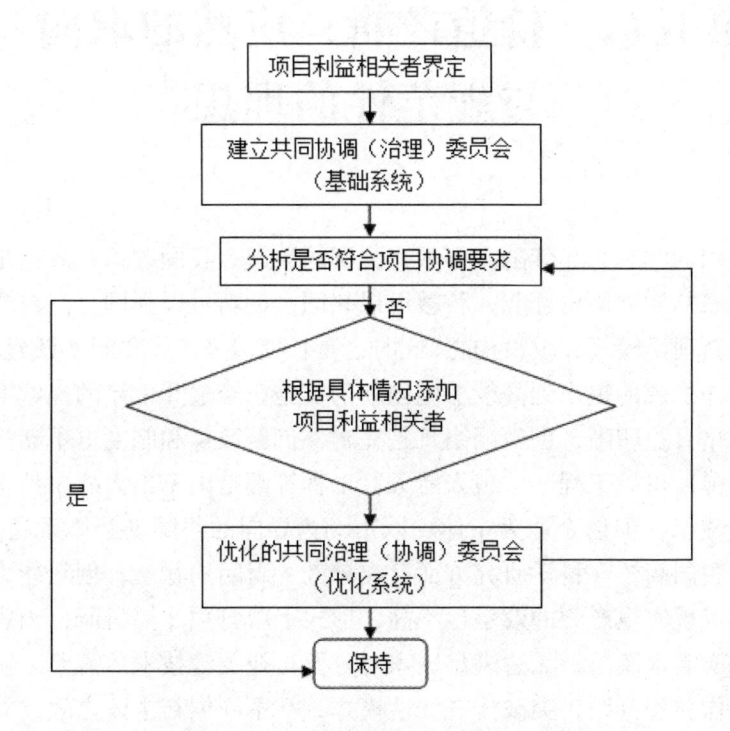

图4-4 项目利益相关者参与协调动态机制

[①] 原型化方法(Prototyping)的基本思想是在投入大量的人力、物力之前,在限定的时间内用最经济的方法,开发出一个可实际运行的基本系统原型,以便尽早澄清不明确的系统需求,在原系统的运行中,用户发现问题,提出修改意见,技术人员完善原型,使其逐步满足用户的要求。
[②] 常宏健. 项目利益相关者协调机制研究 [D]. 济南:山东大学,2009:138.
[③] 韩东平,张慧江. 基于原型化方法的利益相关者共同治理机制的设计 [J]. 学术交流,2005(5):85-88.

第五章　价值逻辑：应然的取向与规范性的理想

世界强国的崛起必然伴随高等教育强国的兴起。我国改革开放以来的实践及世界发达国家的发展历史证明，科教可以兴国，创新可以强国。高校协同创新不仅是一种创新理论模式和政策构想，同时也是长期以来人类创新实践经验的总结。从产学研合作思想的提出到高校协同创新的实施，经过几十年的探索实践，我国国家创新战略日益明晰，创新网络日趋完善，创新政策和制度也不断推陈出新。我国的"两弹一星"工程、"载人航天"工程等都是国家重大战略技术攻关项目的协同创新成果，但以企业为主体、以市场为导向的协同创新体系尚未形成。① 长期以来，我国高校在科学研究方面存在分散、封闭的状态，创新能力不足，科研成果转化成现实生产力的效率也不高，形式上单打独斗搞科研，内容上科研目标与国家现实需求脱节，无法满足国家对重要行业关键技术的需要。协同创新推动产学研合作转型升级，突破传统线性模式，在不同创新主体之间建立起长期、稳定的合作关系。② 尽管人才培养仍然是现代高校的核心使命，但高校从未停止与经济、社会互动发展的脚步，并加大步伐、加快速度，努力通过协同发展科学研究与服务社会功能，不断提高知识创新能力，更加融入区域和国家创新系统，成为区域知识的重要策源地和社会经济发展的内生力量，在提升区域和国家创新能力、建设创新型国家的进程中发挥重要作用。③④ 以高校为多元主体的高校协同创新，必将实现对以往各种产学研合作和创新模式的超越，成为创新型国家建设的重要途径。

---

① 洪银兴. 产学研协同创新研究 [M]. 北京：人民出版社, 2015.
② 王延锋. 协同创新：开启产学研合作 2.0 时代 [N]. 中国教育报, 2013-12-02（6）.
③ 肖俊夫, 胡娜, 李华. 高校促进区域创新：发展趋势与行动对策 [J]. 中国高校科技, 2011（12）：11-14.
④ LI X. China's Regional Innovation Capacity in Transition: an Empiric Alapproach [J]. Research Policy, 2009, 38（2）：338-357.

创新是现代经济增长的发动机。推动和加强产学研协同创新,不仅是我国国家创新系统建设的重要内容,也是世界许多国家提升整体创新能力的战略选择。尽管我国与发达国家经济、政治体制不同,且存在文化差异,但产学研协同创新的国际经验依然可以为我国教育、科技、产业的协同创新提供启示。

第一节 美国视角:协同创新发展历程及经验

一、美国协同创新发展历程

美国是世界上最早开展产学研合作并取得成功的国家之一,也是协同创新最重要的发祥地。其协同创新机制的形成和完善是一个逐步演进的历史过程,与一定的社会、经济、科技和文化等因素密切相关,是社会政治、经济、文化和科技发展共同作用的结果。在不同历史时期,美国产学研协同创新的时代背景、政策理念、驱动手段、合作模式及行业领域等均有所不同。[1]

(一)萌芽时期

根据丹尼尔·E. 威廉姆斯(Daniel E. Williams)等的研究,美国产学研合作萌芽于19世纪,当时许多高校的农业和工程研究得到了企业的资金支持,但技术产出较低和大学规模较小,因此合作范围较窄,技术商业化非常有限,合作项目以农业和相关工程领域的咨询活动为主。随着《莫雷尔法》的颁布以及"赠地大学"的出现,高校和社会之间的有机联系逐步建立,合作范围扩大,强度加大,大学衍生企业出现。

美国1862年颁布的《莫雷尔法》的核心内容就是由政府提供土地用以创办"赠地大学",该法依据1860年各州国会议员人数向各州拨赠土地1 743万英亩(1英亩=4046.86平方米),并规定,凡是通过该法建立的学院必须开展农业技术教育、农业科学技术研究和实用农业技术的推广活动。据统计,截至1922年,美国共建立了69所赠地大学。[2]

1890年,美国又颁布了第二个《莫雷尔法》,要求各州建立没有种族歧视的新型技术学院,并规定联邦政府对每所赠地大学都要提供年度财政拨款。这些

---

[1] 蓝晓霞. 美国产学研协同创新机制研究[M]. 北京:北京交通大学出版社,2014.
[2] 王英杰. 美国高等教育的发展与改革[M]. 2版. 北京:人民教育出版社,2002.

新型技术学院的建立，不仅关注农业和农业技术研究，更向其他多个领域拓展。如1966年进行水产研究的海洋赠地大学，1985年针对城市发展研究的城市赠地大学，1988年旨在发展空间研究的太空赠地大学以及2003年促进能源可持续发展的太阳能赠地大学等。

赠地制度的建立开辟了美国大学知识应用于工农业的一条道路，不仅使科学直接服务于农业和其他生产行业，向工业生产提供最好设施，向社会提供实用知识和精神文化，而且使许多美国大学在建立之初就有了学术商业化的指向，从而促进了大学衍生企业的发展。正如王英杰所言，英国传统大学以文化为中心，把学术作为学生自我发展的手段，培养贵族；德国大学追求学术生命，把发展学术作为目的，培养学者；现代美国大学则把学术当作服务工具，培养为国家服务的美国公民。[①] 上文法案还开创了联邦政府资助高等教育的先例，把高等教育的发展与州立大学的迅速发展统一起来，不仅使美国成为当时应用科学的殿堂，帮助美国农业成为全球领头羊，而且把大学从"象牙塔"引入经济生活，初步建立起联邦政府与大学以及大学与社会之间的伙伴关系。

（二）发展时期

美国产学研合作的发展时期介于20世纪初期到第二次世界大战期间，伴随"威斯康星思想"的产生，《史密斯－莱沃法》（Smith-Lever Act）的颁布以及战争需要，大学进一步走出象牙塔，融入现代生活，融入国家政治体系。不仅合作领域范围扩大，力度加大，从农业经济到军事领域到国家安全，而且合作方式也发生了巨大变化，从最初的咨询活动发展到办公司，直接承担政府项目，许多大学都成为政府战时科学研究中心。

1904年，美国赠地大学代表威斯康星大学提出了"威斯康星思想"（wisconsin idea），核心精神就是"把整个州交给大学"，即大学被赋两项重大使命：一是在各个领域开展技术服务和推广；二是通过函授教育帮助本州公民。这一思想开创了美国大学直接为政府服务的先例，大学教授不仅参加州议会听证会，还直接参与议会委员会法律文件的起草，参与州各项决策过程，或被直接任命为州各部门官员。大学在服务地方经济发展的同时也丰富了自身职能，同时有力推动了相关学科专业的发展，威斯康星大学的畜牧、生物和细菌科学等学科抢占前沿处于全美领先地位，大学本身也跻身于美国优秀大学行列。

[①] 王英杰. 美国高等教育的发展与改革[M]. 2版. 北京：人民教育出版社，2002.

第五章 价值逻辑：应然的取向与规范性的理想

1914年，《史密斯－莱沃法》（Smith-Lever Act）的颁布，进一步促进了大学服务农业技术推广能力的提升，也推进了政府—大学研发体系的健全和完善，特别是大学有意识地与新兴公司合作，推动科研技术商业化。美国大学通过制定政策和创建科技转让机构推进商业化进程，如麻省理工学院、普渡大学、辛辛那提大学等，都在20世纪30年代建立了管理大学内部科研成果的机构和基金会。这些机构的建立不仅通过有效组织管理大学的科技发明使大学整体获益，而且使大学开放度更高。

随着第二次世界大战的爆发，科技和政治的联系被强化。为了提高本国的军事实力，打赢这场战争，美国全面动员国家的科学技术资源，组建相关机构，以最有效的科研组织发展先进技术、服务国防、支援盟国。这些机构的创建者均来自大学，从而使大学与政府、企业的关系进一步密切。有关数据显示，战争时期的美国科研经费大增，年平均达15亿美元，相比于第二次世界大战前，联邦政府所资助的科研项目（农业除外）几乎全都在联邦政府支持的实验室中进行，1940年，联邦政府科研开发支出仅为7 400万美元。[①] 大学科研规模扩大，成果辈出，最典型的是主要依靠大学成功完成的战时4个重大的国防研究项目，包括雷达、原子弹、固体燃料火箭和一种小型的、坚固的、备有近发无线电引信装置的雷达研制，参与研制的大学有麻省理工学院辐射实验室、芝加哥大学冶金实验室、哥伦比亚大学哈罗德·尤里研究小组、加利福尼亚大学伯克莱分校的欧内斯特·劳伦斯实验室，以及加州理工学院、明尼苏达大学、威斯康星大学、哈佛大学、康奈尔大学等。当然，大型科学研究与开发项目是在联邦政府协调下，以及大学、企业和军队各取所长、密切协作下完成的。以研制原子弹的"曼哈顿计划"为例，正是政府、企业、大学和民间研究机构的密切合作，使其成为美国政府科技体制的创举。从美国战时研究合同总经费来看，68个工业公司拿到66%的研究经费，其中10个公司又占了其中的40%，8个重要的研究型大学分到科学研究与发展局总经费的90%，其中麻省理工学院雷达实验室独占了其中的35%，充分体现了"大科学"研究项目的巨额资金投入和密集任务分配。[②]

（三）成熟时期

美国产学研协同创新的成熟期是在第二次世界大战结束后到20世纪70年代，主要标志是出台了明确的科技政策，加大了立法力度，成立了国家科学基金会等

---

① 王英杰. 美国高等教育的发展与改革［M］. 2版. 北京：人民教育出版社，2002.
② 沈红. 美国研究型大学形成与发展［M］. 武汉：华中科技大学出版社，1999.

管理机构，加大了对大学、企业的投入资助力度，建立了健全的产学研合作机制等并一直沿用至今，极大地扩展了大学特别是研究型大学的科学研究领域，密切了大学与国家安全之间的关系。

1944年第二次世界大战结束前夕，美国总统罗斯福向当时的科学研究与发展局提出了4个问题：战后如何在保证国家安全的前提下将战时所获科学知识公之于众；如何坚持用科学战胜疾病；政府如何更有效地资助科研；如何发现和培养人才以保证科研水平始终处于高位。①核心就是如何将战时的经验更好地用于和平时期。为此，时任科学研究与发展局局长的万尼瓦尔·布什博士，组织了4个专门委员会对此进行研究，在50位科学家和学者的协助下，于1945年7月5日提交了研究报告《科学：没有止境的前沿》，即著名的"布什报告"，全面回答了总统的提问。该报告强有力的说明，为了保证人民健康、国家安全和公共福利，科学进步不可少；政府继续支持科研和开发的必要性，即"科学是政府职责范围内的事"，政府有责任保持科学知识的进步和培养新生科学力量；基础研究是一切知识的来源，是科学的资本，开展基础科研最佳之地是大学和一些由捐款建立的研究机构；要建立新的联邦机构，全面协调和资助整个国家科学技术发展和各领域的科学研究。"布什报告"所形成的"布什时代"，不仅指明了战后美国科学研究发展的方向，而且其倡导的行动模式也极大地改变了大学与联邦政府间的关系，即从扩大政府实验室的科研领域转向扩大私立机构的科研领域；通过合同的形式利用联邦政府的资金来支持大学和科研机构的科研活动。②根据报告建议成立的国家科学研究基金会，成为R&D项目主要资助与管理机构，基础研究项目从"大科学"到"小科学"，充满了活力和创造力。

第二次世界大战之后，世界各国先后进入复苏阶段，经济建设和科技进步的势头日益强劲。随着第一颗原子弹爆发、第一颗人造卫星上天，苏联奠定了科技领先、强国之尊的地位，极大震动了美国各界。在一片"美国科技落后了"的指责声中，美国政府和公众把责任归咎于教育落后及国家支持乏力。正如曾担任哈佛大学校长的科南特所言："苏联在技术上的突破，是因为建立了能够增强苏联技术优势所需要的教育制度。"美国著名学者墨菲（F.D.Murphy）也指出"20世纪后半叶，没有任何事情比经过训练和教育的人才更重要"，因而当务之急是

---

① Slaughter S, Leslie L L. Academic Capitalism and the New Economy: Markets, States And Higher Education [M]. Baltimore: Johns Hopkins University Press, 2004: 57-65.
② 王英杰. 美国高等教育的发展与改革 [M]. 2版. 北京：人民教育出版社，2002.

要改革美国的教育制度。1958年,美国《国防教育法》应运而生。①《国防教育法》授权联邦政府拨款给州立学校以加强自然科学、数学等科目的教学,并为选择这些科目学习、成绩优异且毕业后担任中小学教师的学生提供贷款。② 数据显示,1958年至1968年10年间,美国各类大学在校生从322.6万人增加到692.8万人,高等教育入学率从21.2%提高到30.4%,150万大学毕业生、1.5万博士学位获得者受惠于该法案授权的资助。与此同时,联邦政府科技政策也发生了"大角度"转移,"重中之重"从国防研究转移到支持大学的"空间、教育和科学"研究。联邦政府对大学研究的投入迅速增加,1959年至1964年5年间,联邦政府对大学研究经费的支持每年分别增加了33%、23%、23%、24%和21%,达到历史最高点,以至于1964年联邦政府对大学研究的支持经费是1959年的200%。1964年,大学的基础研究经费占大学研究总经费的79%,而1953年仅为43%;1968年,大学研究总经费占国内生产总值的比例达到历史新高。③ "国防教育法时代"成为美国大学发展史上的里程碑,进一步密切了政府与大学的关系,直接促进了教育在改革中的发展。

第二次世界大战之后,大学科研成果商业化进程大大加快,20世纪70年代又迎来大学技术商业化和衍生活动活跃的10年。一方面,更多的大学开始制定政策来管理科研成果,建立技术授权办公室来管理自己的专利权。这种办公室从1960年的6个增加到1950年的25个。④ 另一方面,创业者开始在很多主要大学创立新的衍生公司,以争取越来越多的联邦支助研发技术,获取衍生利益。最重要的尝试可能是波士顿大学建立的与大学有联系的企业资本资金,并直接进行管理。⑤

美国现行的科技体制也在这一阶段逐步形成并完善。其间涌现了大量的大学研究中心,形成多个高新技术科技园区,如"波士顿128号公路高技术园区""斯坦福研究园",并由此带来了美国"硅谷"的崛起和繁荣,以及由北卡罗来纳州立大学等3所大学共同组建的"科研三角园"等。⑥ 在此基础上,美国启动企业—大学合作研究中心、工程研究中心项目,至2009年已建有50多个。

---

① 沈红. 美国研究型大学形成与发展[M]. 武汉:华中科技大学出版社,1999.
② 陈学飞. 美国高等教育发展史[M]. 成都:四川大学出版社,1989.
③ 沈红. 美国研究型大学形成与发展[M]. 武汉:华中科技大学出版社,1999.
④ Shane S A. Academic Entrepreneurship: University Spinoffs and Wealth Creation [M]. MA: Edward Elgar Publishing Inc, 2004.
⑤ 同上.
⑥ 刘力. 产学研合作的历史考察及比较研究[D]. 杭州:浙江大学,2001.

（四）繁荣时期

美国产学研协同创新的繁荣时期始于20世纪80年代，至今不衰。主要标志是《拜杜法案》《史蒂文森－威德勒技术创新法》（1986年补充修订后改称《联邦技术转移法案》）的颁布，专利法的变更、生物医药技术的变革、资金渠道的变化等，拉近了学术界与产业界的合作关系，加快了大学学术成果商业化进程，并诞生了产业孵化器和风险投资基金等一系列有助于大学科技公司生产的机制。1980年，产业对大学研究的支持超过了学术研究支出的4%，到1998年，这一比例达到7.4%。[①] 2012年，美国产业界对大学自然科学和工程科学领域投入的R&D研究经费为32亿美元，占学术研究总支出的5%。

1980年，美国国会通过的《拜杜法案》从法律上规范了由联邦政府资助、授权的大学研究成果的行政事务，包括科研发明的知识产权以及从知识产权许可中获利的机会，开始了大学技术生产、专利发明蓬勃发展时期。有关资料显示，自1980年起，美国研究型大学专利数量的增幅已经超过850%，每100万美元的科研经费产出的发明专利数从1980年的0.03增至1997年的0.11。[②] 技术转让办公室数量从1980年的25个增长到1990年200个，授予美国大学的专利数量也从1980年的近300个上升到1995年的近2 000个。[③] 从1991年到2003年，每年新的许可量从1 229件达到了4 516件，总量达2.5979万件。据2010年美国大学技术管理者协会报告，联邦政府资助高校的发明专利转让已催生6 000家新企业，产生了4 300种新产品和153种药物。

1980年颁布的《史蒂文森－威德勒技术创新法》1986年补充修订后改称《联邦技术转移法案》，以联邦实验室为规范客体，是美国首部促进政府科技资源开发利用的法律。其核心思想包括：允许联邦实验室为产业界提供技术转移；[④] 成立联邦技术利用中心以协调各联邦实验室工作；要求年预算超2 000万美元的联邦实验室设立研发成果推广转化机构，且推广转化经费不低于研发总预算的0.5%；设立国家技术奖，奖励在技术创新和技术人才培养方面做出突出贡献的企业和个人。该法的颁布、完善、实施有力促进了美国的技术创新和转移。

[①] Mowery D, Nelson R R, Sampat B N, et al. Ivory Tower and Industrial Innovation [M]. Stanford: Stanford University Press, 2004.

[②] Shane S A. Academic Entrepreneurship: University Spinoffs and Wealth Creation [M]. MA: Edward Elgar Publishing Inc, 2004.

[③] 埃兹科维茨. 麻省理工学院与创业科学的兴起 [M]. 王孙禹, 袁本涛, 译. 北京: 清华大学出版社, 2007.

[④] 郑笑. 美国技术转让法律政策简介 [J]. 全球科技经济瞭望, 2004(11): 4-7.

在此阶段，出现了很多支持大学技术商业化的机构，旨在强化大学衍生企业的机能，产学研合作蓬勃发展。从1980年到1993年，美国平均每年产生83.5家学术衍生机构，而从1995年到2000年，产生衍生机构的比例从53%增加到了64%，仅2000年就产生了454家，而2011年上涨到617家。

二、美国协同创新机制

协同创新活动要求产学研各创新主体通过特定的途径和方式寻求合作、相互制约和利益均衡，实现整体效益最大化。不同主体在协同创新中因作用不同，在互动中形成了形态各异的协同创新模式。经济合作与发展组织将产学研合作类型分为八大类，包括各类研究支持、各种训练计划和研究平台。

"官产学一体化"协同创新策略是美国经济和科技之所以能够傲视群雄的重要因素，为其稳坐世界创新头把交椅奠定了坚实基础。美国经济和科技在20世纪领先于世界正是得益于其卓越的创新。[1] 美国协同创新体系主要建立在大学、研究机构、政府和企业等不同主体合作基础之上，根据合作目的、主体作用、利益分配方式等不同标准，可以把美国产学研协同创新各主体的作用模式划分为三类：组建方式、科研成果转化方式和参与成员类型。[2] 但不管何种方式，都是通过不同主体利用各自优势资源进行科技研发、产品生产和市场营运，以实现合作效益最大化。其中，大学和科研机构主要凭借其强大的人力资源优势和知识创造能力来实现协同创新中的科研成果转化和创新能力提升；企业主要凭借其对市场动态和需求的准确把握来实现协同创新中的经济效益和核心竞争力提升；而政府更多扮演指导者、协调者角色，为协同创新活动的顺利进行发挥政策引导、财力资助、关系协调和有力的推动作用。从20世纪50年代起，美国大学、科研机构、企业和政府通过建立高新技术产业园、企业孵化器、产业/大学合作研究中心、工程研究中心和概念认证中心等协同创新组织模式，将科研与技术开发、产品制造密切结合起来，不断提升国家竞争力。

在美国，不同研究机构组成协同合作团队是较具代表性的协同创新组织模式。1980年，美国国家科学基金会（National Science Foundation，NSF）正式启动工程研究中心（Engineering Research Center，ERC）和产业/大学合作研究中心（Industry/University Cooperative Research Centers，I/UCRC）项目。1984年，

---

[1] 美国创新战略：推动可持续增长和高质量就业［J］. 中国科技产业，2010（Z1）：132.
[2] 蓝晓霞. 美国产学研协同创新机制研究［M］. 北京：北京交通大学出版社，2014.

美国国会通过的《国家合作研究法》把协同创新作为一项国策加以推进，科研活动联系紧密化、国家政策引导规范化、企业创新路径开放化共同构成了美国合作研究中心发展的重要推手。这种产业—大学合作研究中心发展迅速，已被视为"美国全新的国家实验室"，成为协同创新有效模式之一，并延伸发展为"州/产业/大学合作研究中心"（S/I/UCRC）模式。"工程研究中心"项目是政府引导、高校实施、企业参与的产学研协同创新平台，旨在整合高校、科研机构和企业优势资源，加强校企合作，共同创造知识和实现创新，解决重大社会问题，从而增强国家竞争力，是通过协同创新促进高校资源整合、以跨学科领域促进学科发展、提升创新能力的典型。[1]I/UCRC协同创新联盟有3种协同组织形式，包括一所大学与多企业、多大学与多企业以及通过合约与大学、企业的协同，其中以第二种形式居多。2013年运行的65个中心，有62个是多大学联合主持的。构成联盟的主要有高校内部"组织化研究单位"（Organized Research Unit）、"产业联盟"（Industry Affiliates）和"研发联盟"（R & D Consortia）等联合体，特征是受国家科学基金会专项资金、企业会费资助，依托所在大学实验室，组合有合作研究意愿的教师和企业研究人员，开展以产业前沿竞争性和共性技术为研究内容的产学协同创新，强化大学和企业之间的网状协同创新能力，提升研究能力。I/UCRC协同创新联盟采取联盟主任负责制，同时，注重发挥学术咨询委员会、产业咨询委员会等咨询和指导作用。[2]

第二节　欧盟借鉴：协同创新组织模式比较分析

《2014年全球创新指数报告》显示，欧盟地区创新能力强大。欧盟地区拥有均衡分布的丰富创新资源，欧盟各国不仅重视建设国家创新体系，而且重在持续推进，成效明显。[3]

---

[1] 何洁,李晓强,周辉. 美国工程研究中心建设对我国政府资助产学研协同创新平台建设的启示 [J]. 科技进步与对策, 2013（17）: 10.
[2] 武学超. 美国产学研协同创新联盟建设与经验：以I/UCRC模式为例 [J]. 中国高教研究, 2012（4）: 48-49.
[3] 刘凤朝,徐茜,韩姝颖,等. 全球创新资源的分布特征与空间差异：基于OECD数据的分析 [J]. 研究与发展管理, 2011（1）: 11-15.

一、欧盟协同创新体系发展历程

欧盟地区国家众多，其区域协同创新体系的形成和完善并不是一蹴而就的，而是经历了从相对分散到逐渐统一的过程。

（一）探索时期

20世纪60—70年代，欧盟国家开始尝试区域协同创新，主要由英（2020年已脱欧）、法、德、意等几个大国主导，重点选择航空航天和核能等尖端技术领域，并以有限的几个大型计划为依托。

第二次世界大战后，许多欧洲科学家离开西欧（当时东欧多是社会主义国家）到美国工作。虽然20世纪50年代的繁荣使西欧国家能够投资太空领域的研究，西欧科学家发现单个的国家项目将不能与两个超级大国竞争。1958年，在"旅行者号"发射仅1个月后，当时西欧科学界最突出的两个成员爱德阿多·阿玛尔迪（Edoardo Amaldi）和皮埃尔·奥热（Pierre Auger），发起成立了欧洲空间局，当时有8个欧洲国家代表参与会议讨论，由此拉开了欧盟地区协同创新的序幕。1961年，欧洲运载火箭发展组织（ELDO）成立；1964年，欧洲太空研究组织（ESRO）成立；1971年，根据空客研发计划成立了欧洲科技领域研究合作组织（COST）；1975年，ELDO和ESRO合并，成立了欧洲航天局（ESA）；同年，欧洲航天局完成了它的第一个重大科技任务——监测宇宙中伽马射线辐射的太空探测器。

（二）形成时期

20世纪70年代后，石油危机影响了欧洲经济，这使得欧洲各国更加清醒地认识到协同技术创新的重要性。20世纪80年代，随着欧盟第一个研发框架计划（FPI，1984）和"欧洲研究协调机构"（European Research Coordination Agency，1985）即"尤里卡"（EURECA）相继启动，欧洲的区域协同创新体系初步形成，这一发展进程在1993年欧共体更名为欧盟后进一步加快。"尤里卡"实际上是面向欧洲各国合作的"开放框架"，通过企业与科研机构的紧密结合，解决了基础研究与市场脱节的难题。"尤里卡"有3个特点：一是由各参与主体自立选题、自选伙伴、自定合作范围及方式，并经国家确定；二是必须吸引两个以上国际企业参与；三是50%以上资金必须由企业界提供。

（三）繁荣时期

进入21世纪，随着知识经济的到来和信息技术的发展，协同创新被赋予了更迫切的要求，"里斯本战略"成为这个时期的标志。"里斯本战略"事关欧盟10年经济发展规划，是欧盟15国首脑2000年3月在葡萄牙首都里斯本举行特别会议通过的，该会议围绕欧盟经济、科技、教育、社会方方面面制定了28个主目标和120个次目标，其中，就业率和科研投入被认为是两个最重要的目标。通过欧洲研究区（ERA）的建设，加快欧洲经济改革，促进就业，鼓励创新，探索创新升级，以保证欧盟科学研究始终卓越。这个战略历时多年反复不断调整完善，直至2007年重新审议确立。欧盟委员会2007年研究结果显示，经过调整充实后启动的"里斯本战略"效果显现。

（四）全面协同时期

2008年的金融危机使欧盟再次自省，唯有不断创新才是走出困局的正确途径。2010年，欧盟发布"2020战略"，强化协同创新体系的构建，以期引领欧盟经济走出债务危机，增强欧盟竞争力。这份纲领性文件确定了欧盟对未来10年的关注点是科技创新、研发、教育、清洁能源及劳动力市场自由化，指出了欧盟经济的增长方式为基于知识和创新的"智能增长"，体现"绿色""生态"的"可持续增长"，服务、回报社会的"包容性增长"。为此，欧盟各国首脑在科研投入、就业机会、环境保护、受教育权益、消灭贫困5个方面达成共识，定出量化指标，并附以七大配套计划来实现上述三项增长，包括"欧洲数字化议程""资源效率型欧洲""新技能和新就业议程"等。欧盟"2020战略"有两个突出特点：一是强调科技和创新对经济社会发展的引领作用；二是更加关注经济社会发展质量，关注公民从经济发展中获益的程度。

另外，作为落实欧盟发展战略的主要操作工具的"第七框架计划"（FP7）于2013年年底结束，"地平线2020"（Horizon 2020）于2014年启动。"地平线2020"是欧盟实施创新政策的资金工具，计划周期7年（2014—2020年），预算总额约为770.28亿欧元。"地平线2020"计划是在整合原有的研发框架计划、欧洲研究区和"尤里卡"的基础上，重新设计的整体研发框架，并着力支持建设各类创新平台。同时，简化和规范各类政策支持、模式流程、资助体系，使之参与扩大化、人才广泛化、模式新颖化。该计划的提出标志着欧盟在研究创新计划方面进入了新纪元。

二、欧盟协同创新组织模式特点

欧盟各国在产学研协同创新方面虽不及美国和日本，但也做了很多探索，尤其进入 21 世纪以来，作为欧洲一体化组织的欧盟，先后发布了《大学在知识型欧洲中的作用》《实现大学现代化的议程：教育、研究与创新》等报告，以促进大学与企业的交流合作，加快大学的科技成果转化等，推动大学、科研机构、企业、政府和社会组织开展协同创新。下面以欧盟几个具有代表性的成员国为例做具体阐述。

（一）法国

法国是世界科技强国之一，但其早期大学与科研机构职能单一、泾渭分明的界限使法国陷入科技与经济落后的危机。20 世纪 30 年代末，随着法国经济和社会发展，高等教育在社会生活和国家创新体系中的地位越来越突出，整合高等教育与科研体制成为必要。1939 年 10 月，由著名物理学家约里奥·居里主导建立的法国科学研究中心，拉开了法国学研协同创新的序幕。第二次世界大战后，通过中心重组，把所属的 3/4 的实验室建立在 190 所大学内，由中心提供科研经费，中心一半人员参与其中，充分利用大学的大型基础设施和研究生开展研究，不仅取得了高水平的研究成果，也极大地推动了高等教育整体水平的提升。

20 世纪后半叶，法国大学与科研机构协同创新进程加快，突出的是大学医学院与地方医疗机构组建"大学医学教育与医疗中心"（Centre Hospitalier Universitaire），以需求为导向，以任务为牵引，共同开展科学研究，协同培养医疗创新人才。随后，法国创建混合研究单位（UMR），由国家研究机构联合高校研究机构通过合约形式共同开展基础研究、关键技术研发和应用研究，共同培养高尖端创新人才。[①]1968 年，法国政府颁布《高等教育方向指导法》，进一步推动大学与研究机构的协同创新，不仅促进了教学与科研的协同发展，也推动了边缘学科、交叉学科、新兴学科的诞生和发展。1984 年，法国颁布的《高等教育法》（《萨瓦里法》），把科学研究作为大学的重要任务之一，并用"教育与研究单位"取代"教学与科研单位"，强化高校开展科学研究、加强科研成果转化的重要作用。1992 年，《世界报》曾刊文《法国高等教育应该改革》，充分肯定了法国学研协同创新的巨大成就。为了打破大学与研究机构间的体制壁垒，更好地推进协同创新，1999 年，法国颁布《创新与研究法》，调整科研人员的流动机制，给予他们更多的选择自由，有效解决了大学与研究机构协同创新的体制障碍，协同创新的机制更加流畅。进入 21 世纪后，法国大学与研究机构的关系更加密切，在 2006 年的《科研指导法》和 2007 年的《大学自由与责任法》颁

---

① 庞青山. 法国高等教育特色制度的演进[J]. 比较教育研究，2011（3）：37-41.

布之后，又有许多新的机构创立，造成了一定混乱。为了保持和增强科研实力，统筹规划国家科学研究和科技创新，法国首次将高等教育与科学研究问题列入同一法律，即 2013 年颁布了《高等教育与研究指导法》，明确了法国发展高等教育和科学研究的四大目标：一是为所有大学生提供成功的更好机会，在 2020 年将大学生数量翻一番；二是赋予科学研究新的动力，制定了与"欧洲 2020 年科学发展计划"相协调的战略进程，面对经济和社会的重大挑战，设置八项重点研究领域和人文社会科学与技术领域的横向专题；三是依法构建国家协同创新体系，通过精简机构、整合资源、治理改革等为大学与科研机构协同创新、共同迈向卓越创造条件、提供便利；四是扩大法国科研项目在欧盟中的份额，增强法国学术机构的吸引力。[①]

法国的高校、科研机构和企业在国家政策推动下，创立了多种形式和内涵的高校协同创新组织模式。一是高等教育与研究集群，后被大学与研究机构共同体（又称"联合大学"）所取代。相较于前者，后者是大学与研究机构基于人力、物力、财力等资源共享、风险共担而形成的可持续的协同创新组织，是地理上临近区域的综合大学、高等专业学院、科学研究机构形成的一种联合体，是成员学校和机构之间资源与活动互助共享及合作的工具，并按法律获得公立科学合作机构的身份地位，能颁发各类文凭（含博士学位）。"联合大学"内设机构包括校务委员会、学术与教学指导委员会和执行办公室。校务委员会公开招聘校长；学术与教学指导委员会负责制订教育与研究中长期发展规划并向校务委员会提供建议；执行办公室由"联合大学"校长和各成员学校校长组成，负责组织实施。二是竞争力集群。这是 2005 年创立的一种由国家认定的创新联合体，由特定区域内大学、企业和公立或私立研究机构为实施共同的经济发展计划而组建，以支持创新为目的。它还支持集群内的成员企业在市场中推广从研究计划中获得的新产品、新工艺或新服务，提升企业在国内和国际市场上的地位，并成为经济增长和就业的新引擎。法国政府对"竞争力集群"提供资金扶持并实行税收优惠等政策，2005 年至 2013 年，其共完成 1 313 个项目，得到资助资金 23.7 亿欧元，其中 14.5 亿由国家资助，15 000 余名研究人员参与其中。集群内部实行由大学、企业和科研机构等成员单位组成的理事会制，为协同创新提供全面服务，协助解决创新中的各种问题。三是高端主题研究网络（RTRA）。这是根据国际科技前沿或国家、地方、行业等重点发展规划、重大科学主题、关键技术问题等，联合法国

---

① 王晓辉. 法国高校协同创新政策与实践［J］. 清华大学教育研究，2014（4）：46-54.

或欧洲高校（公立、私立）、科研机构、企业和地区集团或协会参与的研究集群，集基础研究、应用研究、技术创新、产品开发和人才培养为一体。一般通过各成员单位签订合约，以创建科学合作基金的法人方式运行，国家是主要投资方和合作方。截至2009年7月，法国共建立22个高端主题研究网络，其中9个是专门针对医学的，其余13个涵盖了数学、物理、化学、工程、通信信息、生命科学、经济学和人类社会学等主要科研领域，共有40个高等教育机构、科研机构和企业、6 000余名科研人员和临床医生参与其中。四是博士学院。这是极具特色的学研协同创新组织，人才培养的重要地位和作用凸显。博士学院以联盟形式吸收多所高校、研究机构加盟，经政府评估、授权而设立，标志着法国推进大学在本科生、硕士生第一和第二阶段教育后，规范和强化了第三阶段教育——博士生教育。目前，法国共有300余所博士学院，涵盖10大领域、70个分支，与1 200多个研究室、实验室合作，有6.2万名教授及研究人员，在校生7万余名，每年授予博士学位1万个。

（二）德国

作为欧洲经济实力最强的发达国家，德国向来以其卓越的科技创新能力和领先全球的产业竞争力闻名于世，科研协同创新被作为国民经济增长的重要概念加以应用，是国家有效创新体系的根基。学术界与经济界的科研协同程度，基础研究与应用研究的互补性结合，成为衡量国家创新能力的主要标准。实践证明，德国协同创新的成功取决于高校、独立科研机构和企业三大主体构成的创新体系，学研、产学及产学研之间形成的协同创新对德国创新能力的提升均有重要贡献。据德国联邦统计局统计报告显示，2010年德国经济强劲复苏，率先走出危机，国内生产总值增长率高达3.6%，为两德统一以来最快增速。[①] 为保持竞争优势，德国先后出台了一系列相关政策，进一步推动多主体协同创新。

（1）提供制度体制保障。最典型的是2006年德国联邦和州政府从国家战略高度推出的"三大公约"，即"高校公约""研究与创新公约""精英计划"。"高校公约"重在强化基础人才培养；"研究与创新公约"通过每年递增3%～5%的研究经费来促进研究机构更加卓越、更具创新力；"精英计划"则致力于青年科学家的培养，并以国际顶尖大学为建设目标。[②] "三大公约"明确协同创新各主体任务分工，均鼓励高校和校外研究机构加强联网和协同，二者不同的研究特

[①] 孟曙光, 王志强. 德国依靠科技创新率先走出危机[J]. 全球科技经济瞭望, 2011(8): 38-46.
[②] 周小丁, 罗俊, 黄群. 德国高校与国立研究机构协同创新模式研究[J]. 科研管理, 2014(5): 146.

色形成了资源配置的差异化，更有利于相互之间基于学科特色、人才特点和科研设备等形成资源和优势互补，从而推动协同创新，实现更多创新目标。此外，德国政府通过体制改革促进创新主体间融合，保证协同创新的战略取向，如1994年合并研究技术部和教育科学部而组建教育科学研究部，1995年建立由政、产、学、研各界代表参与的"研究技术与创新委员会"，2006年设立新的"创新与增长委员会"和职能部门"高等院校与研究机构司"，以法律形式明确高校是唯一博士学位授予机构，从机制上有效保证创新人才培养质量等，都为国家科研创新能力的提升提供了更好的制度环境。2007年，德国科学委员会就协同创新"战略伙伴关系"提出了具体内容：建设战略伙伴关系和联盟，扩建共同集群并加强管理，创办衍生公司，扩大基金教职岗位等。

（2）建立实体性合作平台。早在1968年德国就开始推动建立"三跨"研究中心，即跨学校、跨学科、跨区域，以构建高校、科研机构与企业间稳定的协同关系。特别是2006年推出的"卓越计划"，通过对一流大学、科研团队和博士生培养3个领域支持项目的评选，积极倡导高校与校外科研机构、企业的协作。有数据显示，在德国1 086个"卓越计划"项目中，产学研合作项目达529个，占比为51.4%。[①]

（3）实施"研究型校园"计划。该计划由德国政府在《2020高技术战略》中提出，以推动高校与科研机构、行业企业开展协同创新。所谓"研究型校园"，一是集企业和公共研究资源优势于一所在地大学或独立科研机构内；二是突出基础研究分量，制订中长期规划并从中选题；三是建立新型公私合作研究机制，形成全社会协同创新。每个获选的"研究型校园"项目每年最多获得政府支持经费200万欧元，资助时间最长15年。与以往其他合作相比，此计划更注重三大研究主体在青年人才培养和使用以及提高自身国际化水平方面的合作。[②]

（4）形成科学系统内协同创新的经典模式。①基于创新价值链的多主体协同。德国政府将高校与企业协同创新视为提升高校科技创新力的必要途径，并在重大国际战略中加以强化，而高校也充分意识到，与产业界的协同是实现卓越教学与科研的必然选择，协同型高校是未来发展趋势。德国战略性校企协同创新模式主要有4种：一是基于项目生命周期的点到面协同模式，即从传统的技术转移、咨询鉴定等项目周期上关键点位的协同转向从立项到产业化整个周期的协同；二

---

① 朱佳妮. 德国"卓越计划"与"精英大学"初探［J］. 世界教育信息，2007（5）：25-29.
② 朱佳妮，朱军文，刘念才. 高校协同创新：德国的经验及对我国的启示［J］. 复旦教育论坛，2013（5）：89-90.

第五章　价值逻辑：应然的取向与规范性的理想

是全方位协同模式，不仅有项目合作，还进行人才交流合作，以实现教研相辅相成、科研反哺创新人才培养；三是长期培育自发生成协同模式，一方面通过在高校开设创新课程培育创业文化和潜在企业家，另一方面促进高校和校外企业、研究机构加强联系，共同培育和支持大学衍生企业并形成有机的协同伙伴；四是创新集群模式，最典型的当属弗劳恩霍夫创新集群，其显著特征是科技与经济相结合并成为区域内高校与企业密切协同创新的纽带。创新集群开放的自组织特征，将打破来自不同社会系统，有不同知识背景、社会文化和行业特性的多主体间的壁垒，整合各类创新要素激发活力。① ②校研协同创新的共性和个性模式。② 校研协同创新是指德国科学研究系统内部开展的机构间协同创新活动，即高校与高校外研究机构的实质性合作。德国校研协同创新共性模式有5种：一是战略创新平台模式，主要依托"精英计划"共建科研和人才培养平台，增强高校国际竞争力和科研国际显示度；二是联合研究项目模式，旨在推动校研合作交流和资源共享；三是联合聘任高校教席模式，尤其是高校与德国四大研究机构联合培养博士生，以此带动校研双方知识更新、人才交流、教研互动；四是共享科学设施模式，最典型的是亥姆霍兹联合会基于大型研究基础设施的协同，每年吸引德国和世界各地6 000多名科学家参与其中；五是共建时效性研究单元模式，校研通过组建研究小组或虚拟研究所，整合资源、协同攻关，解决关键科学问题。德国校研协同创新的个性模式最主要的有校研机构合并模式、创新人才培养协同模式和弗劳恩霍夫模式。不同于共性模式的是，个性模式是建立在战略平台上基于项目生命周期的具有长效性的协同。从项目的立项选择、资源配置到知识创造、人才培养再到成果转化、战略创新等，双方都全过程参与其中并共同完成。③职业教育协同创新。德国"双元制"职业教育模式在世界上享有盛誉，是一种集学校与学校、学校与企业以及学校与政府等多方面协同共同培养创新人才的教育模式。另外，德国的应用科学大学为德国的产业发展做出了突出贡献，在培养应用型人才特别是各行各业工程师方面与"双元制"职业教育同等盛名，在全球高等教育市场上极具吸引力和竞争力。其科技创新主要通过与企业的合作得以实现，如企业通过向学生提供实习岗位、资助科研项目以及成立高校理事会或咨询委员会的方式参与高校的教学、科研和管理等活动。③

---

① 周小丁,黄群.德国高校与企业协同创新模式及其借鉴[J].德国研究,2013(2)：113-122.
② 周小丁,罗骏,黄群.德国高校与国立研究机构协同创新模式研究[J].科研管理,2014(5)：145-151.
③ 孙进.德国应用科学大学校企合作的形式、特点与发展趋向[J].比较教育研究,2012(2)：41-45.

（三）芬兰

芬兰的协同创新网络模式特点突出、成效显著。创新网络包括组成网络的各节点、节点间的关系链和在网络中流动的创新资源。其中，ICT（信息与通信技术）创新网络有效提高了芬兰的技术创新能力。ICT创新网络由高等院校、行业企业、科研院所、政府部门、中介组织、金融机构等主体构成，对创新成果的推广应用使行业企业成为创新系统主体并居于网络中心地位，构成了政、产、学、研等节点间的相互关系链，知识流、信息流、资金流等汇聚期间。最典型的当属芬兰"信息通信技术联盟"，该联盟由29所大学、200多家包括诺基亚等知名企业在内的信息通信企业和政府组织、金融服务组织以及科技中介机构共同组成，超强的技术创新合力使芬兰一跃成为世界通信强国。"大学、科研机构与产业界的协同创新、共同致力于将知识技能转化为关键的社会资本"，其中，芬兰阿尔托大学围绕教育、研究和创新三大知识领域协同发展逻辑的改革，成为推动欧洲经济体可持续发展新动力的典型。①

正如协同创新体系和网络的形成往往要依靠一些中心节点一样，欧盟的多个创新能力强的国家也都有一些机构或组织在发挥强大的协同创新中心联结能力。比较典型的有两类：政府机构和非政府非营利性公共机构。前者全面管理创新资金和创新活动全过程，后者侧重对某一领域协同创新的统筹和深入。以芬兰国家技术创新局（Technology Development Centre of Finland，Tekes）为例，Tekes隶属芬兰就业和经济部，创立于1983年，是芬兰投资于研究和开发的主要国家机构，主要进行技术规划、环境发展创新、评估资助创新等。其重点关注特定领域，鼓励并推动产学研合作，以及产业链各主体之间的合作，形成有效协同创新网络，共同实施某项国家技术计划，推动产业群的形成，时间一般以5年为限。以政府为主导、以Tekes为核心机构的芬兰技术创新体系克服了科研、开发和应用脱节的困难，使国家科技事业走在"开放式、多层次、跨领域、实用化"的系统发展轨道上。Tekes资助了包括诺基亚在内的所有成功的高技术企业。

如上所述，欧盟的协同创新体系集聚了最为广泛的创新要素和参与者，依据不同的创新资源和主导力量，形成了各具特色的协同创新组织模式，并有相互融合发展的趋势。比较典型的模式有四种：一是以中心机构为主导的协同创新。中心机构可以是政府机构，如芬兰的国家技术创新局，也可以是在长期发展中形成优势的研究会或学会，如德国的马普学会，这个学会下辖80个研究机构，研究

---

① 孙爱民. 协同创新在芬兰 [N]. 中国科学报，2013-07-03（4）.

范围广、研发实力强、成果丰硕，20世纪50年代以来德国的30余名诺贝尔奖得主一半以上来自这个学会；中心机构在协同创新网络的创建过程中起着主导作用；通过该中心机构形成的创新网络成为该区域最有影响力的组织，对国内外创新资源的整合更具主动性、全面性。二是以项目多元合作为基础的协同创新。其不仅鼓励公私各方相关者参与，而且鼓励不同国家、不同行业、不同类型的多家机构共同合作，建立知识伙伴关系，形成统一协调网络。三是以知识群组构建的协同创新。聚焦新兴学科和产业领域融合渗透，或者多个学科的聚合，典型代表有欧洲创新与技术研究院的知识和创新共同体（KICs）、瑞典卓越中心和德国弗劳恩霍夫协会的创新集群及联盟等。这种模式重在打破学科和技术界限，进行交叉创新，以共同主题为整合创新资源的基本依据。群组中各个组织既保持独立性又能整合力量形成最大创新效果，具有更大研究自主性和长远性。四是虚拟协同创新模式。先进性、开放性和动态性是这种创新网络的特点。创新网络以新兴技术形成的新型创新工具为基础，在创新主体参与、创新信息交流、创新工具利用和创新成果发布利用等方面具有最大化的动态性、共享性和广泛性。典型代表有英国提出的e-Science概念和"地平线2020"提出的e-Infrastructures理念。

第三节　典型案例：借鉴思考为我所用

一、从美国I/UCRC看协同创新

20世纪70年代，面对西欧和日本科技发展的强劲势头，美国政府把提高科技竞争力、重塑科学技术世界领导地位作为重要战略。通过密切和重构大学、产业与政府间新型合作关系，组建政产学研协同创新联盟，在此背景下，美国国家科学基金会开始实施产业/大学合作研究中心（Industry/University Cooperative Research Centers，I/UCRC）项目，通过不断创新，目前，I/UCRC及其拓展S/I/UCRC（州/产业/大学合作研究中心）已发展成为美国最完善的产学研协同创新模式。[1]

（一）缘起与发展过程

1972年，美国国家科学基金会启动"实验研发激励计划"（Experimental R & D Incentives Program，ERDIP），意在通过大学与产业协同创新，提升国家技

---

[1] 武学超. 美国产学研协同创新联盟建设与经验：以I/UCRC模式为例[J]. 中国高教研究，2012（4）：47-50.

术竞争力。ERDIP 包含协同研发、实验室认证援助、创新中心以及医疗设备四个实验项目，以增加研发活动的非联邦投资，提高科技成果转化率为目标。[①] 其中，"协同研发试验项目"经过一年和四年规划期两个阶段的发展，形成了三种协同创新模式，分别是研发推广模式、第三方经纪人参与产学合作模式以及以大学为基地的研究联盟模式。相关评估证明，以大学为基地的研究联盟模式显示出其获得可持续性产业资助的能力，并在协同创新和管理上被证明有效。自此，该模式被正式命名为"产业/大学合作研究中心"，即 I/UCRC，成为"实验研发激励计划"创新项目中"最适宜幸存者"得以在美国推广。

随着美国《联邦技术转移法案》《国家合作研究法》等一系列技术创新政策的出台，"产业/大学合作研究中心"创新联盟获得了新的发展，制度化地建立，成为当时美国最大规模、最成功的协同创新模式。多大学中心是 I/UCRC 的主流。目前，I/UCRC 协同创新联盟网络在全美有 110 个之多，其中，2010—2011 年国家科学基金会资助的有 59 个，涵盖 100 多所研究型大学、800 多名教授、1 000 多名研究生和 250 多名本科生参与其中，有合作企业 700 多家，年总资助额超 7 500 万美元，且绝大多数经费来自企业。

（二）目标与价值取向

I/UCRC 中心建立，主要是通过发展政产学合作研究的战略关系，促进教育、科研、创新资源优势的集成与协同，服务美国的科学研究事业发展，逐步形成完善的创新体制与机制；通过政产学合作开展科学研究，提升美国的创新竞争力；利用 NSF 投资鼓励企业参与科学研究提升工业企业研发能力，并带动企业资助研究生，以提供高质量的跨学科教育，培养经验丰富、训练有素的新一代科学家和工程师等创新人才。

学科交叉是 NSF 选择中心的首要原则，重点开展创新型基础研究和应用研究。I/UCRC 对研发方向的选择主要集中在工程与应用科学研究方面，以 2013 年 I/UCRC 的 65 个中心为例，涉及先进电子技术和光子学（11%）、先进制造技术（12%）、先进材料（12%）、生物技术（6%）、民用基础设施建设（5%）、能源与环境（17%）、卫生与安全（5%）、信息通信和计算科学（26%）以及系统设计与仿真（6%）九大类（见图 5-1）。

[①] Eveland J D, Hetzner W A, Tornatzky L. Development of University–Industry Cooperative Research Centers: Historieal Profiles [M]. Washington D.C. : National Science Foundation, 1984.

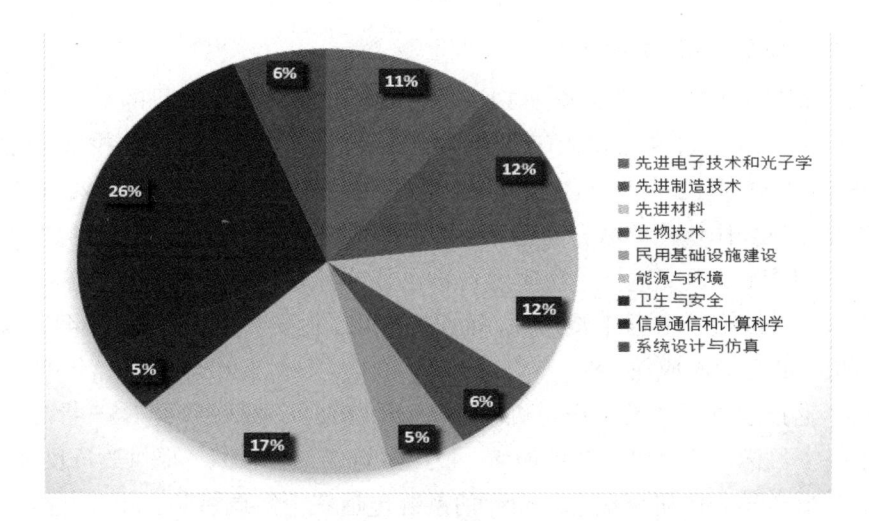

图 5-1　I/UCRC 学科分布情况（2013 年）

（三）组织与运作模式

1. 组织建立：申报与评审

NSF 通过申报和评审制度建立 I/UCRC，通过同行评议对新项目进行评估，以认定其是否可以成为 I/UCRC，评估内容主要包括研究战略、学科交叉、运作模式、领导力评价、企业行业支持、市场推广策略、利益机制等。评估重点，一是对申报主体有特别要求。美国本土高校、学术机构才有资格；任何符合资格的单位都可以申报多大学参与的 I/UCRC；已有独立申报且还在运行的 I/UCRC 的大学不能再申报独立参与的 I/UCRC，但可以申报多大学联合参与的项目；项目的首席科学家（PI）必须是全职终身教授；中心驻场主任必须是 PI；同一人只能是一个项目的 PI。二是有严格的评审制度。专门评审小组负责对申报书进行仔细评估，评估内容包括项目的大小、复杂性、跨学科内容或全国性的应用等；评审小组一般有 3～10 人，由 NSF 以外的科学家、工程师、教授、项目官员等组成；评审小组应具有多元性，兼顾不同机构类型、地域分布和人员种族、年龄等；评审专家的专长领域应是互补的，研究范围更广或者知识更广博。依据三大基本原则进行评审，即高质量项目、高社会价值、高影响力并可行。三是建立奖励推荐制度。在科学、系统、技术化、制度化评估之后，申报项目被推荐到对应的部门进行认定：拒绝或推荐奖励。如果被推荐为奖励项目，就可进入资助额度和相关财务事务的评估，最后进入 I/UCRC。总之，NSF 项目过程高度制度化。

2. 组织运营：资助与评估

NSF 通过合作杠杆机制资助 I/UCRC。因为 NSF 资助的目的是培育其在新领域开展研究，通过参与投入吸引社会企业参与，所以外部社会投资额远大于财政投入。NSF 资助一般分为三个阶段，每一阶段五年且资助额递减，即要让 I/UCRC 通过与合作伙伴的联合获得更多投入，实现自给自足。每个机构在申请成为 I/UCRC 时都要提交这样一份实现自给自足的计划。有关数据显示，只有 88% 的 I/UCRC 通过第一个五年奖励期，而通过第二个五年奖励期的有 74%，近 2/3 的 I/UCRC 最终走向成熟。[1]

NSF 通过建立系统的组织与机制评估 I/UCRC。评估项目经 NSF 批准，确立了四个基本目标，即产出和绩效如何、找出运行的最佳模式、提供改进反馈建议、帮助推广政产学合作研究理念。而评估系统包括三个协调机制、用于数据与信息采集的协同机制、一套标准的数据与信息采集模式、一种科学的分析手段、一个驻点的专业评估员。

完善的评估体系尤其是三个协调机制，使 NSF 的 I/UCRC 评估呈现出鲜明的制度化特色。①对所有 I/UCRC 成员提供全面的评估指导。②所有驻点评估员组成一个协调委员会，定期召开会议，加强沟通交流，共享交换信息，吸收新的评估员，投票决定评估相关事宜。③依托北卡罗来纳州立大学建立专业评估团队对应 NSF 项目，从评估网站的更新维护、评估数据的收集分析，到评估问卷的调查、评估报告的总结撰写。

此外，严格的评估员制度也使评估更加专业化、规范化。评估员本人所在组织可能与中心没有直接关系。评估员执行 NSF 指令，向 NSF 负责，评估涉及每个中心从筹划阶段到获得 NSF 资助阶段的所有环节，并建立独立的评估档案。评估内容包括：中心体制机制；研究的进程与成果；财务状况；研究的质量和影响；项目参与者，如大学教师、企业研究人员的满意度；大学与企业交流合作情况；中心研究人员的研究成果体现，如高质量论文的发表、专利成果的取得以及是否获得创新奖励等。

3. 组织模式：联盟与项目

为了加强大学与产业的密切联系，强化网状协同创新能力，多所大学与多家企业、研发机构联合构成协同创新联盟成为 I/UCRC 主要组织模式。这种联盟一般

---

[1] Coberly B M, Gray D O. Cooperative Research Centers and Faculty Satisfaction: A Multi-Level Predictive Analysis [J]. Journal Technology Transfer, 2010（5）: 547-565.

由三种联合体整合而成，一是组织化研究单位，这是 I/UCRC 的基础，主要建立在各大学但又不属于大学中的某一学术院系，是跨越相关学院、学科，可以吸纳不同专业教授参与的一种半自治性的研究组织；二是产业联盟，这是 I/UCRC 的重要组成部分，联盟成员可以是同一产业链中各行业企业，亦可以是同一行业内的相关企业；三是研发联盟，这是 I/UCRC 研发的重要力量，是由大学、企业、联邦实验室等不同科研机构的研究人员组成的跨部门研发共同体。可以说，在这种创新联盟的基础上建立的 I/UCRC，呈现出明显的产业导向性，更具创新力、竞争力。

I/UCRC 的项目构建也很有特点，主要有三种类型。一是协同创新工作平台项目。I/UCRC 联盟本身就是重要的协同创新平台，为参与协同创新各方提供机会、创造条件是平台的价值所在，如研发项目的规划、设计、实施以及研究技术开发、成果转移甚至协同进程等。平台的作用就是加强大学与产业等协同体之间的交流与合作，增强大学研究成果与产业需求的相关性、目标一致性。二是协同创新研究项目。I/UCRC 联盟研究项目主要以产业创新为导向，开展与产业需求相关的研究项目，重在提升产业创新力和生产力。通过及时向产业提供大学科研成果，缩短产业获得大学技术前必要的酝酿期，从而高效实现研发成果转化。三是协同育人项目。这主要是对科学家、工程师的教育培养。大多数 I/UCRC 联盟都把卓越工程教育和人才培养作为其主要目标，鼓励和吸引学生参与。通过这个项目，企业成为学生实习实践基地，学生有机会直接与科学家和工程师密切交流合作，接受相关培训，为走出校园进入企业提前做好准备。

4. 组织管理：机构与制度

I/UCRC 的组织管理机构是根据 NSF 的标准统一建构的，制度化特征明显。统一实行"评估+反馈+资助"模式，强调组织效率。每个 I/UCRC 中心管理机构均由中心主任（副主任）、首席研究员（项目主管）、企业咨询委员会、学术咨询委员会以及评估员（观察员）等组成，协同行使各项职能。①中心主任负责整个联盟的日常工作，管理研究项目和产业资助者选择的相关事务，向大学管理层汇报联盟实施情况，是产校联盟关系的协调员。多所大学联合主持的 I/UCRC 还设有副主任，管理其大学的研究团队，并负责与其他协同体的沟通与联系。②作为大学代表的驻点首席科学家（PI）是中心的业务骨干，管理中心负责规划、执行研究计划，寻找企业投资，提交年度研究计划，主持业务会议，组织完成所负责的研究项目等各项业务，以确保中心的活动符合 NSF、大学和会员企业的政策和利益，并向中心主任负责。在 PI 下还设立若干研究项目主管

(Project Leader），负责单个研究方向项目。③作为企业利益代表的工业咨询委员会（Industrial Advisory Board，IAB），是美国产学合作研究中心的民主决策组织，直接参与中心的决策与研究指导。IAB 由中心的会员企业各派出一名代表组成，通过会费的多少确定投票权，从中民主选举产生顾问委员会主席、副主席，按照委员会章程，批准、评估和监督中心的研究项目，并决定资金使用方向和数额。任何有关中心研究领域、组织程序的变更，都需要通过 IAB 投票表决通过。IAB 对中心主任有建议权，而中心主任对一般事务有最终决定权。产业部门广泛参与研究规划和评审，促使研发成果迅速向产业转移，极大提高了科技成果产品化、产业化效率。④学术咨询委员会（Academic Advisory Board，AAB）由参与大学学科骨干、学院院长以及其他一流大学的校长、副校长组成，主要处理如知识产权、专利、成果推广以及终身教职评定等重大政策性问题。⑤作为 NSF 代表的评估员，是政府资助机构参与中心管理的主要部分，由 NSF 任命，专门评估研究项目质量和与产业需求的适应度，评估结果与 NSF 进一步的资助紧密相关。

I/UCRC 有比较健全的基本组织运行制度。一是会员制度。即参与 I/UCRC 的成员单位都必须是相关行业企业、机构或非 NSF 的政府组织，且要提供资助资金，会员的权益与其资助额度成正比。可以是全职会员，也可以是兼职会员、合作会员或观察会员等。全职会员享有完全权益，而其他资格会员的权益有所限制，表 5-1 说明了一般会员的权益情况。此外，NSF 对 I/UCRC 的会员单位数量有明确要求，由一所大学独立主持的 I/UCRC，最少要有 8 个成员企业，且每年至少有会费 400 000 美元；由多所大学联合主持的 I/UCRC，至少要有 6 个全职会员企业，且每个企业的年费不低于 25 000 美元。① 会员制度使会员单位作为出资方与 NSF 和大学一起构成了一个利益共同体，不仅有效保证了这些协同体在合作研究中的实质性参与和忠诚度，同时也为研究中心的基础研究提供了重要的资金保障。二是民主决策制度。引入民主决策团体，参与 I/UCRC 决策组织的有工业咨询委员会、学术咨询委员会、中心主任与部门主管，表现出制度化与民主化特征。其中，学术咨询委员会从学术角度评估项目价值和前景，IAB 从市场角度进行评议，通过 IAB 大会选取确定。三是生命周期制度。NSF 对每一个 I/UCRC 的成立都有一个资助周期，分三个阶段资助，资助周期完成后表示该中心"毕业"，今后的发展需要其自给、自足、自立，通过资助期内得到的支持继续吸引社会力量获得生存。四是持续评估制度。NSF 通过派驻评估员每年对 I/

---

① Gray D O, Walters S G. Managing the Industry/University Cooperative Research Center [M]. Columbus, ohio: Battelle Press, 1998.

UCRC进行评估，促使中心保证充分的研究投入与效率。重点评估大学与企业的合作情况、研究进程与成果、资源配置效益、中心研究的质量和影响、项目参与人员的满意度等。评估结果与下一阶段资助相关。

表 5-1　会员资格、资助额度与权益示意[①]

成员单位	会费/美元	权益
A	50 000	1 成员资格，1 票
B	100 000	1 成员资格，2 票
C	150 000	1 成员资格，2 票
D	25 000	0.5 个成员资格，0.5 票

注：此为一般情况，以全职会员每年 50 000 美元计算

（四）协同成效与启示

资源汇聚。许多 I/UCRC 不仅充分利用 NSF 前期资助的研究型大学的研究资源，吸引大量优秀人才加入，还通过 NSF 的"种子资金"聘请管理专家和教授，积极吸纳企业参与。参与 I/UCRC 的企业通常向 I/UCRC 提供绝大部分资金支持，并捐赠大量实验设备，确保了 I/UCRC 必要的研究资源。

合作交流。I/UCRC 的一个重要使命就是把不同部门和单位的研究人员汇聚起来，组织为跨学科的创新团队，进行新的多学科领域的探索，以克服传统的学科单一、力量分散的弊病。这种跨越了学科、机构界限的合作机制，形成了学科互涉研究模式，有效地集合了大学学术研究与企业创新研究，形成了创新共同体，增强了共同体的协同创新能力。

主体激励。参与主体的积极性、政策的适用性以及利益相关者的合作态度、创新能力、努力程度、贡献大小等，是影响 I/UCRC 协同创新活动顺利开展的重要因素。对此，许多参与的研究型大学都制定了相应政策，协调大学科研人员参与 I/UCRC 创新活动与大学的使命性职务之间的冲突问题，以确保大学教师有充足的时间和精力投入创新活动。同样，作为协同体的企业，由于其对研究成果的使用依赖于其参与研究项目的程度，因此，参与的企业通常建立专门机构将技术信息向企业转移，并充分利用研究成果。

发展成就。I/UCRC 的发展与协同创新模式和要求吻合，通过整合科技力量、

[①] 黎子华. 美国"政产学"合作组织的管理与运行机制研究[D]. 上海：复旦大学，2013：42.

共享创新资源和集聚创新人才，实现产学研协同创新。借助于 I/UCRC 提供的高质量跨学科教育，美国培养了大批高尖端创新人才，NSF 发起的 I/UCRC 项目为提升美国工业企业研发能力和竞争力奠定了坚实基础。

二、协同创新的加拿大"NCE 计划"

（一）缘起与发展过程

"卓越中心网络"（NCE）[1]是加拿大联邦政府组建的国家协同创新计划，意在汇聚整合学术界、产业界与政府部门等的卓越创新资源，围绕经济社会发展开展尖端研发活动，加强卓越创新人才培养，加速科技成果转化，有效提升国家产学研协同创新能力。2010 年，加拿大产学研协同创新能力位居世界第七，NCE 功不可没。

加拿大的 NCE 协同创新计划是在国家科技发展战略驱动下实施的。早在 1925 年，加拿大政府就在麦吉尔大学（McGill University）成立了由大学、联邦政府、专业实验室和企业组建而成的科研协同联盟——加拿大纸浆及造纸研究所。1960 年启动的"产业科研援助计划"，开启了建设国家科研协同创新文化的开端。1984 年，进步保守党政府上台，加大了对大学的干预力度，制定了大学科研拨款资助政策和"五年财政计划"（1986 年），明确拨款委员会与私营部门加强协同的要求，拟通过配套资助措施提高产学科研协同创新能力。[2]之后，国家"创新行动战略"出台，在加拿大"高等教育论坛"上，600 多位各界代表呼吁建立国家创新网络系统。1988 年 1 月，"NCE 计划"正式启动。

（二）目标与价值取向

"NCE 计划"作为集聚优秀人才开展协同创新活动的平台，实质上是跨学科研究活动和战略性研究管理的整合系统，追求"卓越"的价值取向赋予了其获取国家最优秀研究者的战略任务。"NCE 计划"的设计理念深受英国学者吉本斯（Gibbons）的模式 II 知识生产观（1994 年）和美国学者司托克斯（D. E. Stokes）所提出的科学研究"巴斯德象限理论"（1996 年）的影响，其目标就是使其成为典型的模式 II 知识生产网络，即知识生产已经超越高等教育组织边界，知识生

---

[1] 武学超. 加拿大 NCE 协同创新计划的实施经验与启示 [J]. 高教探索，2015（4）：51-56.
[2] Fisher D, Atkinson-Grosjean J, House D. Changes in Academy/Industry/State Relations in Canada: The Creation and Development of the Networks of Centers of Excellence [J]. Minerva, 2001（39）: 299-325

产方式高度开放。"NCE 计划"在具体设计上摆脱了传统的基础与应用相分离的研究范式,重在构建多学科交叉、多部门协同的项目,充分体现了模式Ⅱ知识生产观的跨学科性、应用情境性、科学共同体的异质性、组织形式的多样性和通过建立学习型组织、异类团队等实施新型质量控制等特征。[①]

(三)组织与运作模式

1. 多元联盟组织模式

"NCE 计划"已形成五个创新联盟,每个联盟都拥有相当数量的大学、企业、政府部门、非营利组织和不同学科领域的研究人员等利益相关者,通过多元联盟的组织模式实现协同创新。(见表5-2)

表 5-2　2010/2011 "NCE 计划" 创新联盟[②]

创新联盟	属性	联盟伙伴
卓越中心网络(The Networks of Centres of Excellence,NCE)1989	面向学术前沿,开展科研及成果转化或商业化,促使学研与成果用户群体协同,加速知识创新	包括学术界、产业界、政府和非营利组织等,拥有1 788个国内伙伴、442个国外伙伴
商业化和研究卓越中心(Centres of Excellence for Commercialization and Research,CECR)2007	将卓越科研集群与企业部门相适配,共享知识和资源,从而加快新技术市场化和商业化进程	包括高等院校、科研院所、行业企业和其他非政府组织,拥有297个伙伴,其中52所大学、164家公司、12个联邦部门、20个省政府部门和49个其他部门
企业导向卓越中心网络(Business-Led Networks of Centres of Excellence,BL-NCE)2007	产业部门问题驱动的非营利性产业联盟,旨在增加私营部门对科研的投入,培训高技能人才,加快科研成果研发转化	190名研究人员,其中来自大学的30名,来自非大学的54名,高级职员106名
产业研发实习项目(Industrial Research and Development Internship,IRDI)2007	高级科技创新人才培养和培训,通过中短期科研协同项目,将各类人才置于私营部门,为其提供解决技术问题获得产业实践经验的机会	参与项目的大学46所,企业505家,实习生974人

[①] 武学超.加拿大NCE协同创新计划的实施经验与启示[J].高教探索,2015(4):51-56.
[②] 武学超.加拿大NCE协同创新计划的实施经验与启示[J].高教探索,2015(4):52.

续表

创新联盟	属性	联盟伙伴
NCE-知识流动网络（Knowledge Mobilization Networks of Centres of Excellence，NCE-KM）2010	是知识生产者与知识用户之间的协同创新联盟，通过来自不同领域、部门和机构的知识生产者和用户之间的国家或国际网络建设，促进新知识向社会经济发展所需领域转移和运用	学术界、政府、企业、非营利组织

2. 科学严格组建机制

一是确立目标领域。根据加拿大科技创新委员会确立的"NCE 计划"竞争框架，主要优先考虑四大领域、十五个子领域，具体为环境科技（内含水处理等两个子领域）、资源与能源（内含能源生产等四个子领域）、卫生及生命科学（内含再生医学等四个子领域）、信息与通信技术（内含新媒体网络服务等五个子领域）。二是设计组建方案（见表 5-3）。三是评审资助申请。采用同行评议的方式，组建"NCE 计划"指导委员会实行竞争遴选。评审过程参考依据：项目优势、人才培养能力、协作能力、知识交流和技术转化能力、网络组织治理能力。重点审核评估申请者设计方案中目标的可行性以及建构的网络联盟与目标领域的相关性。①

表 5-3 "NCE 计划"组建方案要求

内容	具体要求
组建说明书	管理机构、职能、治理体系
组建网络联盟的前景规划	目标、预期结果、影响和贡献
战略规划	体现优先发展
组建的社会经济环境	为国家带来的社会经济利益、对国家公共政策可能产生的影响
研究项目的卓越性	世界一流的研究能力、与各利益相关者的协同性
高级人才开发	复合型高级人才、国际人才
网络与伙伴	主要伙伴成员及其贡献能力、资源整合优化利用能力

---

① 武学超. 加拿大 NCE 协同创新计划的实施经验与启示 [J]. 高教探索, 2015(4): 53.

3. 内外双重治理体制

内部治理：董事会制。董事会全面负责"NCE 计划"实施的具体事务，对其成员和 NCE 指导委员会负责。董事会由大学、产业、政府和其他利益相关者代表组成，其成员至少一半以上来自大学之外，并至少配有一名纯粹的学术专家。由董事会制定战略规划，审批年度财政预算，决定"NCE 计划"指导委员会的职责、权力和人员组成，任命科学委员会主任具体负责日常工作，包括制定科研规划、组织项目申报和评审、科研项目咨询服务、财政与科研活动的执行等。

外部治理：多部门联合。由政府资助的四大部门，即自然科学与工程研究委员会（NSERC）、社会科学与人文研究委员会（SSHRC）、加拿大医学研究院（CIHR）和加拿大工业部（Isdustry Canada）联合共同治理。建立由加拿大工业部、卫生部副部长和政府资助部门主席组成的指导委员会，具体管理"NCE 计划"创新联盟。

（四）协同成效与启示

资源汇聚。最典型的是汇聚加拿大各个领域的优秀人才，对创新型国家的实现贡献巨大。作为长期性发展战略的"NCE 计划"创新联盟，吸引了大量伙伴加盟，来自国内外大学、企业、政府、非营利组织的伙伴成员从 1994—1995 年的 358 个增加到 2010—2011 年的 3 061 个、2014—2015 年的 4 615 个。并通过跨界协同创新，将大量研究生和博士后研究人员置于其中，在真实研发情境中使其成为思维多元、知识渊博、能力超群的高级专门人才。"NCE 计划"在实施的过程中，培养了 36 000 多名高尖端创新人才，创建衍生公司 100 多家。

发展成就。"NCE 计划"在实施的过程中，培养了 36 000 多名优秀创新人才，创建了 100 多家衍生公司。计划实施以来，加拿大政府已投资超过 15 亿加元，以 2011—2012 年为例，该计划协同创新联盟获批专利 267 项，技术许可、谈判 87 项，开发新产品 145 项；商业化与研究卓越中心（CECR）获得 1.98 亿元的后续投资和 2.13 亿元的外国投资，衍生公司 39 家，创造工作岗位 2 483 个；公共和私营部门合作伙伴达 3 183 个，与 441 个国际组织有合作；有 1 494 名研究人员和 2 731 名高素质员工动员参与该计划共同应对国家面临的最大的挑战；私营部门研发投入相比 2009 年增长 160%。

文化变革。"NCE 计划"作为加拿大联邦政府促进产学研协同创新的"旗舰"计划，成为"没有围墙的国家研究院网络系统"。计划的成功实施打破了组织机构、学科专业壁垒，尤其是不同研究者的跨界协同创新不仅拓宽了其研究视野，加强了学科交叉融合,更重要的是,协同创新新模式极大影响了学术共同体中部分成员的价值理念和学术规范,超越了传统的学院式研究方式,更加关注产业需求,更加注重解决产业技术难题,更有动力开展产学研协同创新。

"知识三角"。加拿大"NCE计划"强调超越单个创新部门边界,实现跨部门、跨地域、跨学科协同创新,构建卓越科研、高尖端人才培养、科技创新成果商业化三者相互促进、协同发展的开放创新生态系统,通过创新战略主体协同,推动教育、科研、创新三大知识领域的"知识三角"协同发展。

第六章 共同治理：基于利益相关者理论的制度路径

如前所述，高校协同创新是由多元利益相关者构成的创新网络系统，高校协同创新的利益配置必须兼顾各利益相关者的利益，在厘清、分析各利益相关者利益的基础上，权衡和协调利益相关者之间的权力和权利。如何寻求一种利益相关者共同参与决策和相互制衡的机制，让各利益相关者在多元化的治理中各得其所、各司其职，共同推进高校协同创新的深入和可持续发展是本书的重点。

第一节 "共治"观念：高校协同创新治理设计之"轨"

高校协同创新是高等院校牵头，科研院所、行业企业、政府部门和社会中介组织等多元创新主体参与，通过打破体制机制壁垒、激活创新资源要素活力而实现深度合作的过程。以知识集群、互动、网络化为主的协同创新体系已取代传统科研体系，成为科技创新的强有力推进器。[1] 实际上，协同创新的本质是制度创新。由学术界、产业界及政府部门和社会组织等多元利益主体参与的高校协同创新活动，其成功与否取决于这些不同利益主体间的利益分配与激励、风险分担、各类资源协调配置等决策问题。本书基于利益相关者理论，引入共同治理的理念，努力构建能更好地引导、调整和激励协同创新活动中多元利益主体期望行为的治理模式。利益相关者共同治理是寻求一种利益相关者共同参与决策和相互制衡的机制。[2]

---

[1] 王爱玲. 高校协同创新要求下的数字文献资源服务研究 [J]. 科技情报开发与经济, 2013(22): 68-69.
[2] 李福华. 利益相关者理论与大学管理体制创新 [J]. 教育研究, 2007(7): 36-39.

一、理论范式：利益相关者与治理

"利益相关者"概念来自企业管理，斯坦福研究中心将其定义为没有其支持组织就不可能生存的这样一些团体。弗里曼在《战略管理：利益相关者方法》中，首次系统阐释利益相关者管理理论。就高校协同创新（中心）而言，利益相关者主要包括作为牵头主体的高等院校，作为参与主体的科研院所、行业企业和政府部门以及其他社会组织，还包括高校师生、科研机构研究人员、行业企业科研人员和管理服务人员等。

"治理"一词源于政治及公共事务管理领域，意指控制、引导、操纵。[1] 在奥利弗[2]看来，治理是一种制度框架，决定着各种相关交易。詹姆斯[3]把治理定义为一系列活动领域里的正式和非正式的管理机制，为共同目标所支持。全球治理委员会指出，治理是各种公私部门管理公共事务所有方式的总和，是协调不同利益或利益冲突各方并使其行动一致的持续过程，既包括让人被迫服从的正式制度和规则，也包括让人愿意接受的非正式的制度安排。[4] 具体来说，治理的主体多元，不仅包括政府，还包括各种组织和个体。治理的基础是建立在多元治理主体共同认可基础之上的权威。治理的方式强调各方的对话与协商、交流与互动。治理的本质更多的是一种管理理念和思想，一种倡导多元主体在互动协商基础上寻求公众认同的最佳问题解决方式的过程。治理的目标是善治，即实现资源效益和公共利益的最大化，其构成要素被归纳为合法性、透明性、责任性、法治、回应和有效。[5] 可见，治理不是一套规则，也不是一种活动，而是一个过程，是为引导、控制和激励期望行为而进行制度设计与构建的过程。[6][7]

（一）"谁关心与谁负责？（WHO）"

现代大学已经走向了利益相关者共同治理的阶段。[8] 在一定程度上，高校及其协同创新（中心）运行体制机制的改革与利益相关者关系的改善相辅相成，互为因果。高校协同创新包含了一系列复杂的活动与过程，既有来自高校外部的利

---

[1] 吴志成. 西方治理理论述评[J]. 教学与研究, 2004(6): 60-65.
[2] 威廉姆森. 治理机制[M]. 北京: 中国社会科学出版社, 2001.
[3] 罗西瑙. 没有政府的治理[M]. 南昌: 江西人民出版社, 2001.
[4] 俞可平. 治理和善治: 一种新的政治分析框架[J]. 南京社会科学, 2001(9): 40-44.
[5] 安虎森. 空间经济学原理[M]. 北京: 经济科学出版社, 2005.
[6] 徐晓丹. 合理与现实: 现代大学治理的逻辑[J]. 中国高等教育评论, 2017(1): 58-69.
[7] 徐晓丹. 基于公共治理视角的我国高等教育管理改革[J]. 海峡科学, 2010(11): 12-16.
[8] 胡赤弟. 高等教育中的利益相关者分析[J]. 教育研究, 2005(3): 38-46.

益相关方，又有高校内部的利益相关者；既存在实体层面，又存在个体层面。具体而言，实体层面来自外部的利益相关者主要是各级政府管理部门、企事业单位和合作科研院所等，来自高校内部的利益相关者包括高校内部教学研究机构、科研平台以及行政管理和服务机构等；而个体层面主要有来自外部科研院所、行业企业的研究者、管理者，企业生产者、经营者等，以及来自高校的师生员工。根据治理理念，要使协同创新活动顺利进行，有必要建立由关键利益相关方主导的协同创新治理实体，开展相关制度设计与建设工作，有效协调这些复杂多元的利益相关者。治理实体的主要任务就是遵循协同创新的治理目标，实践最佳治理安排。

（二）"治理目标与治理域？（WHERE&WHAT）"

高校协同创新的治理目标就是协同创新各利益相关方期望治理实体通过制度设计与机制建设所能实现的目标。具体来说，其应该包括以下内容：关于协同体中各利益相关者之间的关系与约束、角色与权责、利益与风险、导向与控制以及相关法律法规和制度规章。

治理域即治理决策域也就是"治理什么？（WHAT）"，是各利益相关方共同关注的核心决策问题的类型和范围。通过调研、梳理，我们认为，高校协同创新的治理域可以归纳为战略、关系、资源、绩效、利益与风险、合规六个方面，其中每个治理域还有细化内容。

战略。既指高校协同创新的整体战略，也包括高校与高校、高校与企业、高校与政府的协同创新战略，还包括高校内部跨学科协同，特色学科、新兴学科组建等。

关系。主要指各类创新体之间的关系，关系既存在于不同创新体之间，也存在于各类创新体的内部。

资源。主要指高校协同创新资源获取、管理、共享、分配模式。

绩效。包括高校协同创新科研团队、服务与支持团队的绩效考核与评价。

利益与风险。高校协同创新项目风险识别与管理，高校协同创新团队利益分配、协调与监督。

合规。高校协同创新项目与国家法律法规以及高校内部规章制度的遵从性。

（三）"怎样治理？（HOW）"

依据治理的主要任务，具体的治理安排主要有引导、监控和评价。引导类治理安排主要指战略、规划、政策、计划、流程的引导；监控类的治理安排则指以过程为单位的角色、定位、目标、任务、责任、利益等这些关键点的控制；评价类的治理安排主要包括评价主体、标准、环节和方法等制度安排。以"利益与风险"治理域为例，如表 6-1 所示。

表 6-1 "利益与风险"治理域实践举例

治理域	利益与风险				
治理子域	协同创新项目风险识别与管理		协同创新团队利益分配与协调	
内部实践	外部实践	内部实践	外部实践	内部实践
治理安排 引导	立项项目编制风险管理计划；引入第三方机构提供知识产权保护；引入第三方独立风险评估机构等	建立关键企业、科研伙伴退出风险防范机制；引入知识外溢风险评估制度及相应知识产权保护机制等	签订多方协同创新协议；建立不同阶段、不同合作主体利益冲突协调机制等	以项目为单位建立利益冲突协调管理机构；建立利益补偿机制；引入多方力量建立多元化的协同创新项目投融资体系等
监控	对外部环境风险、市场风险、项目风险因素进行监控；确保治理安排落实到人，且权责明晰等	建立信息公开制度，提高协同创新各方信息透明度；引入科技中介机制，对受托双方的履约行为进行监督等	对协同创新过程中的目标、过程和关系三种典型的利益冲突加以监控和协调；确保治理安排落实到人，且权责明晰等	监控可能引发利益协调的项目比例；监控利益分配模式是否有效；监控利益分配保障机制的有效性等
评价	对科研项目自身风险进行评价；对校企合作的市场风险进行评价；对科研项目外部环境风险影响因素进行评价等	建立项目风险因素指标体系；建立完善科技成果风险转化评估体系等	建立不同阶段、不同利益分配模式满意度评价指标体系；以此评估利益分配模式的有效性等	建立面向学术组织的权变激励机制；建立基于专利权的协同创新多方利益分配模式等

二、分析维度：整合与互动

高校协同创新是一种适应大科学时代发展要求的组织模式，旨在形成知识、技术两大领域和高等院校、科研院所、行业企业三大主体之间的协同创新，追求的是多元创新主体的深入合作、攻关，产生系统集成放大的协同效应。在这个过程中，协调主体行为、积聚创新资源是关键。理论上，我们借鉴陈劲[①]的观点，协同创新是将各个创新主体要素进行系统优化、合作创新的过程，可以从整合和

---

① 陈劲. 协同创新[M]. 杭州：浙江大学出版社，2012.

互动两个维度来分析。[①] 整合，主要指目标、信息、行动和绩效的协调集成；互动则是多元创新主体知识分享、资源优化、目标一致、行动协调、系统匹配的一个过程。高校协同创新就是从沟通、协调到合作、协同，不断递进、深入的过程。

沟通是协同创新的基本前提，良好的沟通有利于信息交换和思想交流。由于高校协同创新涉及不同高等院校、科研院所、行业企业、政府部门、社会中介组织，多元主体必然带来不同的价值取向、文化观念、资源禀赋和合作理念等。作为知识创新主体代表的高等院校和科研院所，在长期的发展实践中形成了自己独特的学术文化，以追求真理、崇尚科学、知识创新、人才集聚为己任。作为技术创新主体代表的企业，资金实力雄厚、市场信息丰富，在市场经济浪潮中形成"低成本求生存，高效益谋发展"的商业文化。不同的文化观念汇聚于同一协同体，必然带来矛盾和冲突。建立畅通的交流渠道和良好的沟通机制，才能使各创新主体的目标愿景、利益诉求得以充分表达，创新资源得以充分流通、传播和转化，共同愿景得以达成，创新效率得以提高。

协调代表的是一种更加正式的关系，旨在促进利益相关方为了共同目标互换信息、改变行为。在高校协同创新活动中，既有资源要素的优化配置，亦有作为创新主体的人的能动性的充分发挥，协调的目的是通过科学管理和资源流动实现创新要素配置优化、高效，通过利益协调机制，调动各方参与协同创新的主动性、积极性，促进文化融合。

合作是共同治理的基础，建立在沟通和协调基础上的合作，既包括创新资源的协调配置、知识资源的整合共享，还包括行动的最优同步——各部分之间通过交互作用确定共同奋斗目标的过程。[②] 当然，最优同步并不是所有活动同时进行，而是建立达成协同的多通道并行模式，有机联结各创新环节。实施创新驱动战略，开展高校协同创新，就是要打破我国教育、经济、文化发展相脱节，科技、经济"两张皮"现象，避免高校和科研机构产生脱离经济社会实际的科研行为，避免企业对高校和科研机构的创新实力和创新成果应用价值产生疑问。做到各创新主体行动的最优同步，即以国家需求为导向，以高等院校优势学科和科研院所研究专长为依托，以行业企业技术创新为主体，以知识增值为目标，以优势资源集聚流动为纽带，多元创新主体协同解决国家亟须解决的战略性问题、国际一流的前瞻性问题。

[①] Serrano V, Fischer T. Collaborative Innovation in Ubiquitous Systems [J]. Journal of Intelligent Manufacturing, 2007 (5): 599-615.

[②] Roschelle J, Eeasley S. The Construction of Shared Knowledge in Collaborative Problem Solving. In: C. O'Malley (Ed.), Computer Supported Collaborative Learning [M]. Berlin: Springer Verlag, 1995.

协同是合作的高级阶段，也是整合与互动的最终目的。在协同关系中，多元主体共享权力范围、共享收益、共担风险。在高校协同创新活动中，协同既需要全面整合包括信息、目标、行动和绩效等在内的各种要素，更需要在共享互惠知识、优化资源配置和行动最优同步基础上实现各创新子系统的最佳匹配（systematic matching）。[①] 后者在某种程度上决定了协同效应和创新绩效。

三、协同层面：战略、知识、组织

基于系统论、协同学的高校协同创新，体现了多元异质创新主体为了实现共同目标而进行的前沿理论研究、高水平技术研发和卓越成果转化等活动，其所产生的整体放大效应需要高等院校、科研院所、行业企业等不同创新主体目标一致、携手协同，形成优势互补、功能匹配、资源共享、风险共担的良好局面，而不仅仅是各主体、各要素的简单线性叠加。借鉴何郁冰[②]产学研协同创新的"战略—知识—组织"三维分析框架（见图6-1），高校协同创新的深入开展，要从价值取向、要素资源以及组织运行方面进行协同整合。

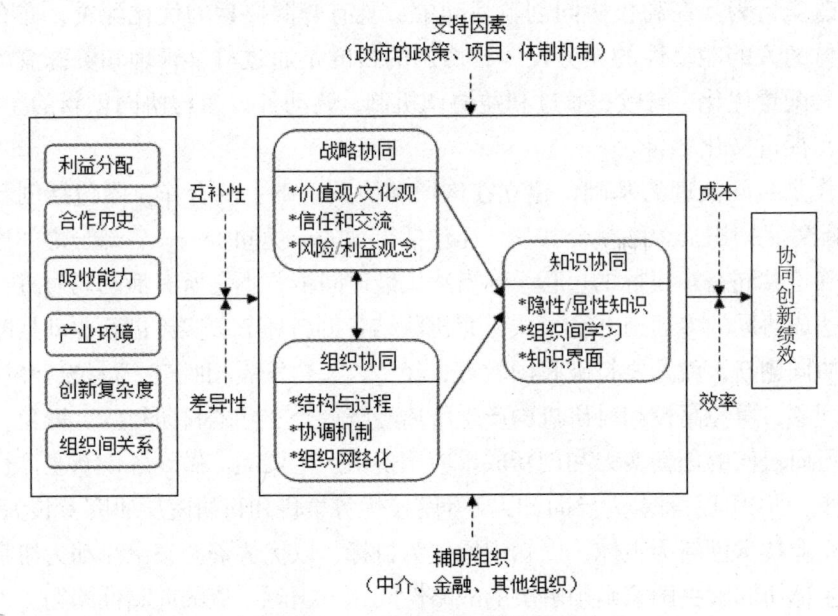

图6-1 协同创新的理论框架

[①] Veronica S, Tomas F. Collaborative Innovation in Ubiquitous Systems [J]. Journal of Intelligent Manufacturing, 2007（5）：599-615.

[②] 何郁冰. 产学研协同创新的理论模式 [J]. 科学学研究, 2012（2）：165-174.

第六章 共同治理：基于利益相关者理论的制度路径

战略层面的协同是高校协同创新的基石。依据协同学理论，协同创新的关键因素是形成利益均衡点，构建完善的高校协同创新体系核心就是以政府为主导，实现高等院校、科研院所、行业企业等创新主体的深度融合，包括共同的目标愿景、利益分享与风险共担机制以及共融的异质文化，真正从战略层面实现协同。各协同体在价值取向、文化观念、目标追求等方面存在较大差别，以高等院校和科研院所为代表的学术界重在人才培养、科学研究，追求自由探索的学术文化；以行业企业为代表的产业界以追求最大商业利益为目的，强调科技成果市场化的商业文化；而政府部门更关注税收和GDP增长，重视经济社会发展全局。[①] 实践表明，虽然不同主体文化存在异质，但也不是绝对相斥，理应且完全可以在服务经济社会发展和创新型国家建设中彼此包容、兼收并蓄、互相影响、共同发展。一是高等院校应充分发挥人才培养、科学研究、社会服务和文化传承创新四大功能，将学科建设、人才培养、科学研究与经济社会发展紧密相连，以国家需要、社会需求和市场实际为基础调整和建设相关学科，有针对性地为行业企业培养大量复合型人才，加强与地方、社会、行业企业的合作，共同研究课题，把理论研究和实际运用有机结合，加快科技成果的转化应用。二是科研院所等学术机构不仅要"顶天"更要"立地"，应从制约自主创新能力提升的行业共性技术和企业核心技术入手，开展重大项目的协同攻关，提升自身在经济发展和社会进步中的贡献度。三是行业企业要有这样的意识，在大科学、大技术、大数据的时代，创新能力和创新绩效竞争日趋激烈，单凭一己之力，企业无法有重大突破和发展，必须寻求与高校和科研院所等创新主体协作、协同，借智、借力。正是借助了高校协同创新这个平台，高等院校、科研院所和政府部门、行业企业通力合作、协同作战，才能够有效实现高校的四大功能，不断提升企业创新能力和竞争力，取得不同创新主体的学术价值、商业价值和社会价值，使其在推动经济社会发展、服务国家创新体系、实现创新型国家建设目标上实现有机统一。

知识协同是高校协同创新的应有之义。作为一种特殊的资源形态，知识通过创新应用而增长，通过传播共享而增值。[②] 马奇认为，知识有学术和经验之分，前者普遍、永恒，后者直接、及时。[③] 创新过程是两类知识的融合过程。在科学

[①] Strand, Leydesdorff L. Where is Synergy Indicated in the Norwegian Innovation System? Triple-Helix Relations among Technology, Organization, and Geography [J]. Technological Forecasting & Social Change, 2013, 80 (3): 471-484.
[②] 吕乃基. 科技知识论 [M]. 南京：东南大学出版社，2009.
[③] 马奇. 马奇论管理 [M]. 丁丹，译. 北京：东方出版社，2010.

繁荣的今天，知识爆炸使单一组织及其储备的知识远无法满足创新活动的需要，迫切需要建立这样的知识协同网络，以整合组织内外的知识资源，加快知识的扩散和转移，形成资源共享、优势互补的知识创新系统。知识协同就是指生成和储存在不同个体中的知识在协同体内各创新组织之间流动、共享、转移、消化、吸收、利用和再生产的复杂过程。① 在高校协同创新体系中，知识协同是各种知识流在不同创新主体头脑中的风暴式重组，是一个包含多个反馈与回路的动态过程。知识协同的核心和源头是高校，一方面，高校在长期发展过程中形成的系统的和成熟的知识体系通过知识交流和转移进入协同体，从独占到共享，参与协同创新的其他成员通过对共享知识的筛选、消化、吸收、集成，不断扩充自身知识资源；另一方面，协同体内各组织成员之间依托协同创新平台共享不同主体的显性知识和隐性知识，通过知识碰撞、重组实现知识再生，形成新的系统知识。同时，通过协同平台，个体知识也可以融会贯通生成主体知识并被协同体各方吸收、利用、集成，以实现高校协同创新系统知识资源库的螺旋式发展，并不断发展壮大成为创新人才培养、重大科技创新、社会发展服务和文化传承创新的重要载体。当然，在这个过程中，建立在信任基础上的信息交流、共享，能力学习、提升和知识产权保护等至关重要。

根据钱德勒"结构追随战略"理论，组织结构设计应以最大限度实现组织战略目标为准则。② 要实现高校协同创新的预期目标，必须加强创新系统的监管，打破组织壁垒，激活创新资源要素流动共享，实现组织管理协同。一是高校内部协同。就是在高校内部各学科和各院系之间，以交叉学科研究和跨学科项目为载体，搭建起知识流动、资源共享平台，通过组建跨学科研究团队开展交叉学科项目研究，相互学习、促进和共同发展。二是行业协同。就是高校与高校，高校与科研机构之间主动进行沟通交流、开展合作，发挥各自比较优势，取长补短，相互促进，实现协同。三是教育、研究和创新全方位协同。"知识三角"强调的是在教育、研究和创新三大领域形成的创新系统中三要素之间的系统性和相互作用，而高等院校是三者中的核心。相比于传统的教育、研究和创新三大知识领域的相互独立、自循环模式和"自给自足"式的运作机制，"知识三角"体现为一种协同发展的生态系统观。创新驱动的知识经济体要求教育、研究和创

---

① Koschatzky K. Networking and Knowledge Transfer between Research and Industry in Transition Countries: Empirical Evidence from the Slovenian Innovation System [J]. The Journal of Technology Transfer, 2002, 27 (1): 27-38.
② 樊平军. 高校协同创新的知识管理 [M]. 沈阳: 东北大学出版社, 2016.

新三大领域协同发展，通过相互之间不断影响、强化的逻辑规律形成"螺旋式"发展脉络和生态系统。① 四是高校协同创新组织的文化协同。高校协同创新组织作为跨部门的新型组织机构，相较于传统组织形式，实体化运作符号明显：组织目标明确，以提高办学水平、提升创新能力为己任；既有分工又强调合作，有协作平台、项目组等内设机构；有不同层次、不同对象的权力和责任制度。简言之，高校协同创新组织的鲜明特点为其组织文化建设指明了方向：创新至上、协同为本的核心价值观；尊重差异、彰显个性的行为文化表现；强化规范、保障自由的制度文化特征。组织文化协同理应成为促进高校协同创新组织成长的重要内容和维度。

第二节 机制构建：利益相关者共同治理之"钥"

一、高校协同创新体系的构建要素

作为一种跨学科、跨组织、跨领域的新的创新组织模式和立体化网络系统，高校协同创新包含了主体要素、资源要素、支撑要素、协同机制以及创新平台等（见表6-2）。按照系统论的观点，组织成分和结构决定系统功能，打开"黑箱"，剖析创新系统构成要素，是高校协同创新治理之"钥"。

表 6-2 高校协同创新网络系统

高校协同创新平台	主体要素	高等院校
		科研院所
		行业企业
	资源要素	人才资源
		知识资源
		信息资源
		技术资源
		资金资源

---

① 樊平军. 高校协同创新的知识管理[M]. 沈阳：东北大学出版社，2016.

续表

高校协同创新平台	支撑要素	政府部门
		领先用户
		科技中介
		金融机构
	协同机制	形成机制
		驱动机制
		运行机制

（一）主体要素

高校协同创新是指在知识经济背景下，高等院校、科研院所、行业企业和政府部门等相互协调，通过主体间、主体与外部环境间的知识、技术、资本、信息等各类创新资源的互动，形成前沿、开放、发展、稳定的组织系统，促进协同创新机制在多主体之间相互作用的动态过程中不断提升，以推动技术的创新、生产、转化、应用以及升级。其本质就是新的知识生产模式，即高等院校、科研院所和行业企业以及政府部门等发挥各自优势，整合力量、资源进行技术、机制、体制等的创新，最终实现互惠共赢。显而易见，高等院校、科研院所和行业企业成为高校协同创新的三大主体要素。在高校协同创新系统中，高等院校不仅肩负着培养创新人才、提高创新能力的双重使命，还承担着服务国家需求和推动科技进步的双重责任。[1] 其在促进经济社会发展、提升国际竞争力和综合国力方面发挥着基础性、战略性作用，成为必不可少的核心要素之一。相比于高等院校，科研院所的独特优势展现在符合市场或社会需求的应用研究上，并随着学科交叉融合发展不断向基础理论和理论创新延伸，还肩负着培养高层次人才的重任，不断发展成为拥有专业化创新平台、复合型科研团队、综合性项目研究功能的创新主体。而作为社会经济活动直接行为主体的行业企业，只有其广泛参与，借助高校协同创新平台深入开展和推动产学研协同创新，才能保证高校协同创新的需求导向，提升知识链的社会价值，进而不断提高企业产品的科技含量和企业市场竞争力，实现行业企业的可持续发展。

---

[1] 余峰. 高校在创新型国家建设中的作用和定位 [J]. 湖北教育学院学报，2007（5）：88-90.

（二）资源要素

高校协同创新的资源要素一般包括人才、知识、信息、技术、资金资源等，这些物质和非物质资源要素融合到高校协同创新系统中，才能保证创新活动的可持续。

人才资源是第一位的。《国家中长期人才发展规划纲要（2010—2020年）》明确指出，人才是社会文明进步、人民富裕幸福、国家繁荣昌盛的重要推动力量。[1]在高校协同创新体系中，人才资源尤其是来自学术界、产业界的科学技术工程人员、企业经营者等创新人才是最活跃、最能动、最革命的因素，尽管他们分工不同、专长不一、禀赋不均，在这个创新系统中，为共同目标和愿景相互配合、齐心协力，发挥着促使整体效用最大化的作用，是连接知识创新、技术创新以及创新扩散的载体，贯穿创新活动始终。

知识资源是高校协同创新的基础和源泉。美国未来学家阿尔文·托夫勒在《权力的转移》一书中提出权力的三大源泉：暴力、财富和知识，强调知识是品质最高的权力，是权力的精髓，只有知识才能强化暴力扩散财富。[2]进入知识经济时代的知识，成为组织系统中人与组织交融不可或缺的元素，在发达工业经济体中，技术进步越来越依赖于科学发现，而科学发现的本质就是知识创新。[3]知识积累和创新成为推动经济社会发展的强劲引擎。在高校协同创新系统中，高等院校是知识生产的主体，建立的是科学共和国，企业是技术生产的主体，掌管着技术王国。[4]知识资源的异质性和互补性不仅使不同创新主体间的协同成为必要，更为知识的生产、创造和增值直至内化为协同创新共同体的创新能力和心智模式提供了可能。[5]

作为人类活动的媒介和载体的信息资源同样是高校协同创新活动的重要资源要素。政策信息的导向作用有利于创新活动目标明确、行动一致且获得的支持有力；而充分掌握市场信息则有利于增加产品的市场份额，提升人才的就业质量；系统内信息资源的自由流动和共享，才能形成资源汇聚的强大优势并发挥作用。

高校协同创新的技术资源主要来源于系统中的行业企业、高等院校和科研院

---

[1] 国家中长期人才发展规划纲要（2010—2020年）[N]．人民日报，2010-06-07（14）．
[2] 托夫勒．权力的转移[M]．刘江，陈方明，张毅军，等译．北京：中共中央党校出版社，1991．
[3] 罗森伯格．探索黑箱：技术、经济学和历史[M]．王文勇，吕睿，译．北京：商务印书馆，2004．
[4] Dasgupta P, David P A. Toward a New Economics of Science [J]. Research Policy, 1994, 23(5): 487-521.
[5] Nonaka I. A Dynamic Theory of Oragnizational Knowledge Creation [J]. Organization Science, 1994, 5(1): 14-37.

所。所谓技术，既包括那些实验数据表图、工艺流程设计、技术图纸和产品样机等有形技术形式，也包括那些关于知识积累、经验总结以及认识和改造客观对象的方式方法等无形技术。具体而言，行业企业的专长是产品生产、工艺设计和营销服务，科研院所擅长的是科学研究、重大课题和项目攻关技术，而高等院校提供的是人才培养和教育教学技术，各种技术资源汇聚于协同体中，各司其职又互补对接，使协同创新成为可能。

资金是高校协同创新不可或缺的重要资源要素和有力支撑。在高校协同创新体系中，资金来源多样，主要有中央财政专项资金、地方政府项目资金、高校和科研院所项目配套资金、行业企业的研发资金以及商业银行等金融机构的融资贷款和风险投资机构的保障性资金等。

（三）支撑要素

高校协同创新的支撑要素主要有政府部门、领先用户、科技中介、金融机构。

政府部门在高校协同创新体系中扮演着政策引导者、利益协调者、资金支持者以及服务保障者等多重角色，发挥着"方向导航"和"后勤保障"作用。一方面，政府通过顶层设计和牵线搭桥，科学制定战略发展规划，宏观指导高等院校、科研院所与行业企业为了共同目标和远大愿景建立利益共同体，共同为产业转型升级和战略性新兴产业发展贡献力量；另一方面，政府通过制定法律法规，保障协同创新参与主体的合法权益。通过科技计划实施、发展基金调节以及专项科研项目配套资金运作，为高校协同创新提供资金支持，有数据表明，当前我国的研发资金54.9%来源于政府；[1]通过建设公共信息平台和信息网络基础设施，为创新主体提供有效服务；通过融资配套服务，解决创新主体研发资金困局，降低创新风险，推动创新活动可持续。

激烈的市场竞争迫使企业转变策略、寻求突破，开始联合利益相关者如顾客、供应商等进行合作创新。[2]集中顾客、供应商等重要外部资源的协同创新社区应运而生。[3][4]基于不同顾客在创新意愿和能力上的显著差异，领先用户概念问世，

---

[1] 陈劲. 协同创新[M]. 杭州：浙江大学出版社，2012.
[2] Thomke S, Hippel E. Customers as Innovators: A New Way to Create Value[J]. Harvard Business Review, 2002, 80(4): 74-81.
[3] Füller J, Matzler K, Hoppel M. Brand Community Members as a Source of Innovation[J]. Journal of Product Innovation Management, 2008, 25(6): 608-619.
[4] Sawhney M, Verona G, Prandelli E. Collaborating to Create: The Internet as a Platform for Customer Engagement in Product Innovation[J]. Journal of Interactive Marketing, 2005, 19(4): 4-17.

专指那些思维敏锐、洞察力、创新力强且创新热情高,在产品开发中最有价值的顾客群体。①充分挖掘他们的创新潜力,对于提升企业的创新绩效意义重大。因此,用户参与成为协同创新的必然选择,这不仅使创新活动更具针对性,还可以根据用户体验不断进行技术改造升级,以提高产品的市场竞争力和抗风险能力。我国城市轨道交通系统的快速繁荣发展就是最好的例证。当年作为领先用户的北京地铁运营公司全程参与协同创新,城市轨道交通技术经过近一年的"测试—体验—改进—测试"日益成熟,最终投入使用,使我国一跃成为掌握此项先进技术的四国之一。②

除了高等院校、科研院所和行业企业等基本主体外,科技中介、金融机构等构成了协同创新的外部环境,成为不可或缺的支撑主体,同样发挥着不可替代的作用。科技中介服务机构提供信息环境和服务,世界成功案例告诉我们,由以知识服务于技术创新的各类中介机构组成的完善而高效的社会化服务体系是国家创新网络系统的重要部分和支撑。交易成本理论认为,合作伙伴的选择是一个不同主体之间利益博弈的过程,在这个过程中,科技中介作为第三方参与其中,起到"传送带"和"输电线"的作用,确保资源信息在各协同主体间无障碍流通。而根据信息经济学理论,多主体之间充分的信息沟通、交流和传递是高校协同创新得以实现的前提条件和有力支撑。③在知识经济时代,知识转化成效益离不开金融资本的支撑。由于高校协同创新是一项高投入、高回报、高风险的事业,因此资金环境决定了协同创新系统的经济基础,需要政府的财税政策、企业的研发资金、金融机构的融资贷款以及风险投资机制等共同构成高校协同创新系统资金保障体系,以解决创新主体的后顾之忧,保证高校协同创新成效。

(四)协同机制

如何实现协同创新系统功能从形成之初向有序、高级有序不断进化,良好的机制是关键。根据系统论的观点,机制,即过程、机理和工作方式,是指系统在实现目标的过程中,所体现出的各系统成员的功能原理及其在该原理下各系统成员的相互影响与制约关系。系统成员、系统成员运动及其原理、系统结构及其运行规则构成机制的关键要素。④高校协同创新机制是指参与高校协同创新的多元

---

① Hippel E. Lead Users: A Source of Novel Product Concepts [J]. Management Science, 1986, 32 (7): 791-805.
② 宁滨. 高校应成为协同创新体系的中坚力量 [N]. 中国科学报, 2012-02-29 (B1).
③ 潘锡杨, 李建清. 政产学研协同创新: 区域创新发展的新范式 [J]. 科技管理研究, 2014, 34 (21): 70-75.
④ 张丽娜. 行业特色型高校协同创新的机制研究 [D]. 北京: 中国矿业大学, 2013: 32.

主体从形成共识、搭建平台、协同创新直至关系终止整个过程中，各主体、要素、运行、环节之间的相互联系和制约，相关规制和活动方式，包括形成机制、驱动机制、运行机制等。

1. 形成机制

开展高校协同创新的关键是以解决实际问题为导向，通过高等院校、科研院所、行业企业等不同创新主体间的深入合作和资源整合，产生 1+1>2 的非线性创新效应。为此，首先要围绕国家重大需求和世界一流水平凝练主题、明确方向，在此基础上选择伙伴，汇聚资源，探索体制机制改革，建立有利于激发创新主体动力、释放创新要素活力的创新系统。在创新系统组建过程中，要充分考虑不同主体和合作伙伴的优势和资源，尤其是牵头高校在创新问题的提出、协同目标的确立、体制机制的探索、合作伙伴的选择以及创新平台的搭建等各个方面始终发挥着重要作用。如何面对不同创新主体在利益诉求、评价方式上的差异，寻求科学合理的组织模式，充分挖掘和发挥创新主体的潜能和优势，形成协同创新力量，是高校协同创新工程实施中必须思考和解决的问题。[①]

2. 驱动机制

高校协同创新的驱动机制也称为动力机制，是指促进或激励创新主体和支撑主体协同创新的作用力和关系。按照动力的性质不同，可以分为科技、市场和文化三种驱动力。科技融合以及技术多元化推动高等院校、科研院所与行业企业协同创新的同时增加了市场需求，促进了经济与科技发展，是硬驱动。文化作为协同创新的软驱动，一方面，促进宏观主体对协同创新实践形成共识；另一方面，通过微观主体形成共同利益体而实现协同创新。[②] 按照动力的来源不同，可以分为外部驱动力和内部驱动力，政府政策推动、科技发展驱动、市场需求拉动等属于外部驱动力，而协同体内各创新主体对协同产生的强烈意愿和愿望，包括利益诉求、自我发展追求以及文化传承创新力等属于内部驱动力。其中，利益驱动在动力要素中起着主导作用。当然，只有内外动力协同配合、相互促进，才能形成高校协同创新系统的强劲引擎。

3. 运行机制

高校协同创新的运行机制主要包括评价机制、激励机制和共享机制。

---

① 朱鹏. 协同创新中心组织管理体系构建研究：基于利益相关者视角[J]. 高教探索，2013（3）：15-18.
② 陈劲. 协同创新[M]. 杭州：浙江大学出版社，2012.

荷兰学者 Bilderbeek 针对企业管理提出了绩效评价的概念，其认为，绩效评价就是广泛搜集有关数据、资料、信息，通过计算、分析和比较，判断企业目标的实现程度。[1]作为科学评价的一种，高校协同创新绩效评价是指遵循客观规律，采用科学方法，按照规范程序，评估和测量协同创新组织阶段性运行状况、协同发展程度、创新效率和效果的过程。在高校协同创新活动中引入绩效评价机制，是为了更好地揭示创新活动的内在规律，衡量创新活动的成效，推动协同创新的持续深化。如何构建评价体系、设置评价指标既关系到评价结果的客观公正，又关系到协同创新资源的有效配置，更关系到整个协同创新系统创新能力的提升和创新机制的完善。

高校协同创新的激励机制是指，在高校协同创新组织运行过程中，通过满足多元创新主体的各种利益需求，充分调动其参与创新、投入创新的主动性、积极性，最终实现协同创新目标的一系列方式方法和活动过程。从这个意义上来看，激励机制与驱动机制相辅相成、相互作用，共同维护系统正常运行。与其他创新体系不同，高校协同创新的激励机制也可称为包含创新知识价值的创造、利益分配和风险分担等在内的价值创造机制。

共享机制是指协同创新多元主体之间，通过协同创新平台，共享各类创新资源和要素，包括知识协同与共享、资源共享、信任机制等，高校协同创新实质上就是通过知识共享进行知识创造的过程。

（五）创新平台

协同创新平台是指不同的大学、企业、科研机构以平台网络相连，以合作创新为核心，围绕特定目标，整合必要组织功能和资源，发挥优势，获得单方独立研究无法企及的高效益，共同开展某个项目某种技术或产品的研发和产业化。[2]一句话，协同创新平台应当具有较高的运行效率，以技术创新为核心，以提高科技竞争力为努力方向。而高校协同创新平台则是指以高校为主导，以学术界、产业界等为参与主体，以人才、学科、科研为目标，通过创新体制机制，突破组织壁垒，实现不同主体各类创新资源的汇聚、互动、融合、集成，形成既专业又先进，既开放又稳定的组织系统。[3]多主体主动参与、多资源汇聚互动、多学科交叉融

---

[1] Bilderbeek J, Kerssens-van Drongelen I C. R&D Performancd Measurement: More Than Choosing a Set of Metrics [J]. R&D Management, 1999, 29（1）: 35-46.
[2] 陈劲. 协同创新 [M]. 杭州：浙江大学出版社，2012.
[3] 邵云飞，杨晓波，邓龙江等. 高校协同创新平台的构建研究 [J]. 电子科技大学学报，2012, 14（4）: 79-84.

合、多技术综合集成、多团队密切配合、多功能协同发展开展创新人才培养、高水平科学研究、知识服务与成果转化以及文化传承创新是高校协同创新平台的基本特征。

二、高校协同创新组织管理体制创新

（一）国内外协同创新组织模式对比分析

从已公开的信息来看，依托高校协同创新工程组建的高校协同创新中心主要有三种组织模式，即理事会领导下的中心主任负责制、委员会制和"双总负责制"。[①]第一种也是比较普遍的模式是理事会领导下的中心主任负责制，这种模式下的理事会主要由各个利益相关者代表组成，作为中心的最高决策机构，决定中心重要事项，如中长期发展规划、重要人才使用、重大资金筹措安排等。由理事会任命的中心主任负责中心的日常事务管理。一般来说，在理事会下设立相关委员会来具体执行理事会的各项决策，如中心委员会、学术咨询委员会、人才培养指导委员会等，分别负责具体事务的执行、相关学术科技事务的审议、创新团队建设和创新人才培养目标方案等。这些委员会接受理事会领导、对理事会负责。如天津大学牵头的J协同创新中心、北京交通大学牵头的N协同创新中心（见图6-2）。[②③]第二种模式是委员会制，也就是在协同创新中心设立若干委员会。如中心管理委员会、中心主任委员会、发展咨询委员会、运行管理委员会等，其中，中心管理委员会是中心最高决策机构，有的中心还设立监察审计委员会负责审议财务预算和执行，这些不同委员会职能明确、各司其职，共同维持高校协同创新中心的正常运行。如北京航空航天大学牵头的M协同创新中心（见图6-3）。[④]第三种模式是"双总负责制"。这种模式基本上也是在理事会领导下，但又不同于第一种模式，所谓"双总"就是在协同创新中心同时设有两个总负责人，即总协调人和首席科学家。总协调人主要负责中心内部日常行政事务的管理和外部的联络交流，首席科学家则专注于中心学术事务的管理和协调。如第二批国家认定的知识经济与法治发展协同创新中心、金砖国家合作与全球治理协同创新中心。[⑤]

[①] 朱鹏. 协同创新中心组织管理体系构建研究：基于利益相关者视角［J］. 高教探索，2013（3）：15-18.
[②] 冯海燕. 协同创新共同致力"轨道交通安全"：轨道交通安全协同创新中心案例分析［J］. 中国高校科技，2013（9）：36-37.
[③] 李晨，吴伟，韩旭. 以体制机制改革激发创新活力：国家首批14家协同创新中心案例综述［J］. 高等工程教育研究，2015（2）：34-38.
[④] 同上.
[⑤] 朱鹏. 协同创新中心组织管理体系构建研究：基于利益相关者视角［J］. 高教探索，2013（3）：15-18.

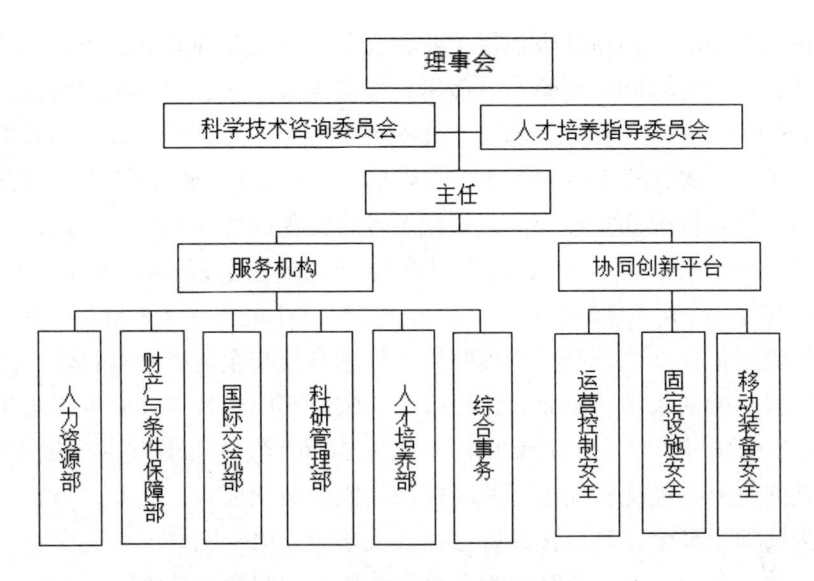

图 6-2　N 协同创新中心管理架构

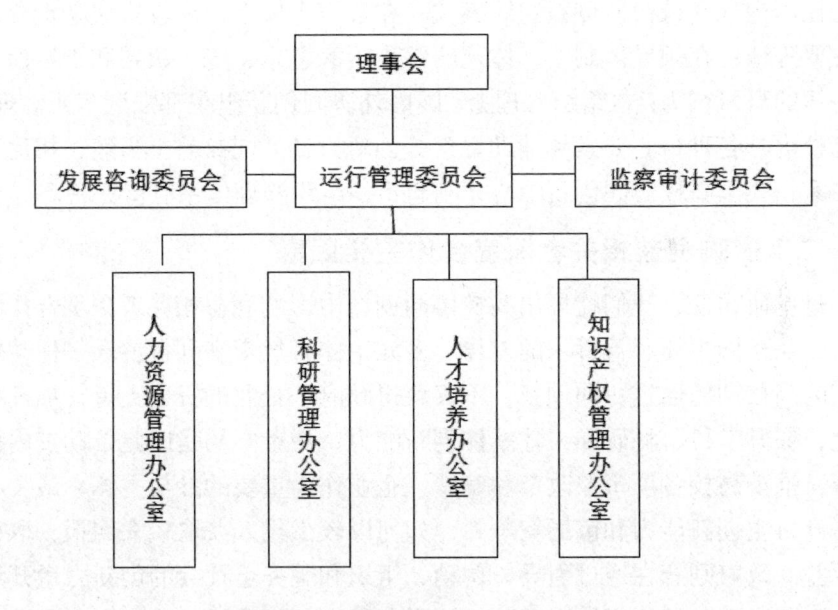

图 6-3　M 协同创新中心管理架构

如前所述，西方发达国家在产学研协同创新方面积累了很多成功经验，比较典型的有美国的 I/UCUR 协同创新联盟、欧盟的大学—企业合作机制、日本的"官产学"合作。其一，美国产业／大学合作研究中心，简称 I/UCUR。随着美国《联邦技术转移法案》《国家合作研究法》等一系列技术创新政策的出台，"产业／

大学合作研究中心"创新联盟获得了新的发展，制度化地建立，成为当时美国最大规模、最成功的协同创新模式。多所大学与多家企业、研发机构联合构成协同创新联盟是 I/UCRC 主要组织模式，通过建立各种委员会分工管理协调中心各项事务。① 其二，欧盟的协同创新体系同样集聚了最为广泛的创新要素和参与者，依据不同的创新资源和主导力量，形成了各具特色的协同创新组织模式，并有互相融合发展的趋势。尤其进入 21 世纪以后，欧盟先后发布了《实现大学现代化的议程：教育、研究与创新》《大学在知识型欧洲中的作用》等报告，重塑大学—企业合作机制，包括改善高校治理结构、促进高校与企业的交流合作、促进科技成果转化等，推动大学、企业、科研机构、政府部门和其他社会组织协同创新。其三，日本的"官产学"合作起步于 20 世纪 30 年代，并以制度化手段不断推进，形成了共同研究、委托研究等多种高校协同创新组织模式。其中，当属共同研究中心最为典型。至今，日本文部省已在各大学建立数十家共同研究中心。研究中心主要是与企业合作开展研究，为企业提供技术咨询和人员培训等。②

对比国内外高校协同创新组织模式，在合作主体上，高校扮演着重要角色并成为主要阵地；在领导体制上，体现的都是国家意志、统一领导和指导而非各个创新主体的自发行为；在组织管理上，国内外协同创新组织都强调多元治理机制，集成高校内外各种核心要素和辅助要素等创新力量共同参与。当然，相比于西方发达国家，我国高校协同创新中心才刚起步，组织管理体系有待完善。

（二）影响利益相关者深度合作主要因素

通过调研访谈，我们梳理出高校协同创新中影响利益相关者深度合作的主要因素。一是不同主体利益诉求的差异。多元主体必然带来利益诉求多样，作为牵头主体的高校期望通过协同创新，不仅获得政府、企业的资金支持，加速科技成果转化，提升学科、科研和人才整体创新能力，更重要的是以此带动校内机制体制改革，推动高校各项事业改革和发展。企业作为重要的参与主体，最关心的是如何提升自主创新能力和市场竞争力，如何以较少投入获取较大回报，取得最大经济效益。政府则意在通过引导、调动、组织和服务全社会的创新力量开展协同创新，不断增强区域创新能力以更好地服务国家创新系统，最终实现国家整体竞争力的提升，实现创新型国家建设目标。二是评价标准的差异。高等院校和科研院所更关注协同创新成果的学术价值及其对学科建设和人才培养的反哺，其他创

---

① 武学超. 美国产学研协同创新联盟建设与经验：以 I/UCRC 模式为例 [J]. 中国高教研究, 2012 (4)：48-49.
② 中国驻日本使馆教育组. 日本大学的产学研合作 [J]. 中国高等教育, 2001 (7)：46-47.

新主体更强调经济和社会效益。三是合作方式的差异。高校和科研机构虽然是学术共同体，但在现行体制下仍习惯于行政主导，企业经营强调市场规律和灵活高效，更注重市场机制的作用。利益相关者的这些差异，对高校协同创新组织模式提出了挑战，如何通过体制机制创新，寻求创新系统的平衡和可持续发展，也是本书关注的内容。

（三）高校协同创新组织管理体系构建

第一，构建原则。高校协同创新中心作为多主体参与的利益相关者共同体和实体平台，如何让其有效运转和可持续发展，并实现互利共赢，组织管理体系至关重要，应坚持多中心治理、多元开放原则，实行柔性化管理，实现互利共赢。多中心治理强调的是协同创新的多主体性，各个主体既有共性也有个性，应建立多中心、网络型的组织管理体系，以保证协同创新中心的高效运行。多元开放是高校协同创新的显著特征，因此，协同创新中心的组织管理，必须引入高校以外的力量，建立多元化的治理结构，实现管理方式从封闭单一到开放共享，由各自为政到协同发展。柔性化管理方式应对的正是协同创新形式的多样化，协同创新既有内部和外部之分，也有横向和纵向之分等，只有采取柔性化的组织管理方式，坚持集权与分权、稳定与变革相统一，才能适应协同体的发展要求。互利共赢是协同创新各个利益相关者和创新者的共同追求，协同创新的根本目标就是通过转变理念、变革模式，加快以学科交叉融合为基础的知识创造、共享与增值以及技术集成、融合与转化，整合创新资源和力量，促进政产学研用结合和发展。因此，在构建协同创新中心组织管理体系的过程中，必须建立长期稳定有效的各种利益机制，如利益分配机制，资源共享、风险共担机制，沟通协调和信任机制等，从制度上约束各方利益相关者，克服独占或推卸责任倾向，以实现协同创新、互利共赢。

第二，组织模式。根据不同重大需求划分的四类高校协同创新中心并没有一个统一适用的组织模式，但组织机构的基本要素应该包含治理主体、决策机制、执行机构、专业委员会以及创新平台等，并通过制度安排、流程设计和组织文化予以呈现（见图6-4）。其中，由各利益相关者或治理主体代表组成的理事会或委员会是高校协同创新中心的最高决策机构，承担着规划、决定、组织、协调等重要责任；执行机构重在组织力量、整合资源、推进创新活动；各个专业委员会则根据职责、章程各自发挥作用；作为高校协同创新中心科技、学术阵地的创新平台，则根据中心的整体战略部署和任务分工，落实各项创新活动。

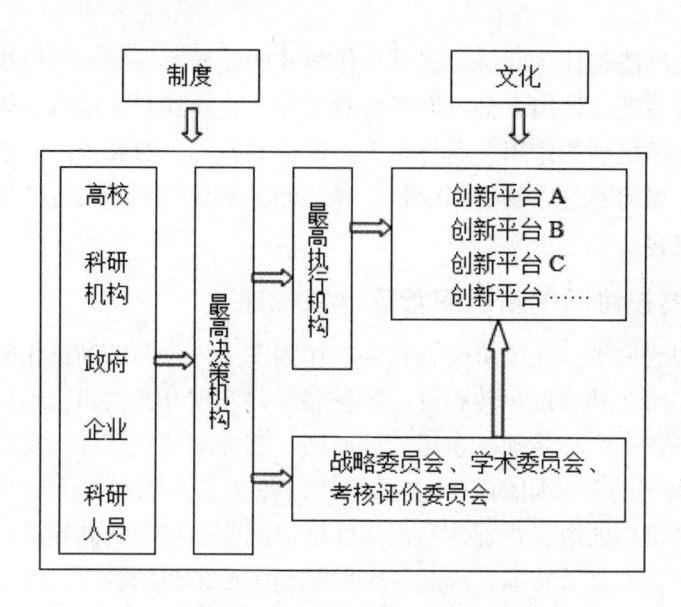

图 6-4 高校协同创新中心组织管理结构

第三，运行机制。一是科学的分工协作机制。其中包括高校协同创新利益相关者的权力分工，如牵头主体、主要参与方和次要参与方等；中心内部组织管理的职能分工，如决策机制、执行机构、监督和评价体系等；创新平台的任务分工，如研究解决国家急需的世界前沿性问题、重大关键技术共性技术问题以及事关国计民生的社会公益性问题等；还有中心内部不同人员的工作分工和责、权、利等。二是良好的沟通协调机制。不同创新主体存在价值观念、合作理念等方面的差异，加上外部环境的变化都会导致协同过程中出现问题，需要通过建立畅通的沟通渠道和协调机制，营造和谐的协商氛围，及时沟通交流信息，协调解决出现的矛盾和冲突。三是合理的利益配置机制。高校协同创新所取得成果的归属与分享要本着权利与义务一致，努力程度、贡献大小与收获成正比的原则，效率优先兼顾公平。[①] 同时，要肯定并重视利益诉求的差异性，正视有形利益和无形利益的存在，建立风险共担、利益均衡机制。四是有效的保障机制。其包括资源整合共享、组织文化磨合和信任机制等。

---

① 许霆. 论校企协同的机制创新 [J]. 教育发展研究, 2012 (17)：64-69.

第三节 体系框架：利益相关者视角下的高校协同创新利益配置机制

一、利益主体的协同机制

不同利益主体必然存在不同的思维方式和行为准则，并因此影响协同创新的利益配置。因此，在高校协同创新过程中，要重点研究利益主体协同合作行为的规范问题。

达成共同认知框架是基础。共同的目标追求是高校协同创新（中心）存在的前提和基础。由于协同创新主体多元、价值诉求多元，是一种由不同领域、部门和机构的多元异质体本着优势互补、资源共享组成的系统，其功能的发挥必须以共同目标愿景为前提。围绕协同创新中心，高等院校和科研院所以促进实质性合作，提升学术水平、创新能力为使命，行业企业则重视产学双方无缝对接，促进技术转移、成果转化，政府部门更以履行社会服务职能，促进研发服务业发展为目的。如何寻找一个结合点，共同目标的确定非常重要。只有不同利益主体达成共同认知并将其内化成自身目标，才能避免冲突和矛盾。所以，开展高校协同创新首先就是围绕国家急需和世界一流，凝练主题方向，明确目标，协同作战。高校协同创新的目的不仅在于重大技术攻关、卓越成果产出和创新人才培养，更有体制机制创新，形成各类创新资源要素活力不断被激发的长效机制。[①]

战略协同形成共同目标是关键。根据协同学理论，协同效应取决于系统与系统以及系统要素之间的协同程度。因此，协同创新首先是发展战略上的协同，通过发展战略协同找到各协同体之间的利益均衡点，形成共同目标愿景并内化为驱动力。

以"问题为导向"是目标确立的核心。对高校主导的协同创新而言，其宗旨在于充分发挥高校作为人才、学科、科研"三位一体"重要结合点的独特优势，与其他不同社会分工的创新组织之间开展深入合作，形成利益共同体，促进教育、科技与经济、社会和文化的有机结合，实现创新战略融合。因此，我们应该从重大前瞻性科学问题、行业产业重大关键技术和共性技术问题、区域经济与社会发

[①] 徐莉，杨晨露. 产学研协同的组织模式及运行机制研究［J］. 科技广场，2012（11）：210-214.

展的重要公共问题以及文化传承创新的突出问题等方面出发来确立高校协同创新的战略目标。

主体间的协同驱动与调节有利于提升配置效率。一方面，通过恰当的制度安排，形成利益配置的一致愿景，确定合理的资源整合模式；另一方面，以利益共享、成本共担、责权利明确为核心，完善利益配置主体间的调节机制，推进多主体间的利益协调，提升配置效率。

二、配置行为的优化机制

（一）利益配置原则

依法依规。为了规范各方的收益分配行为，维护各利益相关者的合法权益，国家颁布了相关法律法规，起到了规范和监督作用。

公平公正。公平是指不论参与高校协同创新的主体的层次高低、规模大小、实力强弱，其在协同创新过程中的地位及对利益的追求是平等的。公正是指利益配置的依据、方案和程序等对各利益方是公开的并被一致认可。公平公正原则有利于激励协同各方积极参与协同创新。

按劳分配。高校协同创新的收益分配应当遵循创新主体收益大小与贡献比例相对等的原则，即付出与收获成正比。高校或科研机构贡献了人才和知识储备并主导研发，企业提供了资金支持并负责市场和销售，政府和中介组织提供政策支持和服务保障，各方的投入与承担的风险在不同模式、不同阶段有相异的特征，一次性支付的利益分配方式并不可取，应具有灵活性，分阶段、按贡献比例进行配置。

利益均衡。由于高校协同创新系统中存在多元利益主体，只有协调好不同利益主体之间的关系，平衡分配时机，优化利益结构，才能达到利益均衡。同时，要兼顾整体与个体、长远与短期利益。知识产权利益在高校协同创新利益系统中占据独特地位，是利益相关各方参与协同创新的重要目标，也是高校协同创新利益配置的重头戏。

协商主体相对最满意。多主体参与协同创新必然导致多样化的利益追求，进而影响到利益效用评价。效用是建立在综合考虑不同因素基础上的主观感受或判断，因此，在利益配置过程中，不仅要坚持公平公正等相关原则，还要充分考虑各种利益对不同主体的主观效用，通过平等对话和沟通交流协商解决利益配置中出现的问题，实现总效用最大即"帕累托最优"。

（二）利益配置依据

一是贡献度和努力水平。由于参与协同的各方所拥有的优势、资源差异，创新能力和竞争力也不尽相同，在高校协同创新过程中遵守合约、履行职责的程度也会不同，因此，参与主体对协同创新的贡献度和努力水平应成为利益配置的首要依据。而且，把参与主体的投入状态和努力程度纳入利益配置依据范围，有利于端正利益主体态度，防范道德风险。二是风险承担和相对重要性。利益和风险是一对相生相伴的共同体。高校协同创新所面临的风险是多种多样的，协同创新活动任何资源、要素的变化在带来利益调整的同时也带来风险，这主要有政策、市场、技术、资金和管理等方面的变化。在一般情况下，通过协同各参与创新主体实现资源整合和优势互补可以较大降低高校协同创新的整体风险，当然，除了整体风险还有各参与主体的风险，因此，也应对各参与主体进行风险评估。不同主体因创新力、领导力、组织力和影响力不同，对实现协同创新整体利益的显示度、贡献度不一样，理应依据各利益主体作用大小、努力程度、贡献大小等进行差异化的利益配置和补偿。

（三）利益配置流程

流程是一个动态的循环过程，如图6-5所示。首先要进行利益分析，厘清高校协同创新过程中的利益总量、性质、类型，客观分析这些利益对贡献主体的效用；在系统梳理创新系统利益的基础上，设计利益配置方案，包括利益配置的基本原则、重要依据以及主要算法等；依据现阶段各协同体资源投入、努力程度的参与度、贡献度和承担的风险等进行初次分配；随着创新活动的深化，根据绩效评价情况和现实状况调整方案就更多利益进行再次分配，以此纠偏和补偿利益配置过程中出现的不平衡、不适配、不科学、不合理；要对配置方案进行动态调整，重点考量方案与利益配置目标的一致性，是否能最大限度地实现系统整体利益和各参与主体利益；同时，及时收集各相关利益主体的反馈意见和有效信息，调整和完善配置方案，进入新的循环过程。

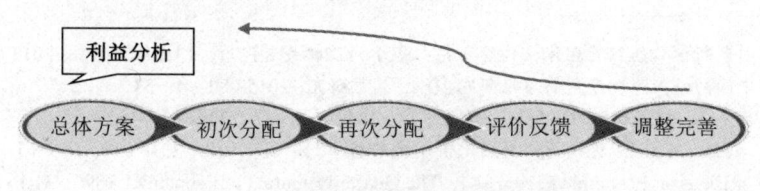

图 6-5　高校协同创新利益配置流程

三、资源整合的保障机制

组织保障是基础。如前所述，对于高校协同创新这样的联合体，科学的治理结构、明确的权责利益是保证其有效运行的前提和基础。目前，高校协同创新工程下的高校协同创新中心的组织管理模式主要有理事会领导下的中心主任负责制、委员会制和"双总负责制"。[1] 不管是理事会制、委员会制还是"双总负责制"，高校协同创新中心的组织架构都包含决策、管理、运营和保障等职能。决策机构负责确定协同创新中心的领导体制、运行机制，明确协同各方的资源、要素的投入要求，设计利益配置方案，确定利益配置内容、原则、模式和依据等，并承担利益协调角色。

制度保障是根本。产权制度、定价制度、风险制度构成高校协同创新利益配置机制。①产权制度是划分、界定、行使和保护产权的一系列规则的总称，是制度化的产权关系。这些规则具有资源配置、激励与约束以及减少不确定性三大功能。[2] 在高校协同创新过程中，产权制度决定了各参与主体的利益结构，进而制约利益配置方式，是利益配置的核心。作为核心制度的产权制度，要发挥其资源配置的功能作用，必要的约束很重要。这种约束主要来自与产权相一致的契约和规定契约效率以国家为主的第三方强制力量。产权、契约和第三方强制力量共同作用才能充分发挥产权制度的功能。[3] 因此，在高校协同创新开展初期，就需要通过契约和制度明晰科研成果的产权归属，明确利益各方权利与义务、贡献与回报。②定价制度是利益配置机制的前提，独占性、不确定性是无形资产的主要特点。[4] 可以采用对人才和技术投入、可能的资金流量进行预期判断、折现估计等方法，合理评价创新资源、要素的投入和产出。③风险制度是利益配置机制的关键。风险具有普遍性、潜在性、不确定性和可识别性等基本特征，经济学家认为，风险意味着收益减少或经济损失的可能性。[5] 对风险管理者而言，风险是可以测定的不确定性。[6] 科技创新是一种探索未知世界的创造性活动过程，不确定性、高风险性是创新活动的本质属性。[7] 高校协同创新作为一种特殊的科技创新组织模式，同样存在创新风险。高校协同创新风险是指由于创新主体的多样性、创新

---

[1] 朱鹏. 协同创新中心组织管理体系构建研究：基于利益相关者视角 [J]. 高教探索, 2013 (3): 15-18.
[2] 吴云勇. 中国高校产权制度创新路径研究 [J]. 教育研究, 2015 (8): 49-53.
[3] 赵德起, 林木西. 制度效率的"短板"理论 [J]. 中国工业经济, 2007 (10): 53-62.
[4] 钱家俊, 罗斌, 杨丽莉. 无形资产转让定价制度研析 [J]. 国际税收, 2016 (10): 57-61.
[5] Haynes J. Risk as an Economic Factor [J]. The Quarterly Journal of Economic, 1895, 9 (4): 409-449.
[6] 奈特. 风险、不确定性与利润 [M]. 北京：商务印书馆, 2006.
[7] 罗森伯格. 探索黑箱：技术、经济学和历史 [M]. 王文勇, 吕睿, 译. 北京：商务印书馆, 2004.

过程的不确定性、创新项目的复杂性、创新环境的动态性以及创新组织的不适应性等而导致无法形成预期协同效应，并给协同主体造成各种损失的可能性。如何"化险为夷"、化"危"为"机"，应根据协同创新系统的目标任务建立风险责任体系，包括绩效评价机制、风险分担机制、沟通信任机制等。①

合约保障是条件。其包括合约的自我履行机制、第三方协调机制和法律诉讼机制。可事先在合作协议中就一些违约行为做出相应惩罚约定，明确合约各方责任权利及违约代价，避免出现投机行为。由于高校协同创新组织大多处于建设和发展阶段，体制机制很不健全，因此，有必要建立第三方协调机制，借助外力和客观中立立场来协调处理违约行为。当然，还要借助法律的强制力来解决高校协同创新过程中通过合约、协商或第三方仲裁都无法解决的矛盾纠纷。

监管保障是支撑。构成高校协同创新外部环境的政府政策、市场需求和社会文化氛围既影响着创新活动的开展，又对创新活动的深化和可持续负有监管责任。其一，政府是高校协同创新活动的引导者、组织者，也是监管者，引导高校协同创新的政府政策如果市场调研或科学论证不足，必将产生偏差带来一系列问题，使高校协同创新面临市场风险，并进而影响协同创新活动的深入开展。②因此，作为高校协同创新活动的倡导者、支持者和监管主体，政府一方面要指导、督促高校协同创新各参与主体明确各自的目标任务、责任分工、资源贡献等并以合约形式呈现，另一方面还应加强对第三方无形资产评估机构的建设和监督，积极健全科研成果的产权法规，促进科研成果定价方法规范化。其二，作为社会力量的中介服务机构等应以专业精神和客观公正态度评估技术成果、知识产权归属和无形资产，监督和保证各利益相关者的利益权益。可以看出，高校协同创新的组织实施过程本质上就是知识产权的获取、流动和使用过程。知识产权的专属性、排他性与协同创新的知识共享、技术集成导致高校协同创新知识产权风险生成。③其三，高校协同创新活动的有效与深化需要良好的社会文化氛围来保障，尤其要建立协同创新信誉评估机制，避免出现"搭便车"行为。④即参与协同创新的主体以合作为幌子"滥竽充数"，追求不劳而获，坐享合作创造的溢出收益。因此，要加大对违反高校协同创新宗旨的协同体成员的惩处力度，推动高校协同创新深入和可持续发展。

---

① 陈晓峰，孙月平，金飞. 信任关系、利益获取与集群企业间合作行为［J］. 江海学刊，2014（2）：78-84.
② 潘锡杨. 高校协同创新机制与风险研究［D］. 南京：东南大学，2015：122.
③ 郭永辉，郭会梅. 设计链协同创新与知识产权的矛盾探析［J］. 科技进步与对策，2011（5）：26-29.
④ 奥尔森. 集体行动的逻辑［M］. 陈郁，郭宇峰，李崇新，译. 上海：上海人民出版社，1995.

第七章　高校协同创新利益配置案例剖析与政策建议

本书以高校协同创新工程国家首批认定的14家高校协同创新实体平台（中心）为案例研究对象，在对其中的13家实地调研、深度访谈和问卷调查基础上，具体分析不同协同创新中心各利益相关者的利益诉求以及影响协同创新利益配置的各种因素，以构建高校协同创新利益配置机制及探索其实现途径。如前所述，我国高校协同创新有其独特的发展特征，是科技与经济社会发展到一定阶段对科技创新提出的必然要求和科技发展规律的内在体现，也是高校科技创新从零散的碎片化的某项技术、某个环节的单打独斗到集中的系统的整个创新链的协同创新的必然选择和实现路径。尤其是国家首批确定的14家高校协同创新中心，参与高校协同创新的各协同单位在此之前一般都建立起了长期的合作交流往来关系，自然形成了战略协作下的优势互补，既有合作办学和人才培养，又有合作研究和联合攻关，共同承担国家重大项目，协作推进国家重大科技创新，为国家科技创新体制机制的突破奠定了基础，为创新型国家建设积聚力量、形成合力提供了可能。

第一节　实证研究：利益相关者多元诉求之"要"

本书选取14家首批入选国家级协同创新中心其中的13家（另一家考虑保密因素没能参与调研）作为实证研究对象，并运用半结构化访谈法进行实地参观访问，期间有针对性地选择一些具有代表性的研究对象，也就是不同协同创新中心的利益相关者进行深度访谈。由于高校协同创新中心建设起步不久，中心的各项管理体制、规章制度和运作模式尚处于探索建设阶段，有关利益相关者的利益机制尚未形成，利益配置方面的制度性规定几乎没有，实证调研数据也不多。从现有的调研资料看，利益配置问题是高校协同创新中心不可回避的重要问题，并被各方重视，且很多协同创新中心也已设立相关机构来处理利益配置问题。

一、B 协同创新中心管理体制与利益配置机制

（一）B 协同创新中心概况

2012 年 7 月 11 日，中国政法大学、吉林大学、武汉大学共同组建了文化传承创新类 B 协同创新中心，该中心于 2013 年 5 月被认定为国家首批 14 个高校协同创新中心之一。该中心在建立之初就非常清晰、明确地提出了自己的宗旨、综合使命、建设目标和主要任务，在此不做赘述。

（二）组织模式和运行机制

1. 协同体组成

B 协同创新中心共有 38 个国内协同单位（含 3 所大学，30 个法院、检察院，5 个行业组织），13 个国外协同体（含 8 个国外大学、研究机构，5 名国外大学教授）。该中心包括 3 个教育部人文社会科学重点研究基地，1 个教育部重点实验室，1 个教育部"长江学者和创新团队发展计划"创新团队，1 个法学国家级教学团队，1 个国家级司法鉴定机构，7 个国家卓越法律人才教育培养基地，4 个博士后科研流动站，14 个国家重点学科，现有专兼职研究人员近 200 人。

2. 管理体制

B 协同创新中心实行理事会领导下的中心主任负责制。①理事会是决策机构，行使以下职权：修订中心章程、审议中心中长期发展规划、审议中心联席主任的年度工作计划和报告、审议中心开放课题、制定中心各项规章制度、决定吸纳新成员、其他重大事项。②理事会由 15 人组成，其中三所高校各 2 人（分别是科研处长、中心主任）、其他参与单位代表 9 人，理事会设理事长 1 人，副理事长若干人，由理事会选举产生，理事任期 4 年，可连选连任。③理事会每 6 个月召开一次全体会议，根据需要可不定期召开理事会，也可采取通信方式议决有关事项。理事会须有 2/3（含）理事出席方能召开，其决议须经到会理事 2/3 以上（含）表决通过方能生效。

中心实行主任负责制。①主任由协同高校分别选聘 1 人，任期 4 年，可连任。中心主任对各协同高校的中心工作负责。②建立中心主任联席会议制度，并设轮值主任。主任联席会议每 3 个月召开一次，研究决定中心工作，拟定相关文件提

请理事会或学术委员会审议决定。轮值主任任期一年，负责中心年度日常工作，主持主任联席会议，代表中心对外交流等。③中心在三所牵头高校分设办公室，为中心工作的教师提供服务。3 位办公室主任组成联合秘书处，在轮值主任的领导下开展工作。

（三）利益配置机制

B 协同创新中心设有高校协同创新工程中心办公室，通过制度设计，在利益配置方面做了有益探索，履行部分利益协调职责，对主任联席会议负责。

B 协同创新中心的经费主要来源于协同高校拨付、国家高校协同创新工程专项资助、学校自筹和社会捐助。专项资金管理实行中心主任负责制，同时，中心建立财务管理制度，并接受协同高校的财务管理和审计。

中心的所有研究项目均实行合同管理制或项目负责人制，项目负责人全权管理项目经费使用情况，对项目研究进度负责。中心与项目负责人签订科研项目合同，确定双方的权利和义务。项目负责人接受中心组织的考核、评价。①

中心明确规定科研成果奖励和知识产权归属等问题，如表 7-1 所示。明确中心拥有中心所产生的科研成果的知识产权，但协同单位可以共享并优先无偿使用。完成的科研项目成果，须以 B 协同创新中心为第一申报单位或第一完成（署名）单位。

（四）初步成效

2015 年 12 月 23 日，B 协同创新中心接受了教育部专家组的中期绩效检查。中心理事长、联席主任张文显教授代表中心做了中期检查总结报告。他从中心的总体定位、建设目标、重大任务、"协同创新"体制机制探索、评估期内取得的主要成效、存在的问题和改进措施以及下一步的工作思路等方面，向专家组做了详细汇报。他说，中心在各协同高校尤其是牵头高校的支持下，坚持"协同高校权利和地位平等"的原则，积极探索构建"协同创新"体制机制，做到了五个协同（实质协同、深度协同、开放协同、平等协同、规范协同），已成为一个名副其实的创新实体，成为司法文明领域对外合作和国际学术交流的重要平台。

中心按照"国家急需、世界一流"的总体要求和中心的发展规划，顺利推进各项工作，取得了明显成效，较好地实现了中心发展规划所提出的中期目标任务。

---

① 代利利. 基于理事会制度的高校协同创新中心利益分配机制研究 [D]. 杭州：浙江工业大学，2014：51-55.

具体表现在：汇聚了一批优秀人才，科学研究跃上新台阶，促进了协同高校的优势学科建设，提升了人才培养水平，在国内外学术界产生了重要的学术影响。中心坚持以服务国家法治建设为己任，为推进司法文明和国家法治建设献计献策，取得了突出的成绩，产生了一批标志性成果。中心两位研究人员的咨询报告获得习近平亲笔10批示，一位研究人员的咨询报告获得李克强亲笔批示，两位研究人员参加了中共中央政治局集体学习并担任讲解，数十项研究成果获得省部级奖，"司法文明"被写进中央有关文件。

张文显教授表示，中心将继续完成发展规划所确定的各项任务，认真贯彻党的十八大和三中、四中、五中全会精神，结合中心的实际情况，进一步凝练中国法治进入新常态之后中心的研究方向、重大任务和改革举措，以服务国家法治建设和司法文明战略需求为根本导向，深化重大理论研究，加大高端智库建设力度，争取在第二周期建设期间进入国家高端智库行列。

2016年，B协同创新中心入选中国智库索引（CTTI）首批来源智库。

表7-1　B协同创新中心科研立项和成果奖励办法[①]

奖励类别	级别	奖励额度	备注
科研立项	一类项目	20万元	国家"973""863"计划项目，国家自然科学基金项目，国家科技（攻关）项目，国防重大项目，重大国际合作计划项目
	一类项目子项目	10万元	
	二类项目	5万元	国家自然科学基金面上项目，省部重大（重点）科技计划项目，国家哲学社会科学重大项目，教育部哲学社会科学重大课题攻关项目
	三类项目	批准经费的20%，最多不超过5万元	国家社会科学基金一般项目，教育部、科技部、司法部、公安部、卫计委、省级自然科学和社会科学一般项目

---

① 代利利. 基于理事会制度的高校协同创新中心利益分配机制研究［D］. 杭州：浙江工业大学，2014：55.

续表

奖励类别	级别	奖励额度	备注
科研获奖	国家级	第一完成人（署名）	国家级包括国家自然科学奖、国家科技进步奖、国家技术发明奖和国家国际科学技术合作奖等； 同一科研成果多次获得奖励，按获奖级别或金额最高的给予配套奖励，不重复奖励
		第二完成人（署名）	
		第三完成人（署名）	
		一般完成人（署名）	
	教育部人文社会科学科研成果奖二等奖（含）以上、省部级科研成果一等奖	第一完成人（署名）	
		第二完成人（署名）	
		第三完成人（署名）	
		一般完成人（署名）	
论文	国际索引论文	SCI/EI/SSCI论文5000元/篇，其中SCI影响因子大于2的，另奖励3000元/篇	申请者需出具有关部门的检索报告
	中文特类期刊	8000元/篇	期刊分类以学校《科研管理典》为据； 每年统计公布上年他引次数排名前5位的论文奖励1000元/篇
	中文一类期刊	3000元/篇	
	境外举办的国际学术会议正式出版的论文集的全文论文	3000元/篇	
专著	学术专著	1万元/部	—
	自然科学类专著		

二、八家协同创新中心利益配置机制

八家协同创新中心有关利益配置机制分析（见表7-2）。

表 7-2 八家协同创新中心利益配置分析[①]

类别	中心名称	组织及运行模式		利益配置机制
科学前沿类	C	实行理事会领导下的中心主任负责制	未建立专门的利益配置机构	依托中心开展协同研究所取得的知识产权成果，同时归属中心和成员原单位；中心可优先使用成果如以此申请其他科研项目、人才支撑项目、荣誉奖项等；知识产权成果向中心外转让和合作时，需以正式协议明晰三方的权益分配
	J	实行理事会领导下的中心主任负责制	设立成果转化服务办公室	由成果转化服务办公室负责成果共享和转化及利益配置事宜；成果使用费用由中心、持有者、使用者三方协商确定；设定科研成果对外转化收益基点，采用"累进递减制"进行利益分配，超过和未超过基点的比例，科技成果创作人分别为25%和35%，中心分别为50%和40%，所在单位25%和25%；中心成员可优先使用中心成果，费用按中心标准执行
文化传承创新类	E	实行理事会领导下的主任委员会负责制，其中，管理委员会负责行政事务，学术委员会进行学术指导，（跨学科）平台及团队具体实施	未建立专门的利益配置机构	建立绩效奖励办法，针对不同对象实施分类评价奖励，针对考核内容实施多元评价奖励，绩效奖励包括岗位绩效、成果绩效和重大任务绩效。绩效分配方案经管理委员会审批后统一发放。岗位绩效依据个人在中心聘任岗位、承担任务以及投入时间等综合奖励；成果绩效用于奖励各平台在高尖端人才培养、创新团队建设、科学研究、决策咨询、媒体影响、合作交流、获奖、承担项目、论文论著等方面做出的贡献。以中心为第一或责任单位署名的成果绩效奖励加倍。由平台长根据团队贡献和平台发展需要分配到团队，团队带头人负责在团队内进行分配；重大任务绩效奖励对象是中心发展规划设定的、以中心"五大工程"为目标的机制改革、人才培养、学科建设和科学研究的重大任务，必须由跨平台团队协同完成。由任务牵头人根据任务参与人贡献大小分配，分配方案和成效证明经管理委员会审批

---

① 代利利. 基于理事会制度的高校协同创新中心利益分配机制研究[D]. 杭州：浙江工业大学，2014：56-59.
闫明. 我国高校协同创新中心组织创新研究[D]. 哈尔滨：哈尔滨工业大学，2014：38-50.
谢心澄，庄怀玢. "两校一所"共同培育"量子物质科学协同创新中心"[J]. 中国高校科技，2013(4)：17-19.
研究实地调研记录和各个 2011 协同创新中心网站整理。

续表

类别	中心名称	组织及运行模式		利益配置机制
行业产业类	M	实行理事会领导下的中心主任负责制，同时设立科技管理咨询委员会、运行管理委员会、监察审计委员会；运行管理委员会下设两个机构：科研管理办公室、知识产权管理办公室	科研管理办公室、知识产权管理办公室	实施"目标牵引、投入折股、依绩分配、动态调整"的"虚拟股份制"；实施"第三方评价机制"，由第三方评价委员会来评估中心的研究成果和运行效果，包括国际学术评价委员会和国内行业技术评价委员会
行业产业类	Y	设立理事会、战略与学术委员会和人力资源委员会；理事会是最高决策和监督机构，设双理事长；重大科技任务采用"两总制"；以PI团队构成组织结构的基本形式	未建立专门的利益配置机构	突出国际化建设，建立"国际化建设评价量化指标体系"；实行"中心对平台、平台对团队、团队对成员"管理方式，依据考核结果以"薪酬+奖励"方式发放到团队；资源使用以"谁投入、谁所有、共享使用"为原则
区域发展类	D	实行管理委员会领导下的中心主任负责制，采用"管理委员会—中心主任—创新平台—创新团队"四级组织管理模式	未建立专门的利益配置机构	管理委员会统筹负责中心各项重大事务，包括成果及知识产权归属等
区域发展类	H	实行理事会领导下的中心主任负责制，设有六个管理服务机构	设有项目与成果转化部	处理知识产权利益归属原则：由项目组长负责，按照项目协议及过程情况协商解决，利益分配过程和方案报中心主任备案；在中心获得的论文、专著、专利等知识产权署名上较灵活，没有硬性规定

续表

类别	中心名称	组织及运行模式	利益配置机制
区域发展类	I	实行理事会领导下的中心主任负责制，形成了"一一四五六"较完善的管理体系，即一个理事会、一个管理委员会、四大具体管理部门、五大产业领域、六大专业中心	设有产业与合作部　明确协同各方的职责、权利和知识产权归属

三、高校协同创新利益配置实证研究

（一）协同创新中心的利益诉求

各协同创新体通过优势互补、强强联合，实现协同创新中心的创新突破。在以重大任务为一致发展目标的同时，要兼顾各协同创新体的异质性。由于各协同创新体性质各异、任务不一，因此往往表现出不同的利益诉求。多样化的利益诉求是协同创新中心进行利益诉求评估和制定利益配置原则的出发点和落脚点。

1. 利益主体多元性

协同创新中心的利益主体多元，既包括牵头的高校，协作主体的高等院校、科研院所、政府部门、行业企业等，也包括为各协同创新体提供支持且与协同创新体科研产出息息相关的行业、产业、区域等，影响整个国家经济及文化的发展。

2. 利益诉求多样性

协同创新的过程也是利益协调的过程，那么，不同协同创新体之间的利益诉求有何差异？这些利益诉求的具体形态又是如何体现的？经调研发现，多元的利益主体带来多样化的利益诉求，与协同创新体密切相关的利益主体在为协同创新体提供资源、技术、需求等支持的同时，也需要通过协同创新中心形成产业链，带来产业转型升级，推动行业发展，满足区域发展需求，从而将创新技术、前沿科学转化为提升国家社会经济发展质量和文化水平的发展动力。

各协同创新体的核心利益主要为科研与人才的需求，包括建立兼顾各方的利益分配方式和灵活的人事聘任制度，为科研人员提供完备的科研环境和条件。作为协同创新中心的组成单位，各协同创新体十分注重科研和人才的核心利益。基于科研和人才之上，建立兼顾各方的利益分配方式和灵活的人事聘任制度，是完成重大任务需求和实现创新突破的重要外在制度保障。

各协同体实现优势互补，强强联合，推进产业链协同创新，专业上具有异质性的单位之间的链式联合，避免同质化竞争，但同时，在利益诉求上也会因此产生不同的形态表现，主要的利益诉求是资源的配置和机制的保障，在具体表现时侧重点会不同，主要的重点还是在科研的协同创新和人才的协同培养方面。【H-h-1-244】

协同体单位中高等院校的主要利益诉求是博士生指标，而科研院所的主要利益诉求在于经费分配和博士生指标。【D-d-1-78】

参与协同创新的人员来自不同的单位，利益诉求存在天然差异。不同单位所追求的目标不一致，差异体现在以下方面：高校——学术成果和人才；科研单位——技术突破和项目；用户——最终产品和利润。【K-k-1-304】

（1）建立兼顾各方的利益分配方式

建立聚焦于重大任务且兼顾各方需求的有效利益分配方式，是保障协同创新体自主权的重要表现。

我们现在协同名和利的分配是要遵循一个新的规律，不再是按那种契约式的分配方式，而是按照你的创新任务，结合你投入的资源来进行。实际上，有点像"虚拟股份制"，比如，你进入多少团队、带入多少项目和资源，然后算出多少股份……【A-0-0-2】

中心建设和发展需要突破的难点主要包括高水平研究平台建设的场地和经费问题、研究人员的聘任与考核问题以及中心面临的考核和评价问题等。如何科学地评价研究人员的成果水平和学术贡献，如何让研究人员安心做学问和进行原始创新是普遍难题，这与对高校、学科和协同创新中心的考核和评估有着紧密的关系。【J-j-1-285】

某区域发展类协同创新中心提出，承担核心任务的协同创新体希望在经费分配上享有更大的支配权，在经费使用方面具有更大的灵活性和自主权。希望在经费上获得更多资助，以提升其创新能力。在资源有限的情况下，需要建立一个照顾到各方需求，同时聚焦于重大任务的有效的利益分配方式。【I-i-1-273】

此外，某科学前沿类协同创新中心也希望在协同创新体之间制定合理的专项经费和分配办法。

教育部、财政部发布的《2011协同创新中心建设发展规划》等三个文件明确指出，2011年协同创新中心的经费支持主要来自中央和地方财政专项资金、行业企业研发资金以及高等院校配套资金等。在规定的范围内中心可自主安排使用中央财政专项资金，要求建立相关制度加强管理和控制，以确保资金使用规范、安全、有效。

高校协同创新工程在改革过程中有两个主要方面制约着目前教育与科技推进的深层体制机制问题改革：一是专项经费主要用于支付跨单位协同的成本，而这种协同成本更多体现在人的协同、资源的共享上，但在现有的财务制度下，这方面的限制还较大；二是由于科研规律的不同，文科类与理科类协同创新中心的运行模式不尽相同，尤其在"新型智库"建设的大趋势下，文科类协同创新中心需要部分专项经费以"科研项目经费"的形式完成热点问题的对策性研究，从而"培育"和"引导"出基础性研究任务，进而寻求更大的支持，实现科研建设、人才培养与科学研究的良性互动，而现有财政政策明确规定经费不得用于科研。【E-e-1-107】

（2）建立灵活的人事聘任制度

灵活的人事聘任制通过人才流动，增强了协同创新体的创新合作。灵活宽松的人事制度也有利于吸引国内外知名科研工作者的短期加入，提高国家急需的重大任务的完成质量。

教育主管部门要求中心实体化。中心的人和院系是有重叠的，他们不脱离院系。因此，最难的还是人事体制。【B-1-2-28】

目前制约协同创新中心发展的主要因素是人的问题，即研究人员的人事关系和学生的学籍分属于不同单位，给管理和实体化运行带来较大困难。……成立了执行理事会，设立了办公室，配备了专职管理人员，根据研究方向由两校教师组建了科研团队。但仍存在人员的考核、学生的培养标准等问题。【J-j-1-286】

在队伍建设方面，原有评估体系及薪酬体系不健全，导致优势人才力量分散，……探索建立与国际接轨的人才使用和管理制度。【C-c-1-42】

某科学前沿类协同创新中心启动人事制度改革，以推动创新人才资源协同。对于到其他单位进行合作研究的科研工作者，人事可留原单位；对于跨单位聘任的科研工作者，实行工资补差。

对人员评聘机制的改革：遵循"公开招聘、竞争择优、分级聘任"的聘用原则，采用"固定与流动相结合、专职与兼职相结合、内部与外部相结合"的人员聘用模式，实行聘用合同管理。【M-m-1-353】

（3）提供完备的科研环境和条件

作为协同创新中心的主体之一，科研人员对完备的科研环境有着较大需求。在关注协同创新体整体需求的同时，也不能忽视科研创新的主力军的根本需要。完备的科研环境和条件是科研人员的内在利益诉求。

某科学前沿类协同创新中心提出，科研人员本身有协同的内在要求和积极性，更看重科研条件和环境，并无所谓是谁提供的。

中心的核心目标不是利益配置，而是充分释放创新能力，需将所有资源围绕实现目标来统一调配，不区分创新主体。【C-c-1-43】

（二）利益配置影响因素复杂性

不同类型协同创新进行利益配置的影响因素有一定差异，但总体上主要表现为重大任务承担能力和科研产出贡献度。

1. 科学前沿类

科学前沿类协同创新主要以前沿科学协同创新和交叉科学协同创新为重点，前者主要围绕当今国际科学前沿的重大问题和基础科学发展的新方向、新要求，如脑与认知科学、量子计算与信息等；后者关注的是人类与社会发展中的重大科学问题，如全球变化与可持续发展等。[1]具体来说，中心以"追求卓越、促进交叉、国际通行、世界一流"为宗旨，经过4～8年的建设发展，成为有国际重大影响的学术中心、学术高地和一流人才聚集地以及高尖端创新人才培养重要平台。[2]因此，协同创新对利益配置的关注重在组织使命和核心价值，体现其战略导向。

（1）教育经费投入是否满足教育教学的要求

影响不同创新协同体之间利益分配的因素首先是教育经费投入是否满足学校教育教学的要求，其次是各协同单位在完成协同任务中发挥的作用。有效合理的利益配置机制应该主要基于作用的发挥、承担的责任和绩效评价。【J-j-1-288】

建立与国际接轨的人才培养、人员评聘、科研组织等各项内部运行机制是改善内部流程的重要体现，也是产生重大原始创新成果的重要保障。【G-1-2-152】

（2）重大任务承担能力。

创新体现在满足需求上，比如，我目前有什么需求，中心就围绕这个需求去做，目前的成果是否满足了这个需求。【J-1-8-277】

---

[1] 参照2013年7月22日吉林大学赵继"2011协同创新中心建设发展总体规划"研究汇报提纲。
[2] 潘启亮. 试论人文社科类协同创新中心评价体系的构建[J]. 高教探索, 2017(1): 22-26.

作为前沿类协同创新中心，重要的绩效评价指标应包含研究内容是否属于学科前沿或重大需求、研究条件是否先进、是否建立了有利于长期稳定的协同创新的机制，特别是是否有利于人才培养和促进学科建设与发展。标志性成果应将定性与定量相结合，体现在成果的国际影响力，对学术界的贡献等方面。【J-j-1-287】

（3）重要科研产出贡献度。

还有很重要的一点，最后通过大家的协同及合作，做出能引领世界学科方向的重大成果来。之前对学科发展、人才培养的成效总是数论文数目，而我们更应该着重关注的是，经过5年甚至更长时间的协同创新，在我们中国作为协同创新中心建立起的平台中有几个方向是从我们这里原始发生的，如果能有这么一个相对明确的图框而且能达到这个目标的话，我想这个中心在科学研究领域中的基本指标就达到了。【C-2-6-31】

成果最开始算谁的很难说清楚。有了中心以后成果就都算中心的，因为中心成果属于这五家协同单位的。但我们有署名第二单位，这样学校也能够获得认同。这样做能比较好地把成果的归属问题解决好，以前要通过签协议来落实知识产权归属问题。【G-1-2-151】

同时，高校协同创新只有不断加强有效的沟通、学习，才能在本学科领域取得最前沿的成果，尤其是加强与国际领先水平的机构合作。

当然，重点是看解决了多少本领域的问题。八年后争取能够有先进的仪器设备，聚集本领域优秀的学者，形成比较好的一个人才培养环境。【J-1-9-283】

2. 行业产业类

行业产业类协同创新以传统产业转型升级和战略新兴产业培育发展为重点，前者主要关注国民经济重点行业和支柱产业的结构调整与转型发展，如能源化工、重大装备制造等；后者则关注战略新兴产业发展中的重大关键问题、核心技术装备和系统集成能力等，如新能源、教育信息化等。具体而言，中心以"支撑传统、引领新兴、产学融合、贡献重大"为宗旨，经过4～8年的建设发展，成为我国行业产业高技术研发重要基地，产学研用融合发展转化平台，高尖端技术人才培养摇篮。①

（1）对产业发展的贡献度

行业产业类协同创新中心标志性成果，"一是重大任务，标志性成果通过国

---

① 潘启亮.试论人文社科类协同创新中心评价体系的构建[J].高教探索，2017（1）：22-26.

家和行业对任务的急需程度和价值体现；二是对行业的支撑，标志性成果包括国家级/省部级奖励、型号应用、标准、规范、专利可推广度、工具、数据库、准则支撑程度、专著；三是团队建设，标志性成果包括国家级/省部级科技创新团队、国家级/省部级人才计划等；四是学术影响，标志性成果主要指该领域国际知名学术期刊主编、副主编、编委、SCI、EI 论文质量等；五是国际交流，标志性成果包括国际合作项目、本领域国际知名大会报告等"。【M-m-1-354】

一个例子就是国家需要大飞机，我们就需要拿出装备，如果拿不出装备，我们就撑不起整个飞机。所以，我们都有不同的阶段，有的任务需要 20 年，而 2 年我们也需要有成果出来，协同创新不是从哪天开始的，过去的任务就开始了，是在这个领域一直走，刚好现在碰到了"2011"，我们就衔接上去了，没有这个历史，我们就申请不到，你做出来了，我们就满足了，也许这 2 年完成的只是我们的部分而不是全部，比如，有了我这个材料，大飞机能飞了，那就是我们的贡献。【K-1-5-291】

（2）科研成果的实际绩效

如果进行自评，我们主要根据会是"成果产出"，包括解决国家重大需求的能力。【K-k-1-302】

（3）创新思想差异

高校协同创新的成败直接取决于参与协同创新的成员，成员的思想观念是其行为的先导。求异的创新思想有利于形成不同方案之间的竞争，便于择优，促进中心长期发展。

制约协同创新的内部机制主要是各创新协同体的创新思路和创新目标的差异引起的相互协作"间隙"。【K-k-1-301】

我们中心内部环境的影响因素主要是"人"，包括中心领导层、管理层、19 个研发团队。一方面，这些人要有高度的自觉性和使命感，深刻意识到自己所从事的工作对国家国民经济和国防建设具有重要意义，一点一滴地完成好自己的分内任务，加起来就完成了一个重大任务；另一方面，中心也要通过内部的机制体制创新，约束他们完成好自己的分内任务，为中心的整体任务完成提供制度保障。【K-k-1-303】

（4）在创新链条上的自我定位是否明确

在国家需求的较重大和长远的战略目标上，需要开展必要的前期预言，才能有效地提出阶段战略任务，这部分工作蕴藏着重要的原始创新，需要国家支持每个中心建立常态化的研究基础。协创中心解决的问题主要是，如何将战略目标转

化为战略任务,共同进入和落实国家重大科研专项计划和专项任务。【K-k-1-300】

要判断他们的工作在领域中是否最重要,能否进入地区战略层面,是否影响国家的发展。非常不著名的学校,整个创新链从高到低都有链接,服务链很完整,会影响国家某一方面的安全,所以这些学校需要进入协创中心。【K-k-1-295】

(5)利益平衡的体制

各创新协同体来自不同的单位,而这些单位在科学原理、技术突破、最终产品三种类型的创新成果中所贡献的比例有所不同,利益诉求也存在天然差异,但基本可统一在国家重大任务的目标中,而且对待具体项目也都有具体合同的责任、义务、权利、知识产权、资金分配的裁定,中心基本不承担协同单位利益重新分配的工作。【K-k-1-304】

(6)评价体系是否合理

行业产业类协同创新中心最重要的考评指标应为重大的创新成果产出,体现为在行业应用推广的产值以及用户评价等方面。【N-n-1-373】

绩效的评价立足国家需求,类型不同,要有不同的评价,要解决国家重大问题,担负起责任。基本科学指标数据库(ESI)进不进百分之一?只能做参考,但不是导向。比如论文,不能变成目标和导向,如影响因子本来是评价杂志的,后来变成评价科学家了。论文是要的,但不是为了得到影响因子。所以要把握正确方向,不要全否定。但是如果当成唯一评价指标和目标,就要不得了。【K-1-5-292】

外部绩效评价可以从三个方面加以介入:一是中心监管层评价,即上级主管单位对中心的建设工作等方面进行评价;二是业内评价,即业内相关单位对中心研究成果的评价;三是用户评价,即终端的用户对项目成果进行评价。在中期和末期进行考核。【K-k-1-302】

(7)完善的立法和知识产权保护,明确成果的归属

知识产权归属问题是高校协同创新利益配置的突出问题,事关协同创新中心的生存和发展。知识产权保护是激励创新的基本手段和保障,是国际竞争力的核心要素。高校协同创新各协同单位在知识产权的价值评判以及科研成果的占有方面出现分歧成为阻碍知识资源转移和成果共享的主要障碍。例如,高校重视研究成果尽早在国内外高水平学术期刊上发表,企业则关注科技成果的专利或技术的秘密保护。[①]

现阶段影响协同创新绩效的内部因素主要是各协同单位的知识产权归属问题。【M-m-1-354】

---

① 谢惠加. 产学研协同创新联盟的知识产权利益分享机制研究[J]. 学术研究, 2014(7): 59.

本中心不同创新协同体之间利益分配的影响因素主要是围绕中心目标汇聚的人才和人才带来的成果。【M-m-1-355】

3. 文化传承创新类

文化传承创新类协同创新主要涵盖政治、经济、社会、文化、生态文明建设以及党建、外交与国际事务等方面内容，中心以"传承文明、创新理论、资政育人、服务发展"为宗旨，通过4～8年的建设发展，成为服务国家重大决策的一流智库，推动文化传承创新的先进力量，引领我国人文社会科学发展的前沿阵地，汇聚高水平人才培养、交流的重要平台。①

重大任务完成情况是影响文化传承创新类协同创新中心进行利益配置的重要因素。

对于项目的承担，高校协同创新工程是一个支持、推动或牵引的计划，它不是给你一个任务的分配，但是通过这个工程承担国家重大任务，这是一个实效。比如说，××合作基金，如果没有这个协同创新体，那么这个大的项目就很难拿下。因此，申报一个这么大的国家重大任务，一个单独的单位是无法承担的。现在以协同创新中心为单位，承担重大科研项目要容易得多。【E-2-2-83】

科研方面的评价离不开传统的量化指标，如SCI的文章等，但是从绩效方面来讲可能要淡化一点，所占权重的比例可能要低一点，而真正意义上的围绕某个具体的问题，我们提供解决的方案、对策，或者承担应急响应任务这一方面应加强。如果算科研成果的话，应该是咨询报告、调研报告、专家建议、专报采纳情况等这些方面的绩效考核比重应该更大一点。【E-2-2-91】

我们的成果除了专著、百科全书、报告等，还包括到校外机关单位调研，他们为我们的学生提供实践基地。成果主要体现在对人才的培养上。协同创新中心尤其是文科类的，到时候如果没有像样的成果，怎能说服他们？在评价指标里有科研成果这一项，但是不能脱离人才培养的任务。【B-1-8-28】

4. 区域发展类

区域发展类协同创新主要结合区域高校的优势与特色，以区域经济建设和社会发展为重点，一方面，围绕支撑区域创新发展和创新体系建设的支柱产业、新兴产业发展中的重大与关键技术问题，重点推进新材料、现代农业、现代服务业等；另一方面，围绕区域可持续发展和政府、公众的共同关注内容，重点推进教育发展

---

① 潘启亮. 试论人文社科类协同创新中心评价体系的构建[J]. 高教探索, 2017(1): 22-26.

与公平、人口健康与保障、环境与生态保护等建设。具体来说,中心以"政府主导、区域急需、创新引领、影响突出"为宗旨,经过 4～8 年的建设发展,成为区域创新发展的主阵地,重大成果辈出和转移的大平台,创新人才集聚和培养的新高地。①

(1) 与重大任务的关联度

围绕重大任务的完成,建立严格合理的绩效考核体系和公正有效的利益分配机制,将有利于凝聚各协同创新体的创新能力,切实实现围绕重大任务进行协同创新,最终保障重大任务的完成。【I-i-1-275】

(2) 协同创新体的创新能力

如今,协同创新遇到了之前曾遇到过的问题,就是高校的科技成果和产业的对接存在障碍。其根本原因还是体现在科研导向方面,国家对高校科技成果评价体系没有要求我们走到产业化那一步,因此我们往往只停留在创新的初级层面上。说到底就是发表论文,发完了也就完成了。而产业所需要的是能够一干到底,尤其是面向区域发展的类型,更应该建立一种衔接机制,因为不论是区域发展还是市场、企业,对于科技成果的需求是非常普遍的,而在我们国家是"求成果若渴"。【F-2-2-123】

(3) 协同创新体对重大任务的贡献度

在以绩效为导向的利益配置中,对重大任务完成贡献大的协同创新体获得的利益更多,贡献小的协同创新体的利益则会受到限制。从调研中不难发现,区域发展类协同创新中心很重要的绩效就体现在对区域发展的贡献方面,那么,贡献度应该如何测量?

关于贡献度的评价相对容易,这个指标是可以统计出来的,主要是看真正做出了多少成果,尤其是面向区域发展的协同创新,关键看真正转化了哪些成果?是否形成了产业?是否具有国际竞争力?是否取得了显著的经济社会效益等。【F-2-2-116】

我们的成果最终怎么体现出对区域发展的贡献,主要有几个层面,首先最基本的还是重大成果的转化,众所周知,好的成果一转化便能够带来效益;其次是园区服务,因为化工与其他行业有不同的地方,为了解决环境能源问题都集中在一块儿,经过调研发现我们所在区域很多园区的品位很低。我们将园区服务分为几个层面:一是协助他们做好规划,我们真的在做协同创新,我们把政府的力量、行业的力量、兄弟院校的包括一些大的企业、跨国公司的力量调动起来为园区的

---

① 潘启亮. 试论人文社科类协同创新中心评价体系的构建 [J]. 高教探索, 2017 (1): 22-26.

发展出谋划策；二是给他们做一些示范工程。园区品位要提高，需要环境保护，高端产品研发等。【F-2-2-125】

我们太过关心发表文章，却较少关心应用或产品，这种计算文章发表情况的评价方式其实是很虚的；而国外的企业和高校挂靠得非常紧密，很多是以大学名义发表的，这种体制在国外实质上是很简单的，许多文章都是由高级人员、技工、职工发表的，因此他们的链条打通得非常好。【F-2-2-123】

作为农业领域区域发展类协同创新中心的绩效评价应主要依据中心对区域粮食增产、农业增效和农民增收的实际贡献。标志性成果应该是中心发展规划确定的重大建设任务的完成与否。就协同创新中心而言，粮食持续增产就是标志性成果。【D-d-1-78】

（4）科研人才

作为高等院校，人才培养是最重要的任务，从我们学校来讲，地方院校的硕士指标非常紧缺，通过协同创新汇聚了一些人才，汇聚过来后，需要有学生。如果没有学生，只有教师在实验室是不行的，更重要的是要有硕士和博士研究生，所以我们希望能多给我们一些协同创新的博士生、硕士生指标。【D-1-5a-60】

就说这个博士生的指标，我今年拿到两个"973"项目，比如，一个"973"项目协同4～5家单位，我们需要多少博士生参与其中，我们每年135个指标根本不够。但是如果说教育主管部门要首批协创中心树典型，就要相信我们有这个实力。比如，给我们指标翻倍，甚至再多给我们一些研究生指标，我相信我们可以做得更好。否则，你在这些方面不给我充足的条件，其他方面又要求"马儿跑得快"，是不合适的。【F-1-7-145】

（三）根据不同利益诉求进行差异化的分类评估

一方面，高校协同创新由高校牵头，联合高等院校、科研院所、行业企业以及其他社会创新组织开展协同创新活动，尽管人才培养和学术研究是所有大学共同具备的职能，但不同类型的大学因其自身定位的不同而拥有各自的职责和使命。[①] 不同协同创新体在协同创新中心中所承担的任务存在一定差异，基于任务的利益诉求也不尽相同，要求根据各协同创新体的任务性质、责任大小、资源投入进行分类评估，灵活选择评估指标及评估主体。"评价最重要的意图不是为了证明，而是为了改进。"[②]

[①] 史秋衡，李玲玲. 大学章程的使命在于提高内生发展质量[J]. 教育研究, 2014(7): 23.
[②] 曾卫明. 高校科技创新团队自组织演化研究[M]. 哈尔滨: 哈尔滨工程大学出版社, 2010.

第七章 高校协同创新利益配置案例剖析与政策建议

显然，高校协同创新不是"不食人间烟火"，对其绩效评价不可能完全脱离已有的绩效评价体系，如果这个绩效评价体系与学校的排名、学科的排名和人才培养不相吻合的话，可能还改变不了，指标还上不去。因此，对于不同高校协同创新中心的协同创新绩效进行分类评价太必要了。正如施一公所说，"大学要干什么，其实是说清华大学要干什么，而不是所有大学要干什么"。【F-2-2-123】

各类中心不一样，前沿类的要看成果，行业类的将来就是看如何提高行业水平，贡献度怎样，真正服务国家需求，成果转化等是重点。【J-1-8-284】

如三所行业产业类协同创新中心以协同创新体的性质差异为依据，提出分类评估的思路。

参与协同创新的人员来自五湖四海，目标追求不同，利益诉求也不一致，差异体现在：高校追求学术成果和人才；科研单位追求技术突破和项目；而用户追求最终产品和利润。协同创新就是一个利益协调的过程，在这个过程中，利益的平衡点就是将高水平的科研成果的追求具体化，使具体任务执行过程也是利益实现的协同过程。【K-k-1-303】

不同创新主体的利益诉求差异主要体现其管辖创新成果所带来的不同方面的影响。高等院校主要是通过创新提升人才、学科、科研"三位一体"的创新能力；科研院所则关心研发成果的水平和利益；行业企业则关心研发成果在市场中的竞争力和生命力，最终转化为利润；而政府部门关心的是创新过程和成果的内涵及外延，是否能够促进经济社会发展，是否能够促进经济转型发展和深化改革。【N-n-1-373】

中心主要涉及企业和大学，企业的利益诉求主要体现在行业研发与制造，其技术成熟度侧重3～7级，具体形态如解决一项生产过程中遇到的技术问题；大学的利益诉求主要是基础科学研究与关键技术研究，其技术成熟度侧重1～4级，具体形态如开展相关学科的知识和规律研究等。【M-m-1-355】

如某科学前沿类协同创新中心根据不同协同创新体承担任务的性质进行分类评估。

对于前沿研究方向引入国际同行评估机制，重点考查前沿研究方面的重大科研产出（主要以发表的高端论文为指标），而对工程技术/器件研制方向，则有国内权威技术专家进行评估，重点考查重大科技工程任务完成情况和在器件研制方面对科研工作的支撑情况。【G-g-1-173】

某区域发展类协同创新中心也认为，不同的协同创新体承担重大任务分工的方向不同，不同的分工存在认识上的隔阂，因此需要有针对性地提出一个符合各协同创新体任务特点的评价机制。

区域发展类高校的任务就是促进当地经济或产业的持续发展，把一批不是最优秀的科学家团队组织起来共建高校协同创新中心，因此对此类协同创新中心的考核指标根本不需要 20.0 因子的文章。以 HN 协同创新中心为例，HN 大学要想做好协同创新，就要从技术上支撑当地粮食的增产，解决关键限制因素，从技术上突破这些限制因素。因为科学家到一个层次实际上是一个哲学问题，解决这些问题要靠团队。高校协同创新完成的标准就是粮食的持续生产，遇到天灾人祸怎么办，这是人不能控制的，需要有一定的预案，大旱大涝之年，怎么把当地粮食生产损失降到最低，这也是贡献。所以高校协同创新工程设立的这个机制，只要是"合理、公平、公正"的机制，就是创新，创新肯定会有失败、有错误，但不能犯罪，不能犯罪的标准就是这六个字。【D-2-2b-72】

由于各协同创新体在协同中心承担任务不同，所起作用也不同，其利益诉求存在一定差异。首先，对利益分配的预期不同。承担核心任务的协同创新体希望在经费分配中享有更大的支配权，自经费使用方面具有更大的灵活性和自主权。而其他创新体也希望在经费上获得更多资助，以提升其创新能力。在资源有限的情况下，需要建立一个照顾到各方需求，同时聚焦于重大任务的有效利益分配方式。其次，对重大任务的考核机制的认识不同。协同创新体围绕重大任务分工协作，如部分协同体侧重基础研究，而另一部分协同体侧重产业化应用，两者之间考核机制难以通用，对重大任务的贡献度的认识也存在差异。因此，需要依据各协同体的特点，建立一个各方都能接受的重大任务考核机制。【I-i-1-273】

另一方面，高校协同创新评价指标是反映一定时期内高校协同创新的具体目标和发展的质量、程度、水平以及运行机制与运行效果之间关系的依据，是对各类高校协同创新各方面创新水平的具体衡量标准。因此，评价指标的设置不能太过细化，而应体现全局性、协调性、系统性和灵活性，即衡量高校协同创新的绩效，不能忽略其中体现各个方面相互协调和相互配合因素的考核。评价高校协同创新的成果，应从整体层面设置指标衡量其协同创新的效果以及发展水平。

就如我们评价一个人，很难用十个、二十个指标去评价，但是如果没有具体量化，如何评价？对于人的评价我觉得人品很重要，我们需要几个指标去衡量人品，管理部门需要这个指标，但最后往往定成身高、体重等，显然，这样的指标是无法真正体现人品的。【D-2-2-56】

我们认为，重要的绩效评价指标应该是学术创新力、学术影响力、协同培养效果等。【C-c-1-43】

对协同创新中心的绩效进行评价主要目的在于激励，指标不能太细，尤其不要排序，分类就可以了，没有运行可能性的除外，四年之间没有建立学科或人才培养机制的可以直接淘汰。【J-1-8-284】

第二节　高校协同创新：一个期待续写的"故事"

一、高校协同创新利益配置机制研究结论

（一）合理的配置原则

1. 以提高创新能力为目标

提高创新能力是协同创新中心的关键突破，因而创新毋庸置疑成为协同创新中心利益配置的核心目标。

某区域发展类协同创新中心围绕创新性制定了科技创新、制度创新、管理创新的重大绩效奖励办法。

某行业产业类协同创新中心认为应遵循对创新性研究予以特别劳酬奖励的原则。"为鼓励和引导创新性研究，团队成员的绩效薪酬不太追求细节，大体分为两种状态：第一，对于完成计划目标的状态，进行一般性劳酬奖励；第二，要鼓励完成计划目标，更鼓励创造性突出的研究工作。另外，特别给予创新性劳酬奖励，以激发群体成员参与积极性和能动性，形成既有共同协同的大局，又有极富新意的个人创新研究行为，推动协同创新良性发展。"【K-k-1-304】

2. 以绩效评价为利益配置机制的核心

各协同创新中心认为，有效合理的利益配置机制主要基于绩效评价，也有个别协同创新中心提出，在利益配置时也需要适当考虑各利益相关者的满意度。

有效合理的利益配置机制应该主要基于作用的发挥、承担的责任和绩效评价。【J-j-1-288】

绩效评价，特别是对国家急需的重大任务的完成情况，包括对国家重大战略需求项目中的关键技术突破有什么贡献，或对国家重大工程项目中的技术难点有什么突破。具体体现在：由于关键技术的突破，国家重大战略需求项目或重大

工程项目按时完成或提前完成；取得一系列解决重大技术难题的国家发明专利，具有原始技术创新；培养领军人才、创新团队、国际优秀青年人才、创新人才（博士生、硕士生、本科生）。【K-k-1-305】

绩效评价不仅是协同中心进行自我激励、自我约束的重要手段，而且已成为提升协同中心各利益相关方获取竞争优势的重要因素之一。通过重大任务的完成，建立严格合理的绩效考核机制和公正有效的利益分配体系，有利于凝聚各协同创新中心的创新能力，切实实现围绕重大任务进行协同创新，保障重大任务的完成。【I-i-1-274】

有效合理的利益配置机制是服务对象的满意度和第三方评价体系（包括行业评价和国际评价两方面）。【M-m-1-355】

3. 以权责一致为运行前提

明确并强化牵头单位与各参与方的权利及义务，是保证高校协同创新中心顺利有效运行的重要环节，也是协同创新中心利益配置机制建设和实施的前提。

建议通过强化牵头单位的权利与义务，建立灵活的人事聘任机制，制定合理的专项经费和科研经费使用办法，加大投入力度等措施，促进中心的实体化运行。利益的协调和分配更多的是发生在单位之间，对于科研人员本身，有协同的内在要求和积极性，更看重科研条件和环境，并无所谓是谁提供的。【J-j-1-287】

我们更倾向于在牵头单位建立实体化、高水平和高度开放的研究平台，为研究人员创造良好的条件和氛围。【J-j-1-288】

某区域发展类协同创新中心"坚持任务引领、贡献主导的利益分配原则，将教育部批准的发展规划中确定的建设目标任务进行分解，明确每项建设任务的分值和绩效奖励金额，然后分解到每个创新平台，再由创新平台主任根据任务组建创新团队，聘任固定人员和岗位专家，根据完成任务情况进行考核和绩效奖励"。【D-d-1-78】

作为行业产业类协同创新中心，我们坚持"谁研发、谁拥有，谁投入、谁优先使用"。【N-n-1-374】

4. 以重大任务完成绩效为标准

各协同创新体紧密围绕国家重大任务需求进行科研协作，在利益配置过程中应以重大任务完成绩效作为标准。

某区域发展类协同创新中心认为，应该坚持"重大任务优先"的利益分配原则，利益分配应首先为重大任务服务，通过合理的利益分配，使各创新协同体围

绕重大任务的完成形成强大的凝聚力和牵引力。【I-i-1-273】

某文化传承创新类协同创新中心认为，应将重大任务完成情况、协同度、人才培养情况、学科增长点的支持度作为利益分配的参考指标。首先"是需求导向，重大任务导向，然后达到资源汇聚这样一种目的。在绩效评估的时候，会实现一个重大任务导向型的评估。这个重大任务可能涉及论文，涉及参加学术会议，涉及人才培养，最后打包作为一个绩效来奖励"。【E-1-9-102】

建立以人才培养和科技创新质量、实际贡献为导向，分类考评、多元评价、注重实绩的综合考评机制。绩效考评，重点以重大任务的完成绩效为标准，对照聘用合同的目标要求进行考评。【H-h-1-244】

5. 以重要科研产出贡献度为导向

科研产出贡献度是衡量重大任务实现质量的指标之一，以重要科研产出贡献度作为利益配置的原则之一，能有效提高各协同体的积极性。

中心建立了一套行之有效的绩效计算指标体系，以"重要科研产出贡献值×0.6+ 国家重大科技任务承担能力 ×0.4"计算各研究部、各团队乃至各骨干成员的绩效综合贡献。各研究部、各团队、各骨干成员的绩效综合贡献值是决定其利益分配的唯一因素。规则统一了，得到了各方认同，所进行的利益分配就是公正、透明的。【G-g-1-173】

某区域发展类协同创新中心秉承成果与利益相符的原则，以各协同创新体对重大任务的贡献度进行利益分配，奖励先进，激励后进。【I-i-1-273】

各创新协同体之间应该遵循投入—收益匹配的利益分配原则。具体来说，中心实行"投入折股、依绩分配、动态调整"的责任分担与利益分享的"虚拟股份制"，借鉴现代企业制度、欧盟框架项目技术管理制度，按照各个单位对开展研究的技术贡献来动态确定股份，激励协同单位和创新团队成员。【M-m-1-355】

本中心坚持的利益分配原则是任务引领、贡献主导。具体来讲，就是将教育部批准的发展规划中确定的建设目标任务进行分解，明确每项建设任务的分值和绩效奖励金额，然后分解到每个创新平台，再由创新平台主任根据任务组建创新团队，聘任固定人员和岗位专家，根据完成任务情况进行考核和绩效奖励。【D-d-1-78】

贡献种类价值平等的原则。各创新协同体在科技创新、人才培养、新产品研发方面分别为相应的国家重大战略发挥作用。在评价创新研究成果时，不应片面孤立地以论文、专利、获奖数量多少作为评判标准，而应大胆地承认价值创造的

多元途径、创新成果的价值延伸,真正实现贡献与利益资源配置匹配。【K-k-1-304】

6. 以人才培养质量为关键

人才培养质量是衡量协同创新中心及各协同体创新水平和协作深度的关键,也是协同创新重要成果体现。协同创新中心的利益配置应以人才培养质量为关键衡量指标。科技(协同创新)实在的收获不仅包括财务方面,而且包括学校声誉、良好的师生校友关系以及校企关系。①

我们当时提交申请的时候相对凝练了比较明确的今后5年的科学目标,利用3家的资源,将人才汇聚起来,以计划为旗帜,把最优秀的相关人员都吸引到中心来,在这个基础上培养人才。【C-2-6-31】

在人才培养方面,针对教研脱节、科研后备力量不足等问题,中心充分利用"两校一所"在师资力量、生源质量、国际合作和创新环境等方面的优势,鼓励双导师/导师组等促进人才协同培养。【C-c-1-42】

某文化传承创新类协同创新中心提出人才培养情况、学科增长点的支持度等都应作为分配参考指标。

某区域发展类协同创新中心也认为,应建立以人才培养和科技创新质量、实际贡献为导向,分类考评多元评价、注重实绩的综合考评机制。"各种类型协同创新的核心指标有所侧重。地方高校围绕对地方经济的贡献率、人才培养的质量等。"【D-2-2a-69】

高校的三大功能,即人才培养、社会服务、科学研究,协同创新中心有助于这三大目标的实现。目前已经可以做到:一是企业与学校更多交流,增加了更多实习机会;二是就业政策倾斜,增加了就业吸引力,建立了博士后流动站、工作站,让博士生毕业后能有机会进入博士后工作站;三是企业可以派更多技术人员来学校指导,经常请企业专家到学校来交流,促进了整体创新水平的提升。【K-1-10d-298】

(二)科学的评价体系

协同创新体现的是一种互惠互利的合作性,但由于各方在合作中的角色与作用不同,以及各方对成果的价值认识不同,因而各自的利益诉求也不一致。高等院校和科研院所不仅追求一项技术创新的学术价值,也渴望成果转化带来社会和

---

① 曹如军. 地方高校协同创新中心的多重矛盾及其化解[J]. 高教探索,2017(4):11-15.

经济效益；而行业企业希望能够获得创新成果的控制权，争取商业利润最大化和经济效益；政府部门谋求 GDP 总量和社会安定有序。因此，统筹兼顾，建立科学的评价体系，构建以绩效评价为导向的利益配置机制显得尤为重要。

绩效评价是指运用科学方法，依据规范程序，以组织预期目标实现程度为重点，对组织在一定时期内的运行状况和效率进行测量和评估的过程。绩效评价不仅具有评估、监督、激励和导向作用，而且有助于揭示创新活动的内在规律，引领和指导创新活动可持续发展。

协同创新就是一个利益协调的过程，在这个过程中，利益的平衡点就是将高水平的科研成果的追求具体化，使具体任务的执行过程成为利益实现的协同过程。【K-k-1-304】

1. 评价原则：学术性与功利性结合

依据弗朗西斯·培根（Francis Bacon）的说法，科学评价有内部推理证明、外部社会化运用两种标准，应用于实践不仅能检验理论是否正确，还能推动科学技术发展。[①]一方面，高校协同创新工程是以"国家急需、世界一流"为导向，在国家政策引导下解决重大现实问题的战略举措。[②]也就是说，高校协同创新重在探索新知识、认识新规律，以解决前瞻性、战略性和重大社会性难题。另一方面，多元异质性创新主体必然带来差异性的价值取向和利益追求。另外，不同类型协同创新中心的目标、任务也存在差异，其评价标准也应不同。如对科学前沿和文化传承创新类协同创新中心的评价应更多体现学术价值、国际竞争力和影响力，而对行业产业和区域发展类的协同创新中心则应关注其经济和社会效益，这些都要求建立统筹兼顾的科学评价体系。[③]

希望在原有框架下实现想法，四年后能够建立一个比较受协同各方认可且可以达到目标的制度。当然，标志性的科研成果也可以有，但是重点要看解决了多少本领域的问题。八年后争取能够有先进的仪器设备，聚集本领域优秀的学者，形成比较好的人才培养环境。【J-1-5-283】

2. 指标体系：多元分类与立体化构建

评价指标是衡量评价对象的具体尺度，而指标体系就是由反映评价对象整体

[①] 戈德史密斯，马凯. 科学的科学：技术时代的社会 [M]. 赵红洲，蒋国华，译. 北京：科学出版社，1985.

[②] 明炬. 协同创新培育组建过程常见的几个问题：以面向行业产业和区域发展类型为例 [J]. 中国高校科技，2012（7）：12-13.

[③] 潘锡杨. 高校协同创新机制与风险研究 [D]. 南京：东南大学，2015：115.

情况、主要特征、内在关系、发展能力等多个指标所构成的信息系统。① 拥有一套系统科学合理的评价指标体系是开展绩效评价的基础和前提，这个指标体系既要反映评价对象的典型特征，又要体现不同类型、不同指标之间的内在结构和相互关系。就高校协同创新工程而言，高校协同创新绩效评价体系的构建要能体现国家重大需求的满足程度，应在"绩""效"统一、"质""量"结合上做文章。

①坚持分类设置。这是由高校协同创新工程的特殊性决定的。高校协同创新工程下的高校协同创新共有四种类型，每种类型的目标、任务不同，发展方向也各有侧重。如面向科学前沿的协同创新中心志在成为本领域研究的学术高地，而面向区域发展的协同创新中心则把促进和引领区域创新发展作为自己追求的目标。而且，不同类型协同创新的评价标准不同，评价体系也有所差异。因此，应以各类高校协同创新的目标为导向，设置相应的分类评价指标体系，实行分类评价。

不像以前那样，现在基于国家重大需求分为科学前沿类、文化传承创新类、行业产业类和区域发展类，目标更加明确化。所以对不同的协同创新中心要有相对明确的考核或绩效制度。比如，区域发展类牵涉地方高校，建成一流学科，科研、人才和学科发展在四个不同领域的体现是不一样的，希望考核的时候要考虑地域，地方资助比较少，鼓励与地方政府、地方产业结合起来，这与我们的科学前沿类有不一样的地方。【C-2-6-31】

换句话说，农业与工业或其他产业若是同一个评价体制，那将来肯定是要失败的。最好是根据行业来评价，坚持"科学指导、因地制宜"，不能"一刀切"。所以类型不一样，任务不一样，性质不一样，评价指标体系肯定也是不一样的。【D-1-5-53】

作为科学前沿类协同创新中心，重要的绩效评价指标应包含研究内容是否属于科学前沿或重大需求、研究条件是否先进、是否建立了有利于长期稳定的协同创新的机制，特别是是否有利于人才培养和促进学科建设与发展。标志性成果应定性与定量相结合，体现在对成果的影响力、对学术界的贡献等方面。【J-j-1-287】

②侧重宏观性。高校协同创新评价指标要反映的是一定时期内高校协同创新的具体目标和发展状况以及运行机制与效果之间的关系，因此，评价指标的设置应当具有较大的全局性、灵活性和协调性，着重体现创新系统整体运行水平，不能太细，否则就无法全面、系统、合理地进行评价。

---

① 邱均平，文庭孝. 评价学：理论、方法、实践［M］. 北京：科学出版社，2010.

第七章　高校协同创新利益配置案例剖析与政策建议

高校协同创新在国内有限资源下，集中比较好的单位，三个协同高校可能超过哈佛甚至超过斯坦福，所以针对重大问题，要站在一个更高的位置上去管理，这是考核绩效的时候比较重要的一点。【C-2-6-34】

关于如何评价的问题，我们都希望能够脱离细节指标，从宏观的角度去评价，如果你还是细化到每天参加了多少学术报告会，写了多少文章，又落到了平常的评估。一定要以中心这个大局作为一个单位考虑，不指望每个人都有什么成果，主要考查中心的整体效益。中心如果确实使国家在世界上占领了学术制高点，成为国家学术交流的中心、科学研究的排头兵，吸引了人才、汇聚了人才，这就够了，所以没必要设置得太细，不要搞得跟学科评估一样。像八股文一样列些细的条条框框，像检查作业一样对照评价的话，执行起来不难但最后无法获得有高度的东西。因此，还需要从宏观的视角加以调控和检查，注重大的目标的实现，才是理性的评价。【C-2-6-37】

推荐结果评价与过程评价相结合的形式，可以4～5年为一个评价周期。外部评价介入应以专业横向比较为主。【C-c-1-43】

③抓住针对性。高校协同创新依据目标任务的不同分为四种类型，每一种类型由若干具体的协同创新中心组成，每个协同创新中心的组成单位都不相同，在研究领域、工作基础和发展重点等方面也各具特色，因此，不可能用一套"放之四海而皆准"的评价体系来评价不同类型的协同创新中心。正如高等教育评估专家史秋衡教授所言："评价的效果取决于评价的针对性。针对性越强，效果越好，效率越高。"[1]

到时候四种类型的学校考核标准应该是不一样的。同一类里面也不能一样。比如，我的小麦种到地里面没有240天长不出来，玉米必须10天，一年一种作物只能种一季。农业与其他工业不一样，农业周期长，受制于天，自然灾害无法控制；在向农民推广农业技术的时候，得贴钱，不能赚农民的钱，老百姓最讲实惠，看不到品种的成果他们是不会接受的。就要考虑我们的协同创新中心是否能支持区域发展，能支持粮食增产即可。比如，全国减产了10%，依靠这个创新中心，能减少5%的损失就视其发挥了作用。【D-1-5-49】

④保证可测性。我们在调研中发现，在对高校协同创新的绩效评价中，很多要涉及"创新力、贡献度、影响力"等大概念，这些指标尽管笼统不够具体，似

---

[1] 史秋衡，吴雪，王爱萍. 高等教育大众化阶段质量保障与评价体系研究 [M]. 广州：广东高等教育出版社，2012.

乎也不好操作，却为我们的测量"提供了一个对评价行为进行方向指引的综合性概念"。① 在具体评价过程中，这些综合性的大概念具体细化后也可以作为绩效测量的重要指标为我们所用。

我们提出了三个维度，一是创新性，二是贡献度，三是影响力。比如，现在国外的好多评价，都对影响力这一块非常关注。一定是基于创新才能做出这样的贡献，如果说你是照搬老一套，消耗资源，污染环境，你也做不出重大的成果，但问题是你的创新性是怎么去评价的。我们认为，要真正去评价你的学术成果，你的技术创新究竟体现在哪里就要由同行来评了，由顶级的科学家、工程师或者企业来评价。对于贡献度，这个我觉得好评，你真正干出了几个成果，尤其是我们面向区域发展的，你是否真正转化了，是否形成产业了，是否具备国际竞争力了，是否取得显著的经济社会效益了。这个可以按照市场化的一套去做。但影响力实际上是基于前面的创新性和贡献度。这里面有政府的评价、社会的评价、企业的评价。【F-2-2-115】

更看中贡献度，这个指标是可以统计出来的。可以综合起来，创新性可以参考论文专利等，但是权重仅仅为 20~30，贡献度就 60~70，结合其他，前沿的可能还脱离不了以前那一套。面向前沿可以慢慢超越，建立一套新的办法。贡献度可以非常客观的，人家投资七八千万元，成果出现后可否形成几亿元的生产规模，这些都是可以独立对它审计的，这个产品性能好坏是可以测定的，同行评价也是可以看出来的。【F-2-2-119】

⑤关注动态性。高校协同创新的过程性决定了评价指标选择的动态性，对协同创新动态过程的关注能够使评价指标设置体现多维度与多层次、静态与动态的结合，在协同创新建设的不同阶段，可以根据创新工作重点和实际对指标选择和评判标准进行适当调整和更新，以实现科学评价、合理评价的目的。具体来说，动态性主要体现在规划理想与行为现实之间、预期目标与实际条件之间的差距。

我觉得高校协同创新计划在未来肯定会存在理想和现实之间的差距，从目标设置下就我们这样一个大的框架、大的背景而言，国家的体制、教育部的这样一种体制而言，对照原来的计划，可能原有计划很大一部分带有理想的成分。我们当时就是按照理想模型来做的，我们在做，在做的过程当中遇到了一些困难和问题的时候我们努力去解决，实在做不到的话，那也没办法。【E-2-2-85】

协同创新中心编制的发展规划，应作为中心工作的纲领性文件，以此为依据

---

① 冉华，周丽玲. 传媒风云：来自武汉传媒市场的报告［M］. 武汉：武汉大学出版社，2007.

对中心进行绩效评价基本合理。但由于中心发展规划中依据工作内容和目标编制的详细预算最后未获得基本支持,在资金规模大幅缩水的情况下,发展规划中设定的目标很多也缺少了支持,在此情况下,原有的发展规划失去了很多可实现性。【N-n-1-372】

⑥体现结果导向。评价的目的是绩效考核程序启动的出发点和落脚点,它对确定评价主体职责、评价内容以及评价标准及方法都具有重要的影响和决定性作用。高校协同创新绩效评价只有明确启动绩效考核评价机制的最终目的,才能达到启动实施绩效评价的预期效果。正如高等教育评估专家史秋衡教授等人所言:"教育部之所以强化高等教育评估,目的就在于加强和提高高等教育的质量观念。"① 对协同创新中心开展周期性绩效评价,不仅衡量高校协同创新成效,为后续的激励机制提供依据,更是通过科学合理的评价标准和评价方式对高校协同创新建设发展开展全面、客观的阶段性评估,"效能的提升是高等教育评估的根本目的"。② "绩效本身并不是目的,而是促进协同创新更好运行的手段"。【D-d-1-74】

高校协同创新绩效评价的根本目的就是基于高校协同创新的事实判断做出价值选择,促进创新实践更好、更顺畅地运行,最终达到国家预期和效果。评价结果的应用应体现评价目的,即要全面、科学地使用评价结果就要坚持正确的评价导向。在调研中不难发现,大家普遍反对简单的仅以论文论英雄、以专利为成果,如何把质性评价与量化评价相结合,处理好质性指标与量化指标的关系,是绩效评价科学化、合理化体现结果导向的重要保证。

绩效评价的方案与评价目的、评价结果的运用有着密切的联系。高校协同创新中心的考核应体现高等教育的目标和定位,突出人才培养和学科建设的重点和特色,发挥高校人才和学科优势,为解决国家急需做出贡献,区别于科研项目(课题)和重点实验室,建立长期存在和持续稳定支持的基础。【J-j-1-286】

四年结束,肯定要看当时规划的任务,看最终的效果。尽管绩效评价不能纯粹以文章和专利来衡量,但毕竟是一个重要的指标,衡量指标时需要对每一个成果,或者说每一篇文章,侧重考查其协同创新的成分占多少。如果一个成果不需要协同创新也能够完成,那么协同创新就失去了意义,这就是协同在其中所起的作用。也就是没有外单位参与进来的话,你这个事就完成不了,但是协同创新

---

① 史秋衡,刘文华. 我国民办高校评估指标体系研究[M]. 西安:陕西人民教育出版社,2006.
② 史秋衡,余舰. 高等教育评估[M]. 贵阳:贵州教育出版社,2004.

以后就能完成了。我觉得这是最重要的考核内容，但可能考核起来比较麻烦。【D-1-5a-57】

教育部做协同创新，主要是想解决国家和区域发展急需解决的科技问题，这个重大需求不是某一个指标就能代替的。以河南粮食作物协同创新中心为例，其主要任务是保证粮食安全，一个是粮食高产，另一个是高效，既要有育种方面的，还要有栽培和质量加工方面的。因此，要进行绩效评价，光靠论文、成果远远解决不了问题，它是一个综合、多元的评价指标。【D-1-6-60】

一定要从中心这个大局考虑，不指望每个人都……主要是中心的效益，中心如果确实使国家在世界上占据了学术制高点，成为学术交流的中心，科学研究的排头兵，吸引人才、汇聚人才，这就对了。【C-2-6-37】

3. 实施路径：非线性增量绩效评价

高校协同创新不同于传统单一主体依靠自身科技实力和资源的独立创新，也不等于多个异质主体创新资源要素的简单加和，而是适应大科学时代发展的创新组织模式，是以高校为主导，整合高校内部优势学科、创新人才，汇聚科研院所、行业企业和社会团体等多元创新主体能力与优势，精诚合作、协同攻关，从而实现共同目标愿景。高校协同创新组织形式的特殊性决定了对其绩效评价要突破传统"投入—产出"静态线性评价模式，引入"战略—过程—成效"动态非线性评价思路，按照"质量兼顾、刚柔相济"原则设置评价指标体系，科学、多元、系统、动态地考查高校协同创新的效率、效果、作用、影响。①

第一，着重考查创新过程的协同度。可以通过各协同体的技术创新能力指标和高校协同创新整体协同力指标来体现。各协同体的技术创新能力指标主要包括创新要素投入、融合、支撑和协同机制评价等，而协同创新中心内部的运作协调能力、知识和资源共享能力以及协同效益、协同创新市场实现等构成了高校协同创新整体协同力。

如果从全面上对中心进行绩效考核，重要的是协同中心的机制体制构建如何，是否真正做到协同。体现协同的，一是人才培养；二是重大任务；三是与国外高校和著名学者的合作，建立比较固定的机制；四是社会服务、献计献策，其他的如人员互聘也是体现协同的。【B-1-2-25】

第二，注重测量创新成果的协同性。高校协同创新的最终目的就是通过体

---

① 刘芳，王炳富，王国雄. 协同创新中心绩效评价研究：案例分析与逻辑框架[J]. 研究与发展管理，2014（6）：129-134.

制机制改革，实现不同创新资源、要素的深度融合，发生"化学反应"，产出1+1>2的绩效成果。因此，在绩效评价时要鉴别哪些是不需要协同创新就能够实现的，哪些是有了协同创新中心才得以实现的，重点关注通过协同创新才能实现的非线性增量部分。

从我的角度看协同创新中心，一是看它的需求的重要性，做事情的水平是否能够代表领域在我们国家的最高水平；二是看它的协同机制，是不是真正体现了协同。【J-1-8-282】

第三，绩效评价贯穿创新过程始终。也就是要引导高校协同创新中心的全面协同、动态协同和持续协同。具体而言，就是评价协同创新中心不同协同体之间是否建立知识、技术、信息、资金等创新要素和资源的共享融合机制，是否建立互动交流和信任机制，是否建立协同创新可持续发展的长效机制等。

协同创新都要有激励，一个协同创新一个点，这个点即共同的目标；还要有一条线，这条线是协同创新体拉动的一条线，也就是协同力的问题。协同力好，这个线就是直的。再一个是一个舞台，就是社会服务的舞台。几个单位搞一个协同创新体，不可能都在一个地方工作，但要有一个共同工作的基地，让不同层次人才共同展示才华的基地。通过基地建设能够引领区域发展现代化，为国家产业的长远发展培育新型人才。另外，通过三个方面的协同创新，要形成一个库，这个库包括协同创新中心的科学技术需求库、人才需求库、产业基础数据库、成果库（四年人才培养的效益是什么，科学研究成果是什么）、社会服务库等。【D-1-9-64】

（三）理性的契约过程

1. 协商：利益配置的意见表达

把多元利益主体和协同思想引入创新领域形成的高校协同创新组织，体现了多个不同的个体（或资源），团结一致完成目标的过程或能力。因此，在推动高校协同创新过程中，各利益相关者的利益诉求都应当受到重视，这有赖于有效利益表达机制的建设，以促进协同体各方的利益均衡，从而为协同创新的持续发展打下坚实的基础。

在协同创新利益配置过程中，利益占有较多的一方应当主动履行责任与义务，积极组织协商、搭建协商平台，表现出解决利益矛盾的诚意。而利益矛盾对立的双方应以柔性平等沟通为协商手段，在相互博弈的基础上，提出切合实际的利益诉求，把握利益配置的原则方案，商榷合理有效的利益补偿。

2. 博弈：利益均衡的达成途径

作为由多元异质利益主体跨界（包括学科、领域、组织）组成的复杂系统，高校协同创新追求的是创新质量、创新效益、整体协同成效最大化，是基于长远战略的创新能力提升，追求经济发展、社会进步和可持续发展等整体价值、效益的涌现。举个例子，知识产权既是高校协同创新的出发点，也是高校协同创新的落脚点，并将伴随高校协同创新活动的始终。以专利成果归属问题为例，高校和企业基于各自利益需求和价值定位，对此问题往往出现分歧，一方面，高校希望独占专利成果的专利权以便作为后续研究之用，另一方面，企业也希望形成对将来投入市场之产品的经济利益保护。二者之间的分歧不仅会影响协同体之间的优势知识转移和共享，也成为制约高校协同创新协同机制顺利运行和达到理想协同效果的重要瓶颈。因此，把握好符合各协同体利益诉求的协同创新利益均衡点和合作趋势，协同创新才有可能成功并可持续。

（四）完善的配套政策

1. 前提：趋同一致的目标愿景

高校协同创新就是整合多种创新资源，协调多方行动主体，通过体制机制创新获得创新协同效应的过程。作为一种由隶属不同领域、不同部门和不同机构的多元异质性主体本着优势互补、资源共享原则而构成的创新组织，其功能的发挥必须以共同的目标愿景为前提。高校协同创新的目的不只是攻坚克难产出卓越成果、培养创新人才，更重要的是进行体制机制创新，充分释放人才、知识、信息、资本等要素活力，形成长效机制。[1]因此，开展高校协同创新首先有必要实现战略目标协同，围绕"国家急需、世界一流"凝练主题方向，通过战略协同找到各协同体之间的利益均衡点，形成共同的目标愿景和内在动力，通过契约关系或产权关系，合理分工、各司其职、形成合力，引导协同成员朝着共同目标而奋斗。

制约协同创新的内部机制主要是各创新协同体的创新思路和创新目标的差异引起的相互协作"间隙"，如何缩小协作"间隙"，应该在以下几个方面努力。一是战略发展协同。中心负责人参加国家重大工程用材发展战略论证、重大工程重要结构制造路线论证、重要领域科技发展战略研究，依次进行协同中心发展目标、方向与任务的顶层设计。二是创新任务协同。通过基础研究—工程化研究—生产应用开展协同攻关。三是团队组建协同。围绕创新任务，吸引、汇聚国内外

---

[1] 李洪修. 高校协同创新的文化冲突及其调适 [J]. 江苏高教, 2013（5）: 28-30.

高校、研究院所、企业全创新链的高水平研究人员。四是人才培养协同。培养战略科学家与领域国际领军人才，建立寓教于研的本科生与研究生培养模式，造就企业领军工程技术人才。【K-k-1-301】

2. 关键：协作有效的管理体制

高校协同创新工程下的高校协同创新中心建设过程实质上也是体制机制改革创新过程，为了保证创新活动的顺利进行，需要建立一种全新的管理制度。利益相关者影响了组织的边界，促进了组织运行的网络化。[①]由利益相关者组成的社会网络组织不同于传统组织，人员可以跨越组织边界开展工作，且创新思想和行为深植其中，并受其影响和制约。这种嵌入在组织间的社会关系网络对科技创新的行为与绩效有着较大的影响。[②]目前，虽然还没有一个"放之四海而皆准"的组织模式，但组织机构的基本要素应该包含治理主体、决策机制、执行机构、独立的专门委员会以及创新平台等内容，并通过特定制度安排和组织文化联结而成完整的组织管理体系。调研发现，不少高校协同创新中心实行的理事会制度是符合多主体、多学科、多资源集成化创新组织属性和特点的一种管理体制。如前所述，理事会制度实质上就是重大决策表决制，决策层与执行层有机分离，倡导群体决策和权利的制约与平衡。理事会制度魅力在于组成成员的代表性、广泛性，体现不同利益相关者的利益诉求，在共同治理理念下，获得各利益相关者的利益表达和协商、智慧贡献和服务，为高校协同创新正向发展提供能量。[③]

针对各单位原有布局分散、建设重复甚至竞争力过大等问题，中心积极构建常态化的协同决策和战略指导机制，及时把握中心发展方向，科学规划和统筹管理中心资源，使人们不断增强协同创新绩效管理意识。【C-c-1-42】

3. 基础：充分开放的创新平台

高校协同创新是一项多主体参与、多部门联合，涉及多领域、代表高水平的复杂的系统工程，而协同效应的产生必须以系统平台的开放为前提。作为协同创新范式直接理论来源的协同学理论告诉我们，这是一种标志着活力和进化、远离平衡态的有序结构。[④]教育部、财政部《关于实施高等学校创新能力提升计划的

---

① 周雪光. 组织社会学十讲[M]. 北京：社会科学文献出版社，2003.
② 刘凡丰，董金华，李成明. 高校产业技术研究院的网络交流机制[J]. 清华大学教育研究，2012（4）：47-53.
③ 张金福，代利利，王维明. 理事会制度：高校协同创新中心管理体制的创新[J]. 教育发展研究，2013（21）：46-52.
④ 王贵友. 从混沌到有序：协同学简介[M]. 武汉：湖北人民出版社，1987.

意见》明确指出，高校协同创新坚持全面开放的原则，各利益相关者不限定身份、不固化单位、主体身份平等，创新内容多种多样、组织形式灵活选择、人员流动进出自由。①

中心根据重大前沿性科学问题研究要求，结合创新目标，探索新型科研组织形式，建立超级实验平台，以解决以往科研合作过分依赖项目、缺乏长效机制的问题。【C-c-1-42】

建立了平台后，在汇聚人才队伍、承担重大课题和成果方面，在国内外产生了重要影响。【L-1-8-309】

我对创新的理解，一是实验室创新，二是现场创新。协同创新中心从技术层面看，见得多、看得大、做得广。以前的常规创新的社会价值有待考查，协同创新中心把新思想、新路线转换为社会价值的成功率有提升。【K-1-10b-298】

之前的高校协作壁垒较多，如H大学，如果去咨询他们一些结果或背景什么的，他们不是很愿意告诉你。但是现在共同进入一个组织，消除了一些竞争或顾虑，不用担心对方把技术拿去，我们可以保证到彼此现场参观，信任感增强。给我最大的感受就是在国家层面上，有了共同的目标，协同做一些事情，消除了一定的壁垒和竞争。方便我们的年轻工作者进行合作，我们可以联合起来申请一些项目。【K-1-10e-299】

中心给了更多补助、平台和空间，使我们见识更多，对自己的科研项目有了更大的视野，见到以前研究生学习时接触不到的问题，激发更深入的思考。通过平台认识相关领域专家，参加讲座交流、一流的国际会议，以前是为了工作而混文凭，有平台后思考空间增大，对科研有更多兴趣。【K-1-10d-298】

4.支撑：资源共享与功能耦合

高校协同创新本质上就是这样一个过程，以开放、合作、共赢的姿态，借助多主体创新力量以及通过资源汇聚、流动、整合、共享来提高创新效率、创新能力和竞争力。因此，构建完善的高校协同创新生态系统至关重要，多元主体之间功能上的耦合匹配、优势上的资源共享就显得至关重要。只有各参与主体相互配合，功能上耦合匹配，优势上相互补充，行动上密切协作，资源和利益共享、风险分担，才能形成整体合力，实现创新目标。如作为创新主体的高等院校、科研院所在与行业企业协同创新的过程中，既帮助企业提升产品研发水平和市场竞争力，也促进了学研科技成果转化和自身创新能力提高，实现了创新价值，扩大了

---

① 焦新.积极推动协同创新 提高高教质量［N］.中国教育报，2012-04-21（1）.

社会影响力。同样,在这个过程中,企业不仅提高了产品和市场竞争力,也获得了支撑未来发展的创新能力:高水平技术和人才。[1]

中心最大的特点就是多学科交叉,需要完整的技术链条,不仅涉及医学,还涉及化学、材料学等,而且是科学前沿和国家重大需求、重大任务相结合。我们的总体思路是集中建设,优势互补,合作共赢,达到世界一流水平。这主要体现在三个方面:一是改革研究生培养模式,特别是培养交叉学科人才;二是在科学研究上抢占制高点,实现研发突破;三是形成前沿研究和创新成果,向产业化转移,形成良好机制。【L-1-8-308】

中心借助创新平台积极创造国际交流与合作的机会,构建以我为主、为我所用、交流互动、开放共享的学术环境。【C-c-1-42】

高校协同创新更多的是两个层面的东西:一是耦合的问题,二是化学反应的问题。最重要的创新不是其他的资源和技术点上的创新,更多的是制度上的创新。从这个角度上说,如何在资源共享上从共振深入耦合,这就回到了此前提到的一个最大的问题:聚集的问题。如何能在一个点上把大家的力量聚集起来,使之发挥最大,所有的力量能够在这一点上汇合,所以聚集很重要。因此,绩效评价,我觉得还是要评价的,但有一个原则,这个绩效由于不是一个简单的加和,所以考核的应该是一个什么样的绩效呢,我觉得最重要的是考核你的非线性增量的绩效。现在我们的协同创新中心肯定汇聚了许多重要的力量,我相信这些力量在研究者即使没进入协同创新中心,有了这样的资源投入,也会做出一些成绩来。这些事情简单地累加起来,最后也能是一个漂亮的成绩簿。但是这个成绩簿是不是我们想要的,是不是我们通过化学反应得到的,是不是我们通过深度耦合得到的,我想应该不是。我们更希望的是,让这些各方面的力量通过协同创新发生深度的化学反应,能出现一些原来通过简单叠加所不能获得的收获。【J-1-5-279】

5. 保障:包容民主的文化氛围

历史和现实证明,创新文化的营造是实现科技及其体制创新的前提和基础。[2] 高校协同创新的多主体、多学科、跨领域、跨部门以及开放、互动、交流、共享等特性决定了这不仅是一个技术过程,更是一个社会过程。[3] 隐藏其中的创新文化一旦与组织目标相一致、与创新模式相适应,就能活跃人的思维、启迪人的心

---

[1] 潘锡杨. 高校协同创新机制与风险研究 [D]. 南京: 东南大学, 2015: 53.
[2] 默顿. 十七世纪英格兰的科学、技术与社会 [M]. 范岱年, 吴忠, 蒋效东, 译. 北京: 商务印书馆, 2000.
[3] 金吾伦. 创新的哲学探索 [M]. 上海: 东方出版中心, 2010.

智、激发人的创新行为。[①]创新文化就是与创新活动密切相关的文化形态，不仅表现为永攀高峰的科学精神、敢打敢拼的冒险精神，也体现为鼓励创新、宽容失败的组织文化。可以说，创新文化是协同创新体系的基石，只有把多元创新主体的目标愿景、价值追求等文化因素凝聚在一起，形成良好的生态系统和文化氛围，才能保证创新系统的正常运转和良性循环。

我们认为，协同创新机制有利于创新主体的交流、学习，以及知识、技能和资源的共享；有利于创新成果的普及、应用，以及需求信息的传播；有利于提高创新的效率、价值以及系统性、复杂性和可持续性。例如，这种"双向"创新驱动机制和加速创新的环境是单纯的化学或化工无法实现的，需要化学学科和化工学科的协同才能实现。【J-j-1-286】

二、推动高校协同创新的政策建议

（一）政府：强化顶层设计，政策支持营造良好环境

高校协同创新工程作为一项新型的高校创新政策，是产学研合作和高校发展政策历史演变的结果，受到了国家、市场以及社会各方力量的综合作用。实施以来，得到政府部门的大力支持。教育部等明确提出了八个方面的支持，包括支持实体平台优先改革、推进综合改革、扩大协同创新中的人事改革自主权、增强创新能力培养、改革创新中心科研绩效评价机制、人才计划向协同创新团队倾斜支持、优化协同创新的学术环境、加强政府部门间的政策协调。尽管如此，高校协同创新在实际运行过程中仍出现各种矛盾，遇到原有体制机制难以克服的障碍，需要国家给予更多、更全面的政策支持和有力保障。

进一步规划战略引领。政府要根据区域经济和产业发展现实需要，制定有利于教育、科技和经济融合的发展战略规划，从政府层面引导和支持高校主动开展协同创新。要帮助高校协调与其他创新体以及与外部环境的关系，解决协同过程中出现的相关问题。例如，教育部等相关部门出台政策鼓励高校根据办学特色自主设置学科专业，探索跨学科教育教学和寓教于研、学研相长的人才培养模式，积极推动高校内部协同创新。又如，国家自然科学基金委等科研项目资助管理部门创新体制机制，在课题评审立项时有意识地向跨部门、跨行业、跨学科的交叉研究项目重点倾斜，以此来引导高校开放组织边界，主动与地方政府部门、行业

[①] 蔡剑. 协同创新论[M]. 北京：北京大学出版社，2012.

企业和科研院所等开展战略协作。①

区域发展类协同创新中心的重大任务就是要解决区域经济发展过程中一些棘手的问题,政府的主导作用要充分发挥。从高校层面上看,是希望协同创新中心能够和政府去协同,政府能进一步发挥它应有的作用。从国家层面上看,不管是"两弹一星"还是国家重大工程等,其实都由国家层面提出,当然也是由科学家一起提出来,但是它要成为一个战略、一个国家需求,组织起来情况就不一样了。所以不仅仅面向市场,还要有政府主导作用,这方面还需要加强。因为我们国家是强势政府,一旦确定了重大任务后,组织公关的力度是不一样的。高校凝练出问题,由政府来认可,再反过来由中心组织精干力量解决问题。我们从内心有这样的需求,需要我们不断反映。国家层面能够重视起来,工作才好开展。【F-2-2-111】

我们从过去到现在一直延续一些做法,整体还是坚持政府主导,因为区域涉及资源配置、校外机构的协同,政府起一个搭台作用是非常重要的。高校培养创新的主体,由高校发挥主要作用,企业牵引、需求导向,把各种元素进行有效汇聚。这是我们的整体布局,同时围绕不同主体在其中的不同功能,对它的重要性进行了分解。【I-1-2-250】

进一步下放管理权限。尽管国家鼓励高校协同创新进行体制机制的改革与创新,但高校协同创新实体平台(中心)的非法人实体性决定了平台与所在单位关系的特殊性,不仅不能脱离原单位而独立存在,而且联系密切、关系重叠,突出表现在人事制度和经费管理上。如果没有足够的自主权,高校协同创新中心很难实现开放协调运转,也无法持续稳定发展,这都需要国家在政策上多给予高校协同创新更加符合其实际需要的倾斜,通过权限下放的方式进一步增强"中心"在人力资源调配、人才聘用和资金使用上更多优先或独立的自主权。

由于科研规律的不同,文科类与理科类协同创新中心的运行模式不尽相同,尤其在新型智库建设的大趋势下,文科类协同创新中心需要部分专项经费以"科研项目经费"的形式完成热点问题的对策性研究,从而"培育"和"引导"出基础性研究任务,进而寻求更大的支持,实现学科建设、人才培养与科学研究的良性互动。【E-e-1-106】

国家政策要有强有力的支持,不要搞得含含糊糊,钱不能用,限制太多,很难创新,教育部应该承担起来,赋予权利和政策的明确性,创新需要自由的环境。【K-1-7c-297】

---

① 王菲. 我国高校协同创新的政府支持研究[D]. 武汉:华中科技大学,2013.

进一步科学评价导向。应按照已出台政策精神，支持中心建立以重大协同创新任务和实际创新贡献为导向、激励与约束并重的科研评价体系，从国家层面进行更深入的引导，从整体上营造良好创新氛围，增强科研评价的市场导向，提高成果的市场转化率。

重要的绩效评价指标应该包括重大科学工程项目完成情况及效益产出，在本领域国家最顶尖的学术期刊上发表研究论文情况，获得国家级科研奖励以及相关领域国际大奖情况，举办重大国际性学术会议情况。【G-g-1-172】

5~10年的中长期规划为一个评价周期比目前实施的4年为一个周期更合适，对于协同多家重要单位且上升到国家战略层面的"2011计划"，4年的评价周期略显短了点，5~10年的评价周期会更有充裕的时间去圆满完成或达到一些目标，这个评价周期也与我们国家的5年规划、"973"计划项目5年研究期限、国家重点实验室5年评价周期相吻合，有利于进行横向比较。【K-k-1-302】

进一步开辟绿色通道。从实地调研获知，协同创新中心的运行还有各种制约因素和障碍，尤其是在很大程度上受制于中央财政专项资金等资助渠道能否给予协同创新中心的持续发展提供足够的支持和空间，在一定程度上限制了高校开展协同创新各项事业的合理进程。因此，要进一步开辟绿色通道，在增加资金使用范围、拓宽资金使用权限、提高资金使用效率上下功夫、出实招、添活力。如不同中心都反映，财政要求经费使用进度与财务实际执行进度之间存在矛盾；财务报销方面规定死板；不允许将国家经费用于购买仪器设备等。希望能够拓宽思路，在国家层面建立更科学有效的财务制度，推进协同创新实现实质性协同。

国家有投入协同创新经费，分成四块，经费只能花在人才培养、团队建设、国内外合作与交流、日常维护与运行上，在具体操作的过程中觉得有点迷茫，比如人才队伍或者团队建设，引过来一个人需要有实验室、仪器设备，我们是否可以买仪器设备，我们觉得应该买但不敢买。调研中我们发现，北大这样做了，我们觉得应买，设计的时候设备条件应该不成问题。随着科学技术的发展，仪器设备都在更新，不是停留在这个水平，肯定需要仪器设备。对于地方院校来讲，其更需要仪器设备的投资。这方面是否可以放宽？【D-1-5b-58】

所以，我觉得中心应该要有特区，既然在中心，就不要再受学校评价了，因为"中心"会对他进行绩效评价。应该建立这样一种机制，即能进到"中心"的人，那必定是遴选进来的。我用你，我就不给你压力，让你安心地做。【J-1-5-283】

（二）高校：整合多方资源，发挥优势培养创新人才

高校协同创新工程提出了通过多主体协同互动提升高校人才、学科、科研"三位一体"创新能力的核心任务，其中人才是根本、学科是基础、科研是支撑。在劳动对象较为复杂化、劳动工具高度智能化的今天，创新人才在推动社会历史进步中的作用尤为突出。而高校协同创新工程的启动实施为整合校内外教育教学资源，协同培养高尖端创新人才提供了良好契机。一是搭建平台。建立融学科、技术、团队为一体的高校协同创新平台，为不同主体进行多方位交流、多样化协作提供条件。例如，在高校层面建立跨学科"大楼"、大型科研平台，实现资源共享；促进校内学科资源交叉集成，从重点学科建设向优势学科群发展，突破传统学科和专业之间人为设置的组织壁垒，实现学科发展由"点"向"面"优化升级；主动与科研院所和行业企业交流沟通，共建超级实验室、大型研发基地，实现创新平台、信息资源共享，以实现行业内协同。① 二是创新模式。在高校协同创新中，协同是手段，创新是目的。应为各创新主体建立目标一致、动力强劲、沟通顺畅的协同创新有效模式。例如，在人员配备上，协同创新需要以"大师"为核心，以团队为支撑。某区域发展类协同创新中心 I 结合区域经济转型升级和纳米产业发展需要，探索出"核心教授+创新团队"寓教于研的高尖端人才培养模式，以首席科学家引领技术骨干成长，以高水平科学研究支撑高质量人才培养，成为多主体协同育人的典范。三是培养人才。一方面，高校应形成科学研究及其成果有力支撑和反哺高质量人才培养的科教融合格局。如建设跨学科科研教学平台，组建跨学科研究小组，开设跨学科课程，为学生拓宽视野、丰富知识结构创造条件。② 另一方面，高校应紧紧围绕人才培养的根本任务和经济社会发展的现实需要，找准定位、明确目标，努力探索高等院校之间、高等院校与科研院所之间、高等院校与行业企业和区域地方之间以及国际交流与合作等形式多样的协同育人新模式，可以共建联合实验室、科技创新基地以及产学研结合的社会实践基地，聘请行业专家、企业领导、技术工程师等进校园、上讲坛，注重培养学生的创新创业意识和企业家精神，积极推进创业型大学建设。

协同创新中心以 SZ 大学与园区已共建的 NM 科技学院（国家试点学院）为起点，加强与这个领域顶尖的科研院所合作，建立联合学院。园区对联合学院建设提供政策、资金以及场地方面支持，以资金和政策为利益纽带，实现高校教

---
① 王迎军. 构建协同创新机制，培养拔尖创新人才［N］. 中国教育报，2011-04-23（5）.
② 王迎军. 构建协同创新机制，培养拔尖创新人才［N］. 中国教育报，2011-04-23（5）.

学资源共享，开展学分互认、师资互聘、课程共享、实习实训基地共享等工作。【I-i-1-268】

（三）企业：积极主动参与，提质增效增强创新能力

高校协同创新工程的根本出发点在于充分发挥高校多学科、多功能优势，通过体制机制改革整合分散化、碎片化的创新资源，解决制约我国创新能力提升的教育、科技、经济脱节问题。在这个过程中，如何让市场真正成为配置资源的力量，让企业真正成为技术创新的主体，政府与市场的关系是关键。根据熊彼特经典创新理论，只有通过市场化运作实现经济价值，一项技术创新才算真正完成。企业一边消化、吸收和转移着来自高校的知识和技术，一边面向市场提供产品和服务，由此可见，企业在高校协同创新中的主体性地位，企业是高校协同创新的中坚力量。我们在调研中发现，我国普遍存在企业参与高校协同创新动力不足问题，究其原因，一方面，企业的短视观念和行为导致其只青睐短平快项目，而不愿接受技术含量高、转化周期长且投入大、风险高的协同创新项目。[①] 另一方面，校企协同创新的本质就是高校知识向企业转移的过程，由于高校和企业之间存在"势差"和作为知识接受者的企业消化吸收能力有限，知识破损现象时有发生，知识转移失败的案例屡见不鲜。有研究表明，中国企业用于消化吸收的经费还不及技术引进费用的25%。[②] 因此，行业企业应加大研究经费投入力度，提高学习消化吸收能力，加强与高校的交流与沟通，邀请教授专家到企业进行现场技术指导，培养技术人才，吸引高校根据企业实际需求开展以应用为导向的基础研究，提高知识转移的匹配度。

高校的三大目标，人才培养、科学研究、社会服务，高校协同创新中心有助于这三大目标的实现，企业与学校更多地进行交流，可增加更多的实习机会；企业可以派更多的技术人员来学校指导，经常请企业专家到学校来交流，从而促进整体创新水平的提升。【K-1-10e-298】

（四）社会：创新文化建设，全面支持形成浓厚氛围

"如果说创新是发展的需要，那么协同创新就是时代的选择。"高校协同创新已成为创新型国家建设的重要内容和有效途径。高校协同创新的顺利实施离不开社会多元主体的积极配合，大学文化的浪漫情怀、企业文化的务实求真和行

[①] 潘锡杨，李建清．政产学研协同创新：区域创新发展的新范式［J］．科技管理研究，2014（21）：70-75．
[②] 张学文，陈劲．面向创新型国家的产学研协同创新：知识边界与路径研究［M］．北京：经济科学出版社，2014．

政文化的逻辑导向,共同形成了协同创新的多元文化场域,包容吸纳,各自绽放。①最重要的就是要树立以人为本的科学发展观、协作共享的竞争观和风险意识,构建求真务实的价值追求、创新制度与文化体系。首先,要充分激发高校的创新能力和办学活力,不断提升其人才培养的质量和水平,着力打造以协同创新为核心、以融通共享为基础、责权明晰又有适度弹性的制度体系和文化,重点突破体制机制壁垒,释放创新要素活力,完善资源配置和评价机制;其次,以协同文化调试创新主体的价值理念与行为准则,形成鼓励协作、勇于创新、追求卓越、讲求实效、融合共生、充满活力的制度文化、行为文化,推动知识创新、技术创新、区域创新高度融合;最后,要在全社会营造有利于协同创新的环境文化和社会风尚,开创"人人想创新、创新求协同、协同创新助成功"的生动局面。

---

① 卢丽君. 推动综合改革 提升创新能力:首届协同创新制度与文化建设研讨会综述[J]. 中国高等教育,2015(Z2):15-21.

结　语

在知识经济背景下，创新成为一切经济社会活动的核心主题，知识成为创新的基础和源泉。自协同创新进入国家战略层面，成为创新型国家建设的重要支撑后，传统意义上那种依靠单打独斗的孤立的创新组织方式已难以为继，越来越多的高等院校充分发挥资源和功能优势，与科研院所、行业企业以及国际研究机构强强联合，形成一种跨文化、跨领域的，多学科、多主体参与的非线性创新组织，通过广泛开展协同创新提高自主创新能力，支撑创新型国家建设。研究以自然形成且由国家首批认定的高校协同创新中心为代表的高校协同创新组织的发展规律，立足于国家战略层面，按照"国家急需、世界一流"的目标和"高起点、高水准、有特色"的原则，以国家重大需求为导向，以学科建设、科学研究和人才培养为抓手，实行资源整合，开展深度合作，联手协同创新攻关，致力于解决国家急需解决的战略性问题、科学技术尖端领域的前瞻性问题、涉及国计民生的重大公益性问题，有助于不断提升自主创新能力。

本书以高校协同创新机制为研究对象，探讨高校协同创新建设的现实需要和基本路径，重点分析高校协同创新的利益机制和现实问题，在借鉴吸收国外协同创新制度设计、组织模式、运行成效的基础上，提出我国高校协同创新共同治理的制度路径。我们在对国家首批认定的14家高校协同创新中心其中的13家实地调研、深度访谈和问卷调查的基础上，具体分析不同协同创新中心的利益诉求以及影响协同创新利益配置的复杂因素，探索构建高校协同创新利益配置机制及其实现途径。回顾研究过程，我们可以得出如下结论：

高校协同创新的本质是科技创新社会网络化，是科技生产关系适应于科技生产力发展的规律体现。高校协同创新源于产学研合作而高于产学研合作，从封闭到开放，由线性范式到系统集成网络创新是时代发展的必然结果，标志着人们对创新规律认识的进一步深化。

高校协同创新的关键在于以高等院校为主导，形成目标一致、利益协调、风险共担、密切协作的协同创新共同体。高校协同创新目标的实现离不开协同创新体的科学组建、创新平台的开放搭建、组织管理的有效激励、多元利益的合理配置以及机制改革和制度创新。由于协同创新活动涉及多元的利益相关方，这些不同的利益群体间的利益分配与激励、风险分担、资源协调、人员配置等决策问题，是影响协同创新活动成功与否的关键。利益相关者共同治理是寻求一种利益相关者参与决策、相互制衡的机制，以更好地引导、控制和激励协同创新活动中多主体的期望行为，包括利益主体的协同机制、配置行为的优化机制和资源整合的保障机制。

高校协同创新的根本是体制机制创新。实证研究发现，高校协同创新存在利益主体多元性、利益诉求多样性和利益配置影响因素复杂性，且不同类型协同创新进行利益配置的影响因素有一定差异，但总体上主要表现为重大任务承担能力和科研产出贡献度。面对高校协同创新这样一种由多元异质主体基于共同的目标愿景组成的复杂性开放系统，建立健全具有合理的配置原则、科学的评价体系、理性的契约过程和完善的配套政策的利益配置机制成为必要。

高校协同创新有其特殊的内在规律性，不仅是一种创新理论模式和政策构想，也是长期以来人们创新实践经验的沉淀和总结。国内外高校协同创新的成功案例为我们提供了有益启示：在协同创新战略背景下，高校发展更应具开放性和生态系统性，应主动联合各方创新资源，构建开放创新生态系统，实现崇尚学术与服务国家并重。作为一项复杂的系统工程，高校协同创新的顺利开展和深入推进还需要政府部门、高等院校、行业企业和全社会的广泛参与和密切配合。政府部门应强化顶层设计，科学谋划，精心布局，提供政策支持，营造良好环境；高等院校应整合资源要素，强化主导，突出优势，协同培养高尖端创新人才；行业企业应积极主动参与，转变观念，立足长远，提质增效，增强创新能力；社会主体应创新文化建设，多方联动，协同配合，全面支持形成浓厚氛围。以"高等学校创新能力提升计划"为政策推动的高校协同创新，必将超越计划本身，成为高校创新能力提升的重要动力源和国家竞争力增强的驱动力量。

本书的可能创新之处体现在以下方面。一是研究主题的新颖性。目前学术界对"高校协同创新利益配置机制"这一主题的相关研究资料不多，专门围绕高校协同创新利益配置机制研究的更是鲜见。二是研究对象的针对性。以自然形成且由国家首批认定的高校协同创新中心为研究对象开展实地调研、深度访谈，收集第一手宝贵资料，对掌握高校协同创新的建设情况和最新动态有着非常重要的意义。三是研究视角的选择性。高校协同创新中心是多元利益相关者组织，在利益配置中，必须兼顾各利益相关者的利益，厘清、分析、权衡和协调利益相关者之间的权力和权利，寻求一种利益相关者共同参与和相互制衡机制，让各方利益相关者在多元化的治理中各得其所、各司其职，实现共同治理。四是研究结果的应用性。基于实地调研并结合高校协同创新建设需求、运行情况提出的高校协同创新利益配置机制之"钥"，即合理的配置原则、科学的评价体系、理性的契约过程和完善的配套政策，对促进高校协同创新顺利深入开展提供重要指导。

  受笔者学科背景、能力水平和研究条件的限制，本书对高校协同创新利益配置机制的研究难免存在疏漏之处，需要在后续研究中进一步完善。例如，由于高校协同创新机制的形成仍然处于摸索阶段，还没有形成成熟稳定的运作与管理机制，特别是支撑实证分析的数据资料相当匮乏，在这种背景下研究高校协同创新利益配置机制，所提出的理论观点和政策建议更具探索性、理想性，其实践性和可操作性有待进一步深入研究。

参 考 文 献

[1] 李曙华. 从系统论到混沌学[M]. 桂林：广西师范大学出版社，2002.
[2] 徐雨森. 企业研发联盟协同机制研究：互动学习、权益安排与关系资本[M]. 北京：科学出版社，2014.
[3] 远德玉，陈昌曙，王海山. 中日企业技术创新比较[M]. 沈阳：东北大学出版社，1994.
[4] 傅家骥. 技术创新学[M]. 北京：清华大学出版社，1998.
[5] 吴贵生. 技术创新管理[M]. 北京：清华大学出版社，2000.
[6] 冯之浚. 国家创新系统研究纲要[M]. 济南：山东教育出版社，2000.
[7] 杨士尧. 系统科学导论[M]. 北京：农业出版社，1986.
[8] 徐莉，赖一飞，程鸿群. 项目管理[M]. 武汉：武汉大学出版社，2003.
[9] 安虎森. 空间经济学原理[M]. 北京：经济科学出版社，2005.
[10] 马奇. 马奇论管理[M]. 丁丹，译. 北京：东方出版社，2010.
[11] 樊平军. 高校协同创新的知识管理[M]. 沈阳：东北大学出版社，2016.
[12] 托夫勒. 权力的转移[M]. 刘江，陈方明，张毅军，等译. 北京：中共中央党校出版社，1991.
[13] 达文波特. 营运知识：工商企业的知识管理[M]. 王者，译. 南昌：江西教育出版社，1999.
[14] 陈征，李建平，金喜在，等. 政治经济学[M]. 3版. 北京：高等教育出版社，2003.
[15] 李玲玲. 高校协同创新绩效评价研究[M]. 北京：科学出版社，2016.
[16] 陈瑜. 产学研协同创新中的知识产权利益分配制度研究[D]. 武汉：华中师范大学，2013.
[17] 代利利. 基于理事会制度的高校协同创新中心利益分配机制研究[D]. 杭州：浙江工业大学，2014.

[18] 曹青林. 协同创新与高水平大学建设［D］. 武汉：华中师范大学，2014.
[19] 潘锡杨. 高校协同创新机制与风险研究［D］. 南京：东南大学，2015.
[20] 张廷. 社会资本视角下的地方高校协同创新研究［D］. 武汉：华中科技大学，2013.
[21] 张丽娜. 行业特色型高校协同创新的机制研究［D］. 北京：中国矿业大学，2013.
[22] 雷永. 产学研联盟利益分配机制研究［D］. 上海：上海交通大学，2008.
[23] 何礼鹏. 基于合作对策的技术创新联盟利益分配方法研究［D］. 重庆：重庆师范大学，2012.
[24] 董彪. 产学研合作利益分配策略与方法研究［D］. 哈尔滨：哈尔滨理工大学，2006.
[25] 徐晓璠. 虚拟企业利益分配博弈研究［D］. 沈阳：东北大学，2008.
[26] 刘清华. 企业网络中关系性交易治理机制及其影响研究［D］. 杭州：浙江大学，2003.
[27] 王菲. 我国高校协同创新的政府支持研究［D］. 武汉：华中科技大学，2013.
[28] 项杨雪. 基于知识三角的高校协同创新过程机理研究［D］. 杭州：浙江大学，2013.
[29] 黎子华. 美国"政产学"合作组织的管理与运行机制研究［D］. 上海：复旦大学，2013.
[30] 闫明. 我国高校协同创新中心组织创新研究［D］. 哈尔滨：哈尔滨工业大学，2014.
[31] Miles R E, Miles G, Snow C C. Collaborative Entrepreneurship：How Communities of Networked Firms Use Continuous Innovation to Create Economic Wealth［M］. Palo Alto：Stanford University Press，2005.
[32] Hiroyuki I, Thomas W R. Mobilizing Invisible Assets［M］. Boston：Harvard University Press，1991.
[33] Tomas M K. Collaborative Environmental Management：What Roles for Government?［M］. Washington，DC：Resources for the Future，2004.
[34] Mark L S. The Synergy Trap［M］. New York：The Free Press，2007.
[35] Ansoff. Strategic Management［M］. New York：Halsted Press，1979.

［36］ Chesbrough H. Open Innovation: The New Imperative for Creating and Profiting for Technology［M］. Boston: Harvard Business School Press, 2003.

［37］ Etzkowita H. The Triple Helix: University-Industry-Government Innovation in Action［M］. London and New York: Routledge, 2008.

［38］ Chesbrough H, Vanhaverbeke W. Open Innovation: Researching a New Paradigm［M］. New York: Oxford University Press, 2006.

［39］ Nelson R. An Evolutionary Theory of Economic Change［M］. Cambridge, Mass: Harvard University Press, Belknap Press, 1992.

［40］ Freeman. Technology Policy and Economic Performance: Lessons from Japan［M］. London: Pinter Pub Ltd, 1987.

［41］ Chandler A. Strategy and Structure［M］. Boston: MIT Press, 1992.

附　　录

附录1　2013年国家首批认定的高校协同创新中心名单

类型	编号	名称	牵头单位	兄弟院校	科研院所	行业企业	政府部门
科学前沿类	1（C）	量子物质科学	北京大学	1	1	0	0
	2（L）	生物治疗	四川大学	2	1	0	0
	3（G）	量子信息与量子科技前沿	中国科学技术大学	2	2	0	0
	4（J）	天津化学化工	天津大学	1	1	2	0
文化传承创新类	5（E）	中国南海研究	南京大学	2	3	0	1
	6（B）	司法文明	中国政法大学	2	0	0	4
行业产业类	7（Y）	宇航科学与技术	哈尔滨工业大学	1	0	1	0
	8（M）	先进航空发动机	北京航空航天大学	3	1	1	0
	9（K）	有色金属先进结构材料与制造	中南大学	1	2	6	0
	10（N）	轨道交通安全	北京交通大学	2	1	2	0
区域发展类	11（D）	河南粮食作物	河南农业大学	2	1	1	1
	12（H）	长三角绿色制药	浙江工业大学	1	4	7	1
	13（F）	江苏先进生物与化学制造	南京工业大学	3	2	1	2
	14（I）	苏州纳米科技	苏州大学	3	1	1	1

附录2 2014年国家第二批认定的高校协同创新中心名单

类型	编号	名称	牵头单位	兄弟院校	科研院所	行业企业	政府部门
科学前沿类	1	人工微结构科学与技术	南京大学	3	1	0	0
	2	能源材料化学	厦门大学	2	0	0	0
	3	IFSA协同创新中心	上海交通大学	0	0	1	0
	4	感染性疾病诊治	浙江大学	2	1	0	0
文化传承创新类	5	国家领土主权与海洋权益	武汉大学	4	2	0	0
	6	中国基础教育质量监测	北京师范大学	5	2	1	0
	7	中国特色社会主义经济建设	南开大学	2	2	0	0
	8	出土文献与中国古代文明研究	清华大学	8	2	0	0
	9	两岸关系和平发展	厦门大学	2	1	0	0
行业产业类	10	信息感知技术	西安电子科技大学	0	0	1	0
	11	地球空间信息技术	武汉大学	2	0	1	0
	12	高性能计算	国防科技大学	1	0	1	0
	13	无线通信技术	东南大学	6	0	3	0
	14	先进核能技术	清华大学	0	0	6	0
	15	钢铁共性技术	北京科技大学、东北大学	1	1	1	0
	16	煤炭分级转化清洁发电	浙江大学	2	0	4	0
	17	高端制造装备	西安交通大学	1	0	2	0
	18	高新船舶与深海开发装备	上海交通大学	3	2	2	0
	19	智能型新能源汽车	同济大学	2	0	0	0
	20	未来媒体网络	上海交通大学	1	0	0	0
区域发展类	21	辽宁重大装备制造	大连理工大学	3	0	1	0
	22	南方稻田作物多熟制现代化生产	湖南农业大学	1	2	1	0
	23	北京电动车辆	北京理工大学	2	0	2	0
	24	重庆自主品牌汽车	重庆大学	0	0	2	0

附录3　高校协同创新工程研究项目调研提纲

（由各协同创新中心填写并盖公章）

1. 贵中心获认定后，在实践"国家急需、世界一流、制度先进和贡献突出"指导思想方面，哪些重要方面进展顺利，哪些重要方面遇到了重大障碍？在这些重大障碍中，哪些可以由中心自身改革解决，哪些必须由外部来解决？

2. 就您所在的协同创新中心而言，主要有哪些方面的问题是一家单位无法解决，必须由多家单位协同合作才能解决的？中心在这些问题上的解决情况如何？

3. 在您看来，主要有哪些内部机制制约了贵中心的协同创新？贵中心如何克服这些内部瓶颈以及在打破贵中心与其他创新主体间的体制壁垒方面做了哪些努力？换句话说，您所在的协同创新中心是如何通过机制体制改革来实现相互协同的？

4. 我们知道，中心在申报时都做过实施方案的发展规划，其中就有相关绩效目标和重大任务的设定。您认为，若以此为依据对中心进行绩效评价是否合理，几年为一个评价周期比较合理，为什么？如果贵中心对自己绩效进行自评，自评框架会怎样设计？希望外部绩效评价怎样介入？

5. 高校协同创新的过程是一个动态发展的过程，其绩效也会受到诸多因素的影响。在您看来，影响贵中心协同创新绩效的内部因素和外部因素主要是什么？

6. 作为科学前沿类/行业产业类/区域发展类/文化传承创新类协同创新中心（请选择其中一项），您认为，如果要对您所在类型的协同创新中心的绩效进行评价，其中重要的绩效评价指标应该是什么？标志性成果如何体现？

7. 我们认为，协同创新的过程也是利益协调的过程。那么，您认为，不同协同创新体间的利益诉求有何差异？这些利益诉求的具体形态又是如何体现的？

8. 您认为，协同创新中心各创新协同体之间应坚持什么样的利益分配原则？请简述之。

9. 您认为，影响不同创新协同体之间利益分配的因素主要有哪些？

10. 您认为，有效、合理的利益配置机制是基于各利益相关者的满意度还是基于绩效评价？应该是怎么样的？

11. 据您了解，国外是否也有类似我国或贵中心高校协同创新的合作模式？能否举例说明并提供相关材料。

教育部高校协同创新工程研究项目组

厦门大学高等教育质量与评估研究所

2014 年 9 月

附录 4　高校协同创新工程调研访谈提纲

一、高校协同创新绩效的基本特征问题

1. 您认为，当前的高校协同创新中心与以往的高校科研联盟有何不同与相同之处？对其进行绩效评价又有何区别与共通之处？

2. 您认为，对高校协同创新进行评价的核心绩效指标应该是什么？人才培养？科学研究？还是其他指标？

3. 您认为，两年一次的中期评价和四年一次的终期评价侧重点分别在哪里？贵中心是否已经就此构建了自我评价指标体系？

4. 您认为，不同类型高校协同创新都应该包含哪些基本绩效？您所在协同创新中心将会有哪些绩效表现？贵中心是否已经建立了相应的基础数据库？

5. 您认为，科学前沿类、行业产业类、文化传承创新类、区域发展类这几类高校协同创新，各自强调的绩效指标应当是什么？

6. 作为协同创新活动的实践者，您能跟我们谈谈，在高校协同创新活动运行过程中，投入、过程、产出都包括哪些内容吗？

二、高校协同创新的绩效评价基本问题

1. 您认为，对协同创新进行绩效评价，难不难？为什么？您如何看待高校协同创新成果的长效性及滞后性特征与绩效评价周期性要求之间的矛盾？

2. 您认为，对高校协同创新进行绩效评价与对企业协同创新进行绩效评价有何区别？

3. 您认为，协同创新中心的创新质量和社会贡献指标如何测量？如原始创新能力、解决经济社会重大需求的实效等有何具体体现形式？将如何衡量？

4. 在您看来，应当如何对高校协同创新的协同力与创新力做出正确评价？

5. 您认为，不同类型高校协同创新绩效都有可能受哪些因素的影响？您认为有哪些因素将对您所在协同创新中心绩效产生影响？

6. 在您看来，对高校协同创新进行绩效评价应该更注重结果评价还是过程评价？或是其他？

7. 您认为，对高校协同创新进行绩效评价，其评价范围是否应当同时包含协同创新中心的核心目标（迫切需求和重大问题）以及各协同主体对各自目标的实现情况？或以哪个为主？

8. 高校协同创新在国外高校应该也有，您对国外高校协同创新的情况是否有所了解？在绩效评价方面有没有有值得我们借鉴的地方？

9. 如果第三方要对高校协同创新绩效进行评价，您认为应该采用"投入—产出"模式比较好，还是"目标—结果"模式比较好？或者您有何具体的建议？

三、高校协同创新利益配置的相关问题

1. 在您看来，高校协同创新绩效评价如何推动不同创新主体之间实现有效合理的利益配置？

2. 协同创新的过程是利益协调的过程，您认为，各创新主体的利益诉求是什么？利益形态如何体现（如有形、无形）？最大利益又是什么？

3. 您认为，不同利益主体之间应坚持什么利益分配原则？

4. 您认为，影响不同利益主体间利益分配的因素有哪些？

5. 您认为，有效合理的利益配置应该是怎么样的？是基于各利益相关者的满意度还是基于绩效评价？